鸣沙

011

煮 海 成 聚
明清灶户与滨海社会建构

黄国信 叶锦花 李晓龙 徐靖捷 　著

社会科学文献出版社
SOCIAL SCIENCES ACADEMIC PRESS(CHINA)

目　录

从民间文献出发重写盐场及滨海历史

煮海，指的是沿海灶户煎煮海水生产食盐。灶户，是滨海地区的重要人群。传统时期，在中国广阔的海岸线上，散布着众多盐场。在滨海地区历史研究不断深化的过程中，盐场的历史却未得到足够的、与其地位相称的关注度。显然，这是一个值得我们重视并加以深入研究的学术领域。众所周知，明代人户管理"以籍为定"，灶户与"军""民""匠"并列，清代淡化了"军"与"匠"二籍的专门户籍色彩，但出于征收盐税的需要，仍保留灶户作为专门职业户。然而，迄今为止，社会经济史研究的主要对象都是民籍或者军籍。作为社会经济史研究重点的对长江三角洲和珠江三角洲、闽潮沿海以及华北平原地区的研究，广泛涉及民户的经济发展、基层组织、民间信仰各个方面及其相互关系，取得了一系列重要成果。[1]近年来，

① 　王家范:《明清江南市镇结构及其历史价值初探》,《华东师范大学学报》1984 年第 1 期;王家范:
　　《明清江南消费性质与消费效果解析——明清江南消费经济探测之二》,《上海社会科学院学术
　　季刊》1988 年第 2 期;樊树志:《明清江南市镇探微》,复旦大学出版社,1990;范金民:《苏州
　　地区社会经济史（明清卷）》,南京大学出版社,1993;范金民:《明清江南商业的发展》,南京
　　大学出版社,1998;王卫平:《明清时期江南城市史研究:以苏州为中心》,人民出版社,1999;
　　叶显恩:《珠江三角洲社会经济史研究》,稻乡出版社,2001;刘志伟:《在国家与社会之间——
　　明清广东里甲赋役制度研究》,中山大学出版社,1997;刘志伟:《神明的正统性与地方化——
　　关于珠江三角洲北帝崇拜的一个解释》,《中山大学史学集刊》第 2 集,广东人民出版社,1994;
　　刘志伟、萧凤霞:《宗族、市场、盗寇与蛋民——明以后珠江三角洲的族群与社会》,《中国社会
　　经济史研究》2004 年第 3 期;陈春声:《信仰空间与社区历史的演变——以樟林的神庙系统为
　　例》,《清史研究》1999 年第 2 期;陈春声:《从"倭乱"到"迁界"——明末清初潮州地方动乱
　　与乡村社会变迁》,《明清论丛》第 2 辑,紫禁城出版社,2001;樊树志:《江南市镇:传统的变
　　革》,复旦大学出版社,2005;郑振满:《乡族与国家:多元视野中的闽台传统社会》,三联书
　　店,2009;郑振满:《明清福建家族组织与社会变迁》,中国人民大学出版社,2009;滨岛敦俊:
　　《明清江南农村社会与民间信仰》,朱海滨译,厦门大学出版社,2008;等等。

军户研究也在于志嘉、宋怡明、邓庆平、杨培娜等学者努力之下，有了长足的进展，他们既注意制度规定及其实际运行，又关注地理环境与人的活动之间的关系。[①]但是，灶户群体和灶户社区的历史变迁，以及与此相关的滨海社会建构过程，并未引起学界的相应重视。既有的盐史研究，集中在制度史、财政史、商业史和技术史层面。在为数不多的灶户研究中，刘淼、纪丽真、张毅等人对江苏、山东、天津等沿海盐场地区灶户的土地租佃、赋役关系做了制度层面的分析。[②]徐泓、王方中、佐伯富等人则重点厘清了明清时期王朝关于灶户的制度规定，并初步涉及这些规定在地方的实际运作，将灶户的生产技术、食盐的运销与私盐等问题结合起来，在盐史的层面为盐场与灶户研究奠定了坚实的基础。[③]但总体来说，目前对灶户群体和灶户社区所进行的整体史研究，并不多见。这与灶户在中国社会经济史上的重要地位极不相称。

---

① 于志嘉：《明代军户世袭制度》，台湾学生书局，1987；于志嘉：《论明代的附籍军户与军户分户》，《文集》编委会编《顾诚先生纪念暨明清史研究文集》，中州古籍出版社，2005；于志嘉：《明清时代军户的家族关系——卫所军户与原籍军户之间》，黄宽重、刘增贵主编《台湾学者中国史论丛——家族与社会》，中国大百科全书出版社，2005；于志嘉：《再论垛集与抽籍》，《郑钦仁教授七秩寿庆论文集》，稻乡出版社，2006；宋怡明：《被统治的艺术：中华帝国晚期的日常生活》，钟逸明译，中国华侨出版社，2019；宋怡明：《实践中的宗族》，王果译，北京师范大学出版社，2022；邓庆平：《州县与卫所：政区演变与华北边地的社会变迁——以明清蔚州为中心》，北京师范大学博士学位论文，2006；杨培娜：《生计与制度：明清闽粤滨海社会秩序》，社会科学文献出版社，2022。

② 刘淼：《明代盐业土地关系研究》，《盐业史研究》1990 年第 2 期；刘淼：《明代盐业荡地考察》，《明史研究》第 1 辑，黄山书社，1991；刘淼：《明代灶课研究》，《盐业史研究》1991 年第 2 期；刘淼：《明朝灶户的户役》，《盐业史研究》1992 年第 2 期；纪丽真：《明清山东盐业研究》，齐鲁书社，2009；张毅：《明清天津盐业研究（1368~1840）》，天津古籍出版社，2012。

③ 佐伯富『清代盐政の研究』東洋史研究会，1956；徐泓：《清代两淮盐场的研究》，嘉新水泥公司文化基金会，1972；徐泓：《明代的盐法》，台湾大学博士学位论文，1972；徐泓：《明代前期的食盐生产组织》，《台湾大学文史哲学报》第 24 期，1975 年；徐泓：《明代后期盐业生产组织与生产形态的变迁》，《沈刚伯先生八秩荣庆论文集》，联经出版事业公司，1977；王方中：《清代前期的盐法、盐商和盐业生产》，《清史论丛》第 4 辑，中华书局，1982；佐伯富「明代における竈戸について」『东洋史研究』43 卷 4 期、1985 年。

　　造成这一现象的原因主要是史料问题。由于历史上盐在国家财政中极为重要，明清以来，大量的盐法专志和盐法档案不断生产，也不断被今天的研究者引以为据。但是，这些制度性的、官方的史料不足以支持对灶户的深入研究。因此，要突破目前灶户研究的瓶颈，就需要在资料上有所突破。在我们看来，解决这一学术难题的最重要史料，就是民间文献。其中最为关键的资料，无疑就是灶户家族的谱牒以及盐场地区的碑刻、契约等。本书就是在广泛搜集盐场灶户民间文献的基础上，对明清以后东南沿海灶户生活地区的社会史展开的综合研究。我们期望本研究重点探讨灶户的户籍赋役制度、王朝的灶户管理系统与灶户社会组织演变之间的关系，分析倭乱、迁界、王朝鼎革等重大事件以及海岸线东移、人口增长、白银流入等资源环境变迁与东南沿海灶户历史过程的关系，揭示明初灶户主要归属盐场管理、民户归属州县管理，到清代基本上民灶管理合一，以及部分盐场从明代灶户的"仓埕－灶甲"系统到清代"埕－团乡"系统的过程，研究在王朝制度的影响之下，军、民、灶不断地转化着户籍与身份，并且慢慢形成军、民、灶合一的家族结构的过程，形成明清东南沿海盐场地区社会变迁的总体图景，为学术界今后构建包含各种人群的东南沿海整体史奠定基础。

　　本研究的出发点，在于对民间文献的重视。显然，民间文献对于深化盐场历史研究具有至关重要的作用。它可以帮助我们深切了解国家典章制度如何在盐场运行，加深我们对盐场制度运作机制的认识与理解，还可以让我们把握盐场社会和滨海的整体面貌。只有在深刻理解这些问题之后，我们才可以系统而深入地理解传统时期的盐场历史和滨海区域历史。

　　历代王朝出于控制食盐生产的目的，都会建立起一套盐场制度，并以文字形式将其书写于相关媒介上，作为盐场运行的依据。以往的盐场历史研究，主要依据这些制度条文，其为我们提供了不少关于盐场历史的解释。但这些解释，总体仍过于抽象与概括。为了更深入地了解国家的盐场制度如何具体地在盐场运行，我们在明清时期的两淮、两浙、两广、福建盐区的一些地方展开了民间文献的搜集与调查，获得大量族谱、碑刻、契约等文献，并将它们与王朝的盐场制度结合起来进行研究，以此加深我们对盐场制度运行的诸多问题的了解。

灶户户籍的确定是其中的一个典型案例。按照明朝的制度规定，它经过了两个步骤：一是洪武三年（1370）推行户帖法，"置户帖、户籍，具书名、岁、居地，籍上户部，帖给之民"；[①]二是洪武十四年建立里甲制度，规定"凡各处有司，十年一造黄册，分豁上中下三等人户，仍开军民灶匠等籍"。[②]据此可知，明初官府佥定了一批百姓充当灶户。但灶户如何编佥呢？汪砢玉在明中叶修《古今鹾略》，曾指出"国初制，沿海灶丁，俱以附近有丁产者充任"；[③]明中后期朱廷立等在修《盐政志》时，则进一步指出，淮浙盐区是佥选"丁田相应之家，编充灶户"。[④]可见，"丁田""丁产"是编佥灶户最为重要的原则。不过，这样的记载，只揭示出灶户编佥的原则，至于编佥的具体过程和运行细节，就需要借助民间文献来了解了。

我们发现广东香山（今中山市）山场村吴姓的一份族谱，上面记载"四世祖东塘……因洪武定天下而后承纳税盐，是为灶户"，[⑤]这说明，明初的灶户编佥，主要是跟地方人户所纳税种联系在一起的——纳何税，

① 《明史》卷77，中华书局，1974，第1878页。

② 《诸司职掌·赋役》，《玄览堂丛书初辑》第12册，正中书局，1981，第184页。

③ 汪砢玉：《古今鹾略》卷5，《续修四库全书》（5）史部，上海古籍出版社，1995，第54页右上。

④ 朱廷立等：《盐政志》卷7，《四库全书存目丛书》史部（273），齐鲁书社，1997，第594页右上。

⑤ 香山山场《吴氏族谱》不分卷，广东省立中山图书馆藏。

即佥为何户。但吴氏族谱的这一表达，仍然过于简略，我们无法从中判断吴东塘"承纳税盐"是从元朝继承而来，还是被新编佥而来。一般认为，朱元璋在明初整顿户籍采用的是"照籍报抄"的原则，[①]据此，则明初的灶户应该是从元朝继承而来的。[②]

　　不过，实际情形却比较复杂，比较幸运的是，我们在福建石狮永宁镇沙堤村调查时，考察沙堤龚氏祠堂，发现了《沙堤龚氏族谱》，对了解此问题有重要帮助。进入沙堤龚氏大宗祠，我们很快就发现了一件有意思的事情：在他们的宗祠里，居然摆放着一位姓蔡名守拙的人的神主牌，龚氏族众祭拜祖先时，照例要祭拜这位蔡先生。这自然就引起了我们的兴趣。经过访谈，得知蔡守拙是龚氏的姻亲，曾经抚养过龚氏先祖，此事发生在元朝中后期。仔细研读几种不同年代的《龚氏族谱》则可发现沙堤龚氏二世祖早逝，其妻蔡氏亦积忧成疾而死，其子龚均锡遂由母舅蔡守拙抚养长大。在元朝的户籍体系中，龚均锡遂入灶户"蔡仲永"户籍，承担"蔡仲永"户的灶户户役。这是元朝时的情况。不过，在元明之交户籍重新整顿与登记的过程中，龚均锡的后人龚名安把蔡仲永户的户名交给了其义男蔡长仔，而龚名安的三个儿子，除次子赴京外，其他两个儿子分别另立两个灶户户籍。[③]这就说明，明初户籍编佥的所谓"照籍报抄"，并非简单地照抄，而是有诸多整理、登记与变化。

　　这些户籍是与元朝从事食盐生产或者承担盐课有直接关系的人户的

---

① 　明初朝廷整顿户籍时，朱元璋多次下谕地方人户"照籍报抄"，即按照元代的户籍自实户口。比如，朱元璋于洪武二年下令，"凡军、民、医、匠、阴阳诸色户，许各以原报抄籍为定，不许妄行变乱，违者治罪，仍从原籍"。（万历《大明会典》卷19《户部六·户口一》）

② 　参见段雪玉《〈十排考〉——清末香山盐场社会的文化记忆与权力表达》,《盐业史研究》2010年第3期。

③ 　《沙堤龚氏族谱·源流纪实·第二世·治公》（1926），石狮市博物馆藏影印本。

灶户登记，中间虽有诸多变化，但总体上仍可视为灶户户籍的继承。而实际上，明初还有一批与所谓的"照籍报抄"完全没有关系的新佥灶户。这些灶户又是如何佥来的呢？其中的一种情况是元末明初动乱之后，有人迁徙并定居到盐场附近，就被佥为灶籍。福建晋江岱阳吴氏族谱记载了其始祖佥为灶户的历史，称："第一世观志公号肇基，生元顺帝至正丙戌年（1346），卒明宣宗宣德庚戌年（1430）……就牧东山埭头，牛畜蔽野，遂成居家之志，人推富焉。时海贼凭陵，不获高枕，乃卜宅于岱山。洪武三年，应诏充盐。"[1] 这是洪武间"承纳盐税"而为灶户的另一种情况，即新佥灶户。可见，明初灶户的编佥实际上至少存在着两种情况，一是继承元代的灶税，一是新佥人户承担灶税。

还有一种比较有意思但不一定具有普遍性的情况是，在有些不产盐的地方，居然有人承充灶户。晋江东部沿海的陈埭，明初即不产盐，但陈埭丁氏四世祖丁仁庵却在明初编佥户籍时，给他的三个儿子分别报充了灶、军、民三种户籍。不产盐却报充灶籍，自有深意，其目的即在于控制当地的沿海荡地资源。[2]

在两淮盐场，明代灶户来源还有一种说法，即明初朱元璋将江南一带曾经支持张士诚的富户驱赶至苏北地区，令其世代业盐。[3] 许多学者发现，今日苏北地区的居民将自己的祖先追溯到"苏州阊门"。[4] 但曹树基指出，明人的著作并不攀附苏州阊门，到了清代有关祖籍苏州阊门的

① 黄允铭、庄征澈、吴起谤等修《岱阳吴氏宗谱》第 1 本，《岱阳吴氏大宗谱·第一世·观志公》（1994），晋江龙湖镇埭头村埭头吴氏大宗祠藏。
② 参见叶锦花《明清灶户制度的运作及其调适——以福建晋江浔美盐场为例》，中山大学博士学位论文，2012。
③ 刘淼：《明朝灶户的户役》，《盐业史研究》1992 年第 2 期。
④ 黄继林：《有关苏北"洪武移民"的几个问题》，《江苏地方志》2001 年第 4 期；陈其弟：《阊门——洪武赶散者的大槐树》，《江苏地方志》2011 年第 5 期。

传说已经广泛流行，致使一般的文人学士也不免随俗，阊门的传说由此更加深入人心。① 如果我们仔细考察明初官方记载中灶户的来源地，我们会发现真正来自江南地区的并不多。② 那么，为什么当地人的族谱中会有这样的自我表达呢？经过检索材料发现，目前所见最早说自己的祖先来自苏州的灶户是王艮家族，③ 而官方文献中首次明确提到灶户是从江南而来的是康熙年间编纂的《两淮盐法志》，其"风俗"篇记载："谓灶户率多吴民，相传张士诚久抗王师，明祖怒其负固，而迁恶于其民，摈之滨海，世服熬波之役，以困辱之。"④ 这一说法被记入盐法志中，成为官方承认的灶户来源。何维凝在《中国盐书目录》中说："此说可补正杂各史之阙。"⑤ 可见，康熙《两淮盐法志》的明确记载成为此说最重要的依据。于是乎，"洪武赶散"的说法越来越流行，道光年间兴化县施氏族谱序中载："吾兴氏族，苏迁为多。"⑥ 我们认为，从现有的证据看，明代苏北地区的确是迁入了大量的移民，⑦ 但"洪武赶散"是清代以后移民们塑造出来的"集体记忆"。由于灶籍是世袭的，清代以后，随着"洪武赶散"说获得官方的认可，许多人为了证明自己灶籍的由来，愈发地强调祖先来自"苏州阊门"的故事，以使自己的"灶籍"血统"准确无误"。

我们在田野中发现了一份道光二十八年（1848）的族谱，其谱序就

---

① 曹树基等：《中国移民史》第5卷《明时期》，福建人民出版社，1997，第34页。

② 弘治《两淮运司志》卷5《泰州分司》，中国国家图书馆藏。

③ 《王艮年谱》，袁承业辑《明儒王心斋先生遗集》卷3，东台袁氏出版，1912，香港中文大学图书馆藏。

④ 康熙《两淮盐法志》卷15《风俗》，台湾学生书局，1966，第1189页。

⑤ 何维凝编《中国盐书目录》，文海出版社，1975，第98页。

⑥ 曹树基等：《中国移民史》第5卷《明时期》，第34页。

⑦ 曹树基等：《中国移民史》第5卷《明时期》，第34页。

是以苏迁来说明灶籍身份的获得："具公呈，灶户朱映才、朱连元、朱元铿、朱余才、朱广武、朱学海、朱多福、朱广口、朱承寿、朱祥麟，为睦族追远，录呈谱序求印备考事……窃身等始祖君亮公由苏迁至丁溪场入灶籍……复移分双垛子等地方有年，而离范公堤六十余里，依亭近海，潮涨糜常，族谱湮失。诚恐世代久远，支派繁衍，祭礼口隆，尊卑难清，故公同集议，按照支派，重修谱序……修谱完成，有呈请地方衙（后残缺难辨——引者注）……"① 该族谱序后附有"钦加同知衔泰州分司许宪""道光二十八年制"，并加盖"泰州分司"印。② 这与其他族谱相比，较为罕见，因而特别珍贵。从序言中可见，朱氏族人在道光年间修谱之时声称，虽然前有族谱，但都散佚。我们知道，清王朝对于户籍的管理远没有明王朝严格，而两淮盐场在清代中叶以后，大量的商人在这里雇佣生产，"灶籍"与"业盐"完全分离。朱氏对祖先朱君亮"由苏迁至丁溪场入灶籍"这一模糊的说法，原本是经不起考究的。但是朱氏族人呈请泰州分司后，却能够得到后者的认可，为其加盖印章，则朱氏族人灶户的身份得以认证。这说明，朱氏族谱序言恰好体现了"苏迁"是"灶籍"获得的正当来源，这就是"苏州阊门"的传说会流行起来的原因。

王朝国家对盐场的制度安排，如何具体运行于盐场，官方文献中没有提供细节，需要民间文献来帮助了解。这样的例子有许多，盐场官员的设置就是其中一例。按照《明史》的记载，盐场官员的设置是"各场、各井盐课司大使、副使，并一人"。③ 不过，这一盐史研究的常识，却在具体的民间文献中受到挑战。广东香山《延陵吴氏族谱》记载其祖先道："用宜公，字永积，旧谱叙公禀性聪敏，洞达时务，家计日兴，

---

① 《朱氏族谱》残本，江苏省大丰沈灶朱明藏。

② 《朱氏族谱》残本。

③ 《明史》卷75，第1847页。

增置产业。明洪武初年,朝廷罢除盐场官职,仍于灶户内选众所推服者,充百夫长,以署场事。公首领,是选为香山场百夫长。"①这条材料说明,洪武年间,场官未必都是场大使,而有可能是从灶户中挑选出来的精英,直接充当百夫长"署场事"。百夫长看上去有点类似于里甲制下的里长,而实际上相当不一样。场大使本为流官,非差役,里长却为民役之一种。洪武初年的盐场"百夫长",虽从灶户中选拔充任,但实际上承担了作为流官的场大使的职责。②当然,这种情况并非广东所独有,福建金门"洪武二年,盐课照元征催,惟设盐司总场百夫长一名管办",③而两淮盐场"洪武初,罢管勾,立百夫长"。④这些记载都说明,百夫长制度其实是洪武初年盐场官制的通例。只是,在官方文献中,我们只能看到百夫长这一场官的设置,却无法了解其选拔过程,正如上文所示,只有民间文献才揭示了这一过程。

民间文献可以提供王朝盐场制度具体运行情况的丰富信息,为我们更深入地认识明清的盐场制度提供保障。在此基础上,它还可以进一步让我们把握在王朝制度的规范之下,盐场社会如何与这些制度互动,从而形成自己的运行机制。众所周知,了解一个社会的运行机制,是研究这一社会最为核心的问题,因此,这是民间文献可以促进盐场研究走向深入的更重要的地方。

我们仍然以明初的盐场场官以及盐场管理为例来说明。上文已经说明,明初很多盐场都实行了从灶户中挑选"众所推服者"来担任并非

---

① 香山《延陵吴氏族谱》,广东省立中山图书馆藏。

② 参见李晓龙《承旧启新:洪武年间广东盐课提举司盐场制度的建立》,《中国经济史研究》2016 年第 3 期。

③ 光绪《金门志》卷 3《赋税考·盐法》,人民日报出版社、台湾大通书局,2009,第 38 页。

④ 嘉靖《两淮盐法志》卷 2《秩官志》,《四库全书存目丛书》史部(274),第 177 页。

流官性质的"百夫长"以管理盐场的制度。这里已反映出基本的制度安排，那就是从地方民众中挑选名望显著者来治理盐场。也就是说，盐场的管理，并非一般想象中的类军事化控制，而是更倾向于类民户化治理。实际上，民间文献进一步证实了我们的判断。洪武年间中举，曾任礼部左侍郎的广东东莞人陈琏，讲到东莞归德场的实际管理运行情况时说："处士讳彦辉，姓陈氏，世为东莞归德场人……洪武初，归德场官以其公直有干，举为讥察，未尝乘时射利，依势作威。有侵渔灶丁、盐商者必治之弗恕。由是宿蠹以除，有裨于政，人皆爱而重之。"[1]依陈琏所述，洪武年间，归德场的实际管理中，除了场官之外，尚有本地居民中推举出来的"讥察"一人，负责治理"侵渔灶丁、盐商"之事。不过，陈琏并未说明陈彦辉的具体身份，我们无法知道这位在当地盐场管理中有重要职责的人物，到底有什么样的背景才可以被选为"讥察"，是否只要获得"公直有干"（即讲究公平、为人正直、有才干）的评价即可呢？

　　幸运的是，我们在今深圳宝安找到了陈彦辉的族谱。据成化和万历间的两个谱序，陈彦辉的祖先于宋代时从洛阳迁居广东南雄，然后迁到归德场涌口里，四世后，一分支迁居燕村，"居于斯，数世后……衣冠文物，甲于通邑"。[2]陈家在当地已是豪族，到陈彦辉的孙辈陈富斌的时候，更是"捐金出谷赈饥修城"，势力更为显赫。陈彦辉之所以能够被举为"讥察"，不仅是因为陈琏所说的"公直有干"，更与其家族在盐场地方的显要地位和影响有直接关系。

　　广东靖康盐场也有类似的记载。宋元以后，靖康蔡氏不仅人口繁

---

① 陈琏：《燕溪陈处士墓表》，《琴轩集》卷29，杨宝霖辑佚，上海古籍出版社，2011，第1843页。

② 陈大谏：《陈氏来历卜迁说》（万历丙申），《宝安燕川陈氏族谱》不分卷。

衍，而且不断积累财富。到元明之交，已经成为当地的"茂族"，陈琏说蔡氏"居东莞靖康场，支派日益繁衍，诗礼相承，称为名宗"。[①]到明初，蔡氏"以资甲于乡"，蔡朝选"洪武初，靖康场辟为从事"。[②]蔡朝选也因为其家族的强大，而被靖康场官选为"从事"，管理盐场事务。[③]

当然，到目前为止，由于史料所限，我们并不知道盐场的"讥察""从事"等管理人员是官是吏，抑或只是差役，但可以确定的是，明初盐场的管理运行，所依靠的除了流官性质的场大使，也有较早时期从灶户中推选出来的、非差役性质而是官员性质的"百夫长"，并且在其管理之下，还有一批从盐场大族中挑选出来的"讥察""从事"等管理人员。这说明，盐场的运行，实际仍然控制在盐场豪族之下。盐场豪族在王朝的规范制度之下，利用自身的影响力，成为盐场的实际控制力量，这才是明初盐场运行的实际情况。

在王朝制度规范之下盐场的实际运行机制问题研究上，民间文献的作用显而易见。此外，民间文献还在盐场社会组织的研究方面，有举足轻重的作用。一般而言，深入盐场社会，其间的社会组织，比如宗族、家族之类具体如何运作，官方文献往往语焉不详，而它们又是深入了解盐场社会所必须研究的。这就需要我们借助民间文献来进行判断。

以广东靖康盐场为例。靖康盐场位于今广东东莞南部，自北宋以来，一直是广东产量位列前茅的重要盐产地。虽然其运作在地方志甚至更高层

① 陈琏：《明斋处士蔡公墓志铭》，《琴轩集》卷27，第1666页。

② 陈琏：《蔡处士墓志铭》，《琴轩集》卷27，第1688~1689页。

③ 参见李晓龙《承旧启新：洪武年间广东盐课提举司盐场制度的建立》，《中国经济史研究》2016年第3期。

的官方文献中有零星记载，但是，盐场的具体运作，特别是真正影响其运作的地方大族，却不是官方文献能清楚地记载并展示出来的。我们得以真正弄清楚靖康场的运作，尤其是凤冈陈氏对靖康场运作的影响，以及凤冈陈氏的发展历程、内部组织以及关系，还是依靠了内容非常丰富的《凤冈陈氏族谱》。凤冈陈氏是靖康场内的望族，"籍定靖康，户悬盐课"，①相传其祖先迁居盐场的历史可以追溯到宋代。在明初盐场管理尚未建立之前，地方上主要依靠本地名士来协助管理盐场事务。凤冈陈氏的陈珪、陈璋兄弟也凭借着在东莞的名望，积极参与到当地的盐政和地方一般事务中去，并与当时的东莞县知县吴中等关系甚好。随着朝廷加强对广东沿海地区的管理，沿海盐场开始建立栅甲制度，对灶户进行栅甲编排，以加强对盐场地方的管理，但灶户家族始终还是影响盐场运作的重要力量。明天顺年间以后，在盐场灶丁编审的同时，州县又介入对灶田（用于制盐的场地，筑盐埕、盐漏、盐坎及其他相关设施）课税，造成了灶户"既当县役又当场役"、灶田"既纳县粮又输场税"的一身两役、一田两税的沉重负担。但作为灶户家族的凤冈陈氏却并没有受到太大影响，在此过程中凭借在盐业中获取的资产和在当地的影响力，其家族反而得到进一步发展。

在许多涉及盐场制度调整的事件中，凤冈陈氏始终坚持为盐场人群尤其是自身家族争取利益的最大化。对于嘉靖年间盐场"以田报丁"法的成功抵制便是一例。②

清代盐场官员管理权力趋弱，对灶户家族依赖更加明显，从而也使灶户家族对盐场运作的影响进一步扩大。广东在经历迁海和三藩之乱

① 　陈履:《上司嶷陈公祖书》,《悬榻斋集》卷3,明万历刻本,第33页。
② 　参见本书第二章的讨论。

后，盐场遭到极大的破坏，^①食盐生产几乎停止，随后广东颁布一系列制度，试图加强盐场的管理来恢复食盐生产，但效果并不明显。如李士桢任广东巡抚后，"首严灶户，不许多煎越卖"，^②又令"各府县印官、场官逐一严查某场原额盐田若干，灶民某人名下灶田若干，向被究棍霸占若干"，然后"逐一退还民灶管业，遵照定例煎盐办课"。^③但通过搜集的民间灶户文献，我们却看到盐场实际运作的一面。在凤冈人陈似源给当时的靖康场大使吴璧的一封信中我们发现，吴璧虽身为盐场之最高长官，在处理盐场催科事务时，却要先咨询盐场内具有声望的士人，商量处理办法，请其去信回乡"劝谕"。陈似源的回信中虽然客气声明让其"以国课为重，不妨行所当行"，^④但足见他的意见对场大使还是有一定的作用。在日常的盐务中，吴璧也时时与凤冈陈氏家族保持良好的关系。^⑤实际上，清初以后盐场官员的管辖权力已经下降，盐场的一般事务更多的时候需要地方巡检司的参与。此时在盐场内部，主要的组织管理更多地依赖地方。如靖康场内建有一医灵古庙，据称"向来香烟素盛"，"凡莲溪地方分为六册，若有关于众事者，必齐集斯庙咸议"。^⑥而以凤冈陈氏为主体的龙眼栅，便是六册中至为重要的一册。另一方面，完成盐课征收是地方盐政和盐场官员的重要任务，但他们不可能不重视地方家

---

① 关于迁海及其影响，参见顾诚《清初的迁海》，《北京师范大学学报（社会科学版）》1983年第3期；鲍炜《迁界与明清之际广东地方社会》，中山大学博士学位论文，2003；麦应荣《广州五县迁海事略》，《广东文物》中册，广东人民出版社，2013；郑德华《清初广东沿海迁徙及其对社会的影响》，《九州学刊》第2卷第4期，1988年；陈春声《从"倭乱"到"迁海"——明末清初潮州地方动乱与乡村社会变迁》，《明清论丛》第2辑，紫禁城出版社，2001；等等。

② 李士桢：《抚粤政略》卷5，文海出版社，1987，第542页。

③ 李士桢：《抚粤政略》卷3，第276页。

④ 陈似源：《复靖康场大使吴璧书》，《凤冈陈氏族谱》卷11，同治八年刻本，第53页。

⑤ 陈先桂：《送场父母吴大使》，《凤冈陈氏族谱》卷12，第92页下。

⑥ 《重修六册大坑医灵古庙碑文志》，碑现存虎门大坑村医灵古庙内。

族的声音。清初面对盐场盐课缺额十分严重的情况，广东巡抚李士桢于康熙二十一年（1682）奏准朝廷将灶户原有田地"凡一切田地山塘税亩一概加增"。① 对于官府来说，这固然有利于地方弥补盐课缺额，却加重了灶户的赋役负担，尤其是拥有大量不办盐课的田地的灶户家族的负担，因此在靖康盐场引起了凤冈陈氏族人的抗议。康熙五十七年凤冈人、进士陈之遇作《靖康加增议》，指出盐田加增源自李士桢对迁界后盐场情况的错误把握，"但知既夺之田为藩业，不思未夺之先固民田"，导致"未经藩夺者，亦概加增"，② 严重增加了灶户的赋役负担。雍正十年（1732）趁广东盐宪巡查到场的机会，凤冈人陈锡又再次述说盐场民田、灶田不分的由来和盐课加增等弊端对于灶户的危害，控诉"靖康场灶民有一田数税、一身两役之苦"，恳请盐宪"因时变通，以除民病"。③加上其他盐场家族的抗议和抵触，这一触犯了地方大族利益的"一概加增"，终于经康熙三十二年"豁免一半"，到了乾隆元年（1736）更经两广总督鄂弥达奏请而全行豁除。④

以上凤冈陈氏的个案表明，在盐场发生的这一系列变化中，盐场地方大族在制度变革中始终扮演着重要的角色，影响着盐场的运作。这种交织着制度改革与家族利益互动的变迁过程，只有结合灶户文献，通过区域史的脉络去重新审视，才能得到更深的理解。⑤

---

① 康熙《新安县志》卷6,《广东历代方志集成·广州府部》(26)，岭南美术出版社，2006，第83页左下。
② 陈之遇:《靖康加增议》,《凤冈陈氏族谱》卷11，第47页。
③ 陈锡:《复邑侯沈公书》,《凤冈陈氏族谱》卷11，第54页上~57页下。
④ 《清高宗实录》卷28，乾隆元年十月甲子。
⑤ 参见李晓龙《灶户家族与明清盐场的运作——广东靖康盐场凤冈陈氏的个案研究》,《中山大学学报（社会科学版）》2013年第3期。

　　由此可见，民间文献的搜集与利用，对于方兴未艾的盐场史和滨海社会史研究具有相当重要的作用。因此，我们的盐场和滨海区域史研究，需要大力发掘民间文献。在民间文献的研究与利用方面，学术界已经有相当多的成果，美国犹他家谱学会、日本东洋文库、中国国家图书馆、上海图书馆、厦门大学民间历史文献研究中心、中山大学历史人类学研究中心等机构也收藏了不少以家谱为主的民间文献。学术界利用族谱等民间文献在诸如人口史、移民史、宗族制度、区域社会变迁等领域开展了大量研究，成绩卓著，但将民间文献用于盐场研究，显然刚刚开始。因此，我们认为，立足于族谱等民间文献资料的搜集整理，并在此基础上展开对灶户群体和灶户社区的总体史视野的研究，既在文献资料的积累上有重要意义，又可以加深对东南沿海地区灶户社区的经济关系、组织结构和社会变迁等相关问题的认识，推进明清盐史和赋役制度研究的深化，对于学术界把握明清以来滨海地区的历史变迁，有相当重要的意义。当然，如何搜集与整理灶户民间文献，近年来，中山大学历史人类学研究中心和厦门大学民间历史文献研究中心等机构已经发展出一套行之有效的方法，我们可以借鉴使用。

　　本研究就是采用这样一套民间文献的搜集与利用方法展开的。全书的基本思路与结构是，资源环境是国家食盐产销制度据以制定的基础，宋以来海岸线等要素的变迁，造成了盐场制度的不断调适。在环境因素的限定之下，明初建立起一套人群分类管理的"洪武型生产关系"，沿海产盐地区与民户相对应，设立灶籍，佥点灶户，国家通过控制灶户来获取盐课和徭役等资源。但是，伴随着民户里甲体系的崩坏、灶户生产条件的变化，以及明清之交迁界等重大政治事件的影响，人户分立的制度在事实中被打破，国家的盐场灶户管理体系慢慢与州县管理体系结合，由垂直管理转变为属地管理；国家从盐场获取资源的方式，则由明初的以控制人户为获取课役的手段，转变为以征收课税为直接手段与目标。与之相对应，灶场社会以宗族为代表的民间组织兴起，成为税收的中间人与代理人，对应的应役方法也发生变化，地方社会家族化。伴随着灶户生产生活和社会组织的转变，以及地方社会动乱、地区经济形态变化，盐场和滨海社会整体发生变迁。

第一章

环境与盐场

——基于自然与社会关系的观察

环境是人类生存的空间，包括直接或间接影响人类生活和发展的各种自然因素。在盐业中，环境主要影响生产者的生活空间、生产条件以及活动限度，同时对与生产相关的服务、管理、运销等环节产生较大的、比较不以人的意志为转移的影响。与环境不同，盐场则是一种国家的建置，是国家试图控制食盐生产的机构。

　　因此，分析环境与盐场的关系，必须在厘清环境变迁、盐业生产与盐场管理三者之间的关系后才能进行。以往的研究似乎过于把"盐业生产"和"盐场"想象成重叠于一体的空间，这是对盐场历史最大的误解。事实上，以两淮海盐区为例，盐业生产的选点主要受制于两大因素：草荡（燃料）和海水含盐度（卤水）。所以原则上只要有足够的资本支撑起生产和生活所需，草荡和卤水适宜的地方即可煎盐。而且草荡与卤水又是盐业生产过程中的两大变量，在草荡难得、卤水浓度不够的情况下，煎盐的成本会很高；而在较为靠近海岸的地方，假设草荡易得，卤水浓度足够，又容易受到涨潮的侵袭，煎盐成本下降的同时风险增大。这是盐业生产运作的经济逻辑，盐业生产的局面必然是动态的。而盐场既然是一种国家的建置，根据不同时期的情况设置了不同的制度条件，直接或者间接地去控制盐业生产的生产资料、资源或者利润，故盐场必然呈现一种相对的静态，试图把动态的盐业生产"驯服"到固有的制度框架中去。

环境与盐场的关系，必须置于盐业生产与盐场管理之间不间断的博弈进程中来考虑。一方面，环境的变迁不断挑战着盐场的管理模式。草荡、卤水、海潮等要素在环境的长时期变动和短期剧烈变动中，均处于非常不稳定的状态，而盐场的管理机制不可能如此理想化地跟上环境的变迁。其结果是，产盐的地方往往是新涨滩涂附近的海岸线，而盐场却是远离产盐地点的聚落。另一方面，从较长时段来看，盐场的管理机制仍然尽力去适应环境的变化，来满足国家对于资源控制的需求。这种变迁，便是历史研究的重点所在。本章的重点，正是探讨自然环境与作为国家建置的盐场之间的关系，并以此构成本研究的基础。

基于这种反思和考量，本章并不准备也不可能揭示环境与盐场这个问题在历史时期的全貌，那样的"野心"需要单独的若干本著作来完成。本章的意图是通过分析几个个案，体现"长时段"中环境与盐场变迁的复杂性，寻找一个关于盐场历史研究的新的出发点。在第一节和第二节的案例中，我们将探讨海岸线东迁、生产技术和捍海堤防的建立之间的关系；在第三节和第四节的案例中，我们则研究海水含盐度、盐场建置和灶户管理、资本运作的关系。

那么在研究的过程中，民间文献可以起到什么作用呢？民间文献最大的功用并非补充政书之不足，而是提供长时段研究中不同时间、不同"结构"所蕴含的地方性的、间接的、基于具体的生产生活条件的逻辑。这种逻辑可能与正史和政书文献相同，但其差异则更值得关注。本章正是努力为第二至第五章的研究，提供一个结合民间文献和官方文书来反思的支撑点。

第一节 9~13世纪海岸线东移与两淮盐场的区位选择

明清两淮盐场主要分布在今江苏沿海地区，苏北平原是其中的重要组成部分。苏北平原由里下河平原和滨海平原组成，在历史上经过了巨大的地理变迁。[①] 对封建王朝经济最为重要的两淮盐场，就坐落在这一片区域中。两淮盐场东面濒临黄海，饱食渔盐之利，又苦于海潮频袭；西面内河水系发达，坐享转输之便，但不堪潴滞之扰。唐宋两代，官府多次在此处修筑捍海堰，抵御海潮，障蔽民田。[②] 北宋天圣五年（1027），范仲淹在此处修成捍海堰，被后人称为"范公堤"。

历史地理学界对盐场的关注主要集中在井矿盐，[③] 而对海盐区的关注，则主要集中在对两淮盐场范公堤的研究。嵇超曾笼统地说："堰外盐场，也亭灶相望，取卤煎盐，潮大盐工上堰，生命有了保障。"[④] 此说法被吴必虎采纳。[⑤] 而凌申则认为，明代以前，场灶分布在范公堤以西，明代以后才转移到堤东。[⑥] 黄俶成、王光文也曾从淮盐对中华文化的贡献角度考察过历史上淮盐产地海堤与海岸线的变迁。[⑦] 笔者认为，捍海

① 吴必虎：《历史时期苏北平原地理系统研究》，华东师范大学出版社，1996，第9页。

② 凌申：《历史时期江苏古海塘的修筑及演变》，《中国历史地理论丛》2002年第4辑。

③ 马强、陈呈：《唐宋地理学视域中的巴蜀井盐与火井》，《扬州大学学报（人文社会科学版）》2005年第1期。

④ 嵇超：《范公堤的兴筑及其作用》，《复旦学报（社会科学版）》1980年第S1期。

⑤ 吴必虎：《历史时期苏北平原地理系统研究》，第9~12页。

⑥ 凌申：《黄河夺淮与江苏两淮盐业的兴衰》，《中国社会经济史研究》2011年第1期。

⑦ 黄俶成、王光文：《淮盐对中华民族四大盛世的贡献》，《盐业史研究》2011年第2期。

堰作为阻挡海水入侵大陆的人工屏障，若"盐出于煎烧"的淮南盐场位于范公堤之内，无疑是遮蔽了海水的来源，将影响两淮食盐的生产，但是史料中对此只字未提，不免让人疑惑。为解决这一疑问，我们必须对两宋时期两淮盐场与捍海堰的地理位置做一考证。

地理学家认为，苏北平原建构在苏北坳陷之上，这一区域在距今7000多年前还是一片浅海。而距今7200年、5200年、3500年、2500年前以及距今6000年、4500年、3000年、1800年前，分别是历史上苏北地区几次海岸线进退的时期。海岸线进退在苏北地区形成了三条南北走向、地势较高的贝壳沙堤，影响到早期人类活动的空间范围。[1] 笔者想进一步说明的是，苏北地区的地形地貌变化也对这一区域的行政建置产生了影响。

汉代在这一区域设置了盐渎县（汉武帝元狩四年，公元前119年）和海陵县（汉武帝元狩六年），开始控制这一地区的盐业生产。[2] 李唐王朝在淮南道的扬州海陵以及楚州盐城设立盐官，《新唐书》称，盐城有"盐亭百二十三"。[3] 但是这些死板的记载并没有告诉我们海岸线的变化及其影响。以盐城县为例，其早在《汉书·地理志》中便有记载，可以认为是一个距今有两千多年历史的城市。然而，唐代李吉甫所著《元和郡县图志》仍称盐城"在海中"：

> 盐城县，本汉盐渎县，属临海郡。州长百六十里，在海中。州上有盐亭百二十三所，每岁煮盐四十五万石。[4]

---

① 吴必虎：《历史时期苏北平原地理系统研究》，第9~11页。
② 曾仰丰：《中国盐政史》，商务印书馆，1937（上海书店影印，1984），第51页。
③ 《新唐书》卷41《地理志》，中华书局，1975，第1052页。
④ 李吉甫：《元和郡县图志》，逸文卷2，中华书局，1983，第1075页。

周运中认为，汉代的盐渎县和隋唐以后的盐城县并非在同一个位置。隋唐以后，盐城县搬迁到汉代盐渎县更东的沙岗之上。此时，盐城的西部有名为"小海"的水泊。盐城在"小海"与"大海"之间，所以李吉甫仍以盐城"在海中"记载下来。[1] 这揭示了海岸线的变化如何影响到盐城县治所的变化。但笔者更希望追问的是"州上有盐亭百二十三所"的问题。如果汉代的盐渎县并非隋唐以后的盐城县，那么隋唐时盐城为何要向东迁移？民国《续修盐城县志稿》的作者给我们提供了一个解释的思路：

> 是所谓海中州之涨出，盖在六朝以前，至隋世，则西境盐渎故地之亭灶已悉迁海上，故有盐亭煮盐云云也。[2]

按照作者的说法，隋朝是因为盐灶东迁，才将盐城的县治也向东迁移的。这条记载虽说是后世的推断，不能作为隋代迁盐城县的证据，但有着一定的合理性。盐城因盐建县，在盐灶东迁以后，为了更好地进行管理，治所才向东迁移。由此可见，在整个海岸线变动的过程中，人的活动也受到了很大的影响。

随着沿海地区的逐步开发，海潮灾害不时危及当地居民的生产活动。唐大历年间，淮南西道黜陟使李承在盐城、海陵二监之间筑常丰堰。[3] 可惜史料中对常丰堰的具体位置往往语焉不详，只大体说"楚州

---

[1]　周运中：《盐城在海中考》，《盐业史研究》2007 年第 2 期。

[2]　民国《续修盐城县志稿》卷 1《舆地志》，第 3 页，《中国地方志集成·江苏府县志辑》（59），江苏古籍出版社、上海书店、巴蜀书社，1991，第 370 页。

[3]　《旧唐书》卷 115《李承列传》，中华书局，1979，第 3379 页。

盐城南至海陵"。[①]凌申通过对地形地貌的考察，结合考古材料分析认为，苏北平原上，北起阜宁北沙，沿串场河一线经草堰、盐城、刘庄，入东台市境，南抵海安系一道天然的沙堤——东冈，形成于 3500 年前，可以认为是直到唐代的天然海堤。[②]唐代的常丰堰正是在这一道天然沙堤的基础上修建而成。其最北端应不超过阜宁的沟墩，最南端应不超过刘庄的南部，总长约 140 里。[③]史料记载，常丰堰的作用是遮蔽海潮，保护民田，"屯田瘠卤，岁收十倍，至今受其利"。但常丰堰同时有保护盐场的作用，黄俶成等认为，当时已经有人在李堤之南梁（后称梁垛场）烧盐，后梁盐成为淮盐之最佳者。

有了常丰堰的庇护，唐代加大对于苏北平原的屯田开发。常丰堰以内的土地开发，意味着需要更多和更高级别的地方管理机构。吴武义二年（920），兴化建县。明嘉靖年间知县胡顺华主修的《兴化县志》曰："吴杨行密，武义二年分海陵地为兴化，属扬州，兴之名始此。"[④]后晋天福二年（937）升海陵县为泰州。《南唐书注》载"己未升东都海陵县为泰州，《江南录》曰'李昇天福二年丁酉十二月，以扬州海陵为泰州，取通泰之义'"。[⑤]泰州出土的石刻《泰州重展筑子城记》，就是记载了置州第二年，泰州修筑子城之事。[⑥]可见此时堤西得到了一定程度的开发。

唐代修建常丰堰意在障蔽海潮。但是在海潮的日夜冲刷下，到了北

---

① 万历《盐城县志》卷1《古迹》，《北京图书馆古籍珍本丛刊》（25），书目文献出版社，1998，第810页。

② 凌申：《盐城市境内全新世以来的海陆变迁》，《东海海洋》1989年第3期。

③ 凌申：《范公堤考略》，《盐城师范学院学报（人文社会科学版）》2001年第3期。

④ 嘉靖《兴化县志》卷1，兴化市图书馆藏，第6页。

⑤ 周在浚：《南唐书注》卷1，民国嘉业堂本，第16页。

⑥ 潘耀：《浅识南唐〈泰州重展筑子城记〉》，《江苏省地方志》2010年第6期。

宋天圣年间，常丰堰已经"历时既久，颓圮不存"。^①天圣五年（1027）在范仲淹与张纶共同努力之下，筑成新的捍海堰，后人称为"范公堤"。在选址时，范仲淹没有完全沿着先代海堰的遗迹重修，嘉庆《东台县志》转引《晏溪志》^②记载，范仲淹"酌量移堰，稍近西溪，以避海潮冲击"。^③实际上是将海堰向西边远离海岸线处推移，减少海浪的冲击力。后又"累石以固其外"，^④用巨石做成防潮坡，以加固海堰外堤。这两种做法都延长了海堤的使用寿命，使百姓能够长久地享受海堤带来的好处。百姓纷纷回归家园，堰成之时则"复通户二千六百，州民利之，为立生祠"。^⑤《晏溪志》记载范公堤"起自海陵东新城，至虎墩（原注：即今小海），越小淘浦（原注：即今安丰）以南，……长二万五千六百九十六丈六尺，计百四十三里"。海陵东新城具体位置尚待考证，但是根据其他相关记载，范公堤北端起自盐城，南至东台安丰、富安一带。

史载，唐李承常丰堰修好之后，有"遮护民田，屏蔽盐灶"的效果，南宋进士楼钥也指出，常丰堰建成以后"亭灶附依，尤利盐事"。^⑥但是盐业生产终究须靠近海边，捍海堰修成以后，起到了阻隔海水的作用，盐场究竟分布在捍海堰以内还是以外，则是我们需要考察的问题。明代以后的《两淮盐法志》在图例中，都清楚地标明用于

---

① 《宋史》卷97《河渠志七》，中华书局，1977，第2394页。

② 据考证成书于明万历十三年之前，引自徐复、季文通主编《江苏旧方志提要》，江苏古籍出版社，1993，第582页。

③ 嘉庆《东台县志》卷11《水利考下》，第8页，《中国地方志集成·江苏府县志辑》（60），第425页。

④ 康熙《两淮盐法志》卷17《古迹》，学生书局，1967，第1349页。

⑤ 《宋史》卷426《张纶传》，第12695页。

⑥ 楼钥：《攻愧集》卷59《泰州重筑捍海堰记》，第5页，《景印文渊阁四库全书》（1153）集部92，台湾商务印书馆，1983，第48页。

生产食盐的盐灶分布在范公堤以东的沿海滩涂上，① 说明淮南的盐业生产必须靠近海水。凌申认为，煎灶逐渐迁至堤东是明末之事，暗示了明末以前，盐灶都分布在堤西。笔者疑惑的是，若捍海堰建成以后，盐灶都分布在堤西，两淮依靠煎卤成盐，堤围把海水阻隔在外，灶民应当如何进行生产？因此，笔者认为，盐场与捍海堰的地理位置，是宋代以后两淮盐场生产的一个基本问题，这一问题得不到解决，将导致我们对于淮盐生产产生错误的认识。以下，笔者试对这一问题做一考证。

唐常丰堰修筑后，盐场的具体位置缺乏史料记载。但可以断定的是，随着常丰堰的崩坏，到了宋代初年，盐场均在海边。《太平寰宇记》成书于宋太宗太平兴国年间，据其记载盐城县内有盐城监，有"盐场九所，在县南北五十里至三十里，俱临海岸"。② 盐城受到海潮的日夜冲刷，土地盐碱化，不适农耕，"县人以鱼盐为业，略不耕种，擅利巨海，用致饶沃"。③ 据记载，楚州东至海二百一十五里，盐城县在其东南二百里。根据这个描述，盐城县至海边，还应当至少有十五里的距离。前文提到，范仲淹在修堤时，在唐代常丰堰的基础上，略向西移。据凌申考证，捍海堰的位置应从原常丰堰堤所处古沙冈东侧，移至古沙冈顶部等高线上，此堤与海的距离，应较唐代更远。

捍海堰修成后，食盐生产的情况又是如何呢？北宋景祐年间，吴中甫在描述盐城监的情况时说：

① 嘉靖《两淮盐法志》，图例，《四库全书存目丛书》史部（274），第135~156页。
② 乐史：《太平寰宇记》卷124《淮南道二》，第16页，《景印文渊阁四库全书》（470）史部228，第233页。
③ 乐史：《太平寰宇记》卷124《淮南道二》，《景印文渊阁四库全书》（470）史部228，第233页。

　　盐城造盐之场七，皆售县仓，亭灶棋列，相去且百里，掌出纳者，以仓为主，而不出郭郭，故私煮盗贩，散漫不能禁。请分南五场，傅海七十里，命一官督察之，俾火伏可见，私煮可禁。[①]

　　可知盐场的亭灶沿海边呈南北狭长状分布，而"傅海七十里"应该是沿海边七十里之意。所以亭灶还是需要沿海而建，这样看来，亭灶在堤内的可能性甚小。且从制盐方法来看，宋代采用刺土成盐之法，大体是取海边咸碱之土，淋海水成卤，再用盘角起火，煮卤成盐。因此，能够建立亭场必须具备两个条件，一是有卤气充足的咸土，二是有海水。捍海堰修筑的作用，是将潮水阻挡在堰外，堰上有闸，"于运河置闸纳潮水以通漕"，[②]可见海水虽然可以从闸口引入捍海堰内，但主要是用于接济运河之水，用于引水煎盐尚没有直接证据。

　　北宋的盐场很有可能已经在捍海堰之外，而到了南宋，亭灶搬到堤外则是确凿的事实。南宋建炎二年（1128），黄河在滑县决而东流，经泗水入淮。黄河夺淮入海，带来巨量的物质堆积，使苏北沿海的造陆活动大大加速，范公堤东边的海滩迅速发育。[③]海滩沿范公堤向东淤涨，对盐业生产也造成了影响。

　　绍兴二十八年（1158），淮南提举吴㻛曰："泰州管下盐场创添到何家垛、小淘、古窑、刘庄、马塘五场。"[④]戴裔煊先生认为，以上五场都是宋室南渡以后设立的。[⑤]其中，马塘场建于南宋绍兴十八年。《宋会

①　余靖：《武溪集》卷6《楚州盐城南场公署壁记》，第15页，《景印文渊阁四库全书》（1089）集部28，第58页。

②　李焘：《续资治通鉴长编》卷104。

③　张忍顺：《苏北黄河三角洲及滨海平原的成陆过程》，《地理学报》1984年第2期。

④　《宋会要辑稿》，"食货二六"，上海古籍出版社，2014，第6577页。

⑤　戴裔煊：《宋代钞盐制度研究》，中华书局，1981。

要辑稿》曰:"泰州如皋县马塘创建盐场,以泰州马塘催煎盐场为名。"要将其特别提出的原因是,吴嵊在裁撤归并这些新设的盐场时,唯独留下了马塘场。他的理由是"马塘场见在沿海置灶,去邻近盐场地里窎远,难以废并"。考察被归并盐场的位置,我们可以看到,诸如古窑场、刘庄场、虎墩场等,均在范公堤上,马塘场因为离这些盐场太远,又在"沿海",我们有理由相信,马塘场的亭灶已经在范公堤之外。同理可推,在南宋为了增饷而添设的"五场计七十五灶,又于旧场内增添三十一灶,共增到一百六灶目"中,定有许多盐场在范公堤之外。

值得注意的还有另外一个记载,就是淳熙元年(1174),泰州知事张子正为盐灶"另筑堤岸"。嘉庆《东台县志》云:"张子正,淳熙初知泰州事。州之东捍海堰圮于潮,子正就旧基修筑,其外附盐场灶所,又别为堤岸避潮,以防废坏。不计工费,唯取坚实,官帑不足,益以私财,后丧于公所,河口有张古老茔垛,至今犹存。"这段材料很好地说明了盐场灶所是在捍海堰外,所以要"别为堤岸避潮"。只是,该材料出自清代的县志,县志中表明原出处系嘉靖《扬州府志》,今不得见,而万历《扬州府志》中,仅记载张子正为淳熙年间泰州知州,别无他事。因此,该材料所记之事,尚无法证明确系宋代的情况。通过考证我们发现,《东台县志》中,张子正的传记脱胎于《清波杂志》,其记载为:

熬波之利,特盛于淮东,海陵复居其最。绍兴间,岁支盐三十余万席,为钱六七百万缗,于以佐国用,其利博矣。自增置真州一仓,遂稍损旧数。捍海置堰,肇自李唐。国朝范文正公稍移其址,叠石外固,厥后刊缺不常,随即补治。淳熙改元,复圮于潮汐。时待制张公守郡,益加板筑,不计工费,唯取坚实。官帑不足,阴以私帑益之，迄今是赖。①

　　两段材料相比，《东台县志》传记中所增之处，恰恰是张子正为盐场灶所"别为堤岸"，以及"丧于公所"之事。《东台县志》较《清波杂志》晚出，我们应对所增之内容持怀疑之态度。那么，这两件事又是否有依据呢？根据刘永翔对《清波杂志》的校注，张子正生平如下：

　　　　张俊之子。绍兴十一年，以俊自建康来朝，自右承务郎直秘阁，赐六品服。次年，进二官，升直敷文阁。二十一年，为右宣教郎，直敷文阁，主管台州崇道观。是年，高宗幸张俊第，除子正直显谟阁。二十四年张俊死时，为右文殿修撰。二十九年，充敷文阁待制，提举佑神观。淳熙三年，以敷文阁待制、试户部尚书充贺金国生辰使。

　　刘的依据大部分来自元朝所编的《宋史》。又据《宋史》可知张子正于淳熙三年十一月癸丑，被派去贺金主生辰。所以，传记中所说的"丧于公所"恐怕难以坐实，至少与修堰之事无关。那么"别为堤岸"是否也不可考呢？根据《宋史》记载，"淳熙三年四月，诏筑泰州月堰，以遏潮水。从守臣张子正请也"，说明张子正还曾筑"泰州月堰"。那么"别为堤岸"是否指的是泰州月堰呢？或者"泰州月堰"只是张子正修复范公堤的一部分呢？

　　检索宋人的文集，我们得知泰州月堰修好的次年，泰州知州魏钦绪又修了桑子河堰，南宋吕祖谦有《泰州修桑子河堰记》记载此事：

---

① 　周辉撰，刘永翔校注《清波杂志校注》卷10，中华书局，1994，第432页。

　　　　淳熙元年夏六月，泰州东部潮大上，败捍海堰。诏州与两使者参治。维堰初作于文正范公，首起海陵尾，属盐城，衡两县间百余里，及是半圮于水，有司缮筑，未几以讫工闻。独桑子河以南，径如皋境，缭许氏庄后，皆文正规略所未及。春夏霖雨，海汐暴兴，田庐冒没，版籍日耗，诏以诿今魏侯。侯不以造端立始无前橅可袭，为惮慨，然闵民病之不可宿，凡土功之政令，与其修悉搜悉讲，发命以四年十月乙酉，甫半月堰成。其袤三十有五里，其崇寻有三尺，趾广二丈四尺，积工一十有七万……①

　　魏钦绪于淳熙四年继任张子正为泰州知州。②从吕祖谦的文意看，修桑子河堰显然是在淳熙元年范堤遭到海潮冲毁以后，作为修复、延长范公堤的一项工程。它从"桑子河以南，径如皋境，缭许氏庄后"，"袤三十有五里"。今人考证其北起富安，南至李堡，实际上是将范公堤向东南延长了。然而，在通篇《泰州修桑子河堰记》中，我们并没有发现桑子河堰与泰州月堰有任何关系。如果泰州月堰也是作为范公堤修复工程的一部分，桑子河堰与月堰时隔仅一年的时间，吕祖谦对此丝毫不提，似乎不符合常理。因此，泰州月堰更像是与范公堤不相干的另外一条堤岸。

　　更有力的证据是，在楼钥所著《泰州重修捍海堰记》中，月堰与范公堤的关系更加明了：

　　　　庆元二年，二邑之民又以病告。谓晏溪河东有土月堰，下临海

---

① 吕祖谦：《东莱集》卷6。

② 万历《扬州府志》卷7《秩官志上》，第28页，《北京图书馆古籍珍本丛刊》（25），第116页。

洋，了无涂泥为之固护，地形就下。绍兴以来，四经移筑，民田之垫于海者十五里，冲损海陵堰身六里余，如皋亦坏十余处，近益损甚。提举王公宁览之恻然，亟命知海陵县陈之纲相视利害，请移入二里，重增九尺，基厚二丈九尺，面减五尺。又遣捍堰巡检刘正志量度会计，创立基址，计三十四里一百九十四步，用工二十八万。公按图察之，谓西接范公大堰，若不及今移筑，则堰内之田，当为斥卤，且将浸淫旁及，横流四出，为害益大。①

"土月堰"在晏溪河东，其外便是波涛汹涌的大海，所以受海潮冲刷严重，绍兴以来，四次修筑。庆历二年的这次修筑，是要将月堰向西移入，加宽加厚，并且西接"范公大堰"，以保障堰内田土。由此可见，"土月堰"原来系范公堤以东更加靠近大海的一条海堤。张子正在淳熙三年修筑的"泰州月堰"，很可能就是绍兴以来四次移筑"土月堰"其中的一次。而其地理位置也更符合《东台县志》张子正传记中"其外附盐场灶所，又别为堤岸避潮"的描述。所以我们有理由相信，《东台县志》的记载有一定的依据，至少在南宋时期，范公堤外还有一道堤岸，用来屏蔽堤外的亭灶。由此亦能说明，早在南宋时期已经有盐场建立在捍海堰外。

第二节 14世纪以降的黄河改道与两淮的署灶分离

进入元朝，黄河夺淮初期，河水南北分流，且南流部分散漫紊乱，

---

① 楼钥：《攻愧集》卷59《泰州重筑捍海堰记》，第6~7页，《景印文渊阁四库全书》（1153）集部92，第48~49页。

泥沙多淤积在淮河各支流及沿途，对苏北平原的地貌和环境没有产生明显的改变。元至正十一年（1351），贾鲁治河，筑塞旁道，使黄河循汴由泗入淮。贾鲁治河之后，黄河之水集中南下，水量大增，带到下游的泥沙也相对集中，对里下河区的平原地貌可能有些影响。明弘治七年（1494），刘大夏等人采取"北岸筑堤，南岸分流"的治河方略，堵塞黄河北决口，在北岸筑成1000多里的太行堤，至此黄河北流全绝，全流分道南下入淮。嘉靖二十五年（1546）以后，"南流故道尽塞"，"全河尽（出）徐、邳，夺泗入淮"。再经过潘季驯的大力整治，到万历四十四年（1616），黄河河道基本上稳定在今废黄河所在的流路上，整个黄河所携带的大量泥沙这时才完全输送到苏北平原，其中大部分输送至海口，也有一部分因决口携带至里下河等低洼地区。

黄河带来的泥沙不仅在河口堆积，直接形成了黄河三角洲，还对范公堤以东的滨海平原的形成有所助力。江苏滨海平原的一个最重要特点就是岸外分布着大面积水下沙脊群，使滨海平原的成陆过程表现出明显的沙洲并陆的特征。由于黄河入海泥沙主要向南运移，故三角洲南侧的滨海平原和岸外沙洲长期以来表现出淤长的趋势。与此同时，由于来沙量巨大，沙洲与岸滩之间的潮汐水道变浅，所以会在低潮时干出，沙洲遂完成并滩阶段。以后沙洲继续撇长，在高潮时一般也不会被淹没，陆侧水道缩窄变短而淤闭，或变为陆上河道，同时潟湖也渐淤为低洼的滨海平原，从而使沙洲最终并陆。

黄淮合流入海后，黄河给淮河口带来大量的泥沙，大大加速了淮河入海口的造陆运动。以范公堤作为北宋时期海岸线所在的位置看，明清时期新涨出的土地使海岸线向东延伸了几十公里。[①]

---

① 凌申：《地名与历史时期江苏海岸变迁的相关研究》，《海洋科学》2002年第1期。

土地向东淤积后，必然影响食盐的生产。元人黄溍文集中有《中宪大夫淮东道宣慰副使致仕王公墓志铭》一篇，称富安场"距海远，潮不时至，盐丁负水取卤，力疲而赋不充。（王艮——引者注）乃为相其地形，凿渠以通海潮，公私咸便之"。[1]王艮乃浙江诸暨人，万历《杭州府志》记其为掾史出身，但世次无考。根据黄溍为其作的墓志铭，王艮是受时任江北淮东道肃政廉访司知事凌时中的提拔，督富安场盐课。江北淮东道肃政廉访司为至元十四年置，[2]至元二十四年，凌时中被程钜夫举荐为官。[3]至大年间，凌时中任福建闽海道廉访经历司副使。[4]凌时中迁福建廉访司经历后，又迁都水监丞，才升任秘书少监。[5]由此可知，凌时中任江北淮东道肃政廉访司知事应在至元二十四年到至大年间，也是王艮督富安场的大致时间。由此可知元初富安场已经面临着亭灶离海太远，灶丁挑水取卤煎烧不便的情形。王艮相地开渠，引潮水煎煮，也说明了盐场亭灶在范公堤以外。理由一是若亭灶在堤内，引潮水则需要在范堤上建闸，而黄氏并未提及，其他相关史料也未见；二是若引潮水入堤，更伤稼穑，难以有"公私咸便"的结果。张忍顺认为，今日的江苏省东台市一带，因其沿岸南下的黄河泥沙覆盖在长江古河汊的水下河口沙坝之上，成为南宋黄河夺淮之后至明代海岸淤积较快之地。元中前期距建炎年间又有一百多年，富安场原来的亭灶出现了离海较远的情形，可见范公堤兴筑之后，该处海陆变迁之剧。

明代以后的两淮盐场与范公堤的相对位置，学术界讨论较多。明代

① 黄溍：《金华黄先生文集》卷34《中宪大夫淮东道宣慰副使致仕王公墓志铭》，第14页，《续修四库全书》（1323）集部·别集类，第441页。
② 《元史》卷86，中华书局，1976，第2156页。
③ 《元史》卷172，第4016页。
④ 弘治《八闽通志》卷30。
⑤ 同治《安吉县志》卷12。

以后，两淮盐场除了治所还在范公堤上或范公堤内，煎烧的盐灶全部在范公堤外，甚至在远离范公堤的海边。[①]潮水不能超过堤堰，实际上是把农业生产和盐业生产分隔在堤的东西两边。明末清初诗人吴嘉纪《范公堤》诗云："茫茫潮汐中，矶矶沙堤起。智勇敌洪涛，胼胝生赤子。西塍发稻花，东火煎海水。海水有时枯，公恩何日已。"[②]明确地指出了范公堤西为民田、东为灶地的情况。而且由于剧烈的海陆变迁，捍海堰此时已经距离海边很远。张忍顺曾经根据明嘉靖，清雍正、光绪年间所修建的墩台位置，勾勒出它们的分布范围，大致反映了各个时期海岸线的位置。[③]而笔者认为，海边淤沙的东进，也迫使盐场亭灶不断向东迁移。在这个过程中，有一些原来产盐的地方逐渐远离海边，不适合盐业生产，比如清初的白驹场就已经完全不产盐，[④]灶户只能以卖草为生。盐民诗人吴嘉纪曾在顺治九年（1652）写道："贩薪白驹场，籴麦清江浦。"顺治十六年，白驹场的灰亭均改作沙荡升科，原来的灶房、灰亭无存。[⑤]到了雍正十三年（1735），白驹场裁撤，课额归并草堰场。白驹场从明代后期盐课部分改折，到清初全部改折，再到最终归并草堰场，反映了海陆变迁的环境下，原来范公堤附近的盐场不断萎缩的命运。另一方面，由于范公堤外新涨土地的增多，一些盐场的范围也在扩展。顺治十六年，两淮巡盐御史高尔位在两淮三分司进行清查草荡的活动，清查出来的"新涨沙荡"一律升课。比如梁垛场的天鹅荡，便在此次清查中

---

① 嘉靖《两淮盐法志》卷6，《四库全书存目丛书》史部（274），第242页。

② 吴嘉纪著，杨积庆笺校《吴嘉纪诗笺校》，上海古籍出版社，1980。

③ 张忍顺：《江苏沿海古墩台考》，《历史地理》第3辑，上海人民出版社，1983。

④ 康熙《两淮盐法志》卷3《场考》，学生书局，1966。

⑤ 光绪《两淮盐法志》卷30《场灶门》。

"丈量升课入沙荡额内"。① 梁垛场还有"丁头渣，场东六十里，乃新涨沙汀，在天鹅荡东。本朝顺治十六年，院道清丈，名曰沙荡，升课入额"。这些"新涨沙荡"被纳入盐场征课的范围，表示盐场的范围进一步扩大。凌申曾经讨论过黄河夺淮使淮南盐场的土地迅速向东扩展，盐场卤气日淡，是淮南盐场在清代中期以后衰落的原因。对此，鲍俊林认为海势东迁未必是抑制因素，真正阻碍清代中期以后淮南盐场发展的是盐法的长期壅滞。② 笔者也认为，土地淤涨的情况下，盐场的盐灶随着海岸线向东迁徙，甚至还获得了更大面积的土地作为草荡，清代以后，淮南的许多盐场面积在扩大，随之而来的是人口和盐灶地不断动迁的过程。

第三节　10世纪以降广东的海水盐度变化与盐场分布的空间变迁

随着时间的推移，两淮盐场生产空间与行政、生活空间不断分离，并引发人口与灶地变迁。这一过程，在其他盐场也有显示自身特点的反映。10世纪以降广东沿海的开发过程，就体现了这一点。在这里，生态环境制约了盐场的食盐产量和技术革新，并与宋以后的盐场制度调整和社会转型相关。如位于珠江入海口的广州地区，该地区的食盐产量在宋元至明初，在广东盐产总量中占据较高的比例，一直为广东重要的食盐出产地和供应地。

---

① 康熙《淮南中十场志》卷2，上海图书馆藏，第27~28页。
② 鲍俊林：《再议黄河夺淮与江苏两淮盐业兴衰——与凌申先生商榷》，《盐业史研究》2013年第3期。

以南宋为例，《宋会要辑稿》载绍兴三十二年（1162）两广盐场产量如表1-1。

表1-1 绍兴三十二年两广盐场产量

单位：万石

盐场	盐额	所在州
靖康、大宁、海南	3.4	广州
东莞	3.1	广州
香山、金斗	1.2	广州
广田	0.7	广州
归德	2.5	广州
叠福	1.2	广州
都斛	1	广州
矬峒	0.9	广州
海晏、怀宁	1.9	广州
小江	2.7	潮州
招收	1.8	潮州
隆井	2.2	潮州
石桥	6	惠州
淡水	2	惠州
古隆	0.7	惠州
双恩	0.7	南恩州
咸水	1	南恩州
白石	10	廉州
博茂	0.6	高州
那陇	0.2	高州
白皮	0.3	钦州
茂晖	7.7	化州
零绿	0.5	化州
蚕村	4	雷州
总计	56.3	

资料来源：《宋会要辑稿》，"食货二三"，第6496页。

根据以上统计，广州所在的珠江三角洲地区在南宋时期的食盐产量达到约 16 万石，占两广地区食盐生产定额的近 30%。而粤东地区的潮州、惠州两处相加，占 27.4%，粤西地区的南恩州、高州、化州、雷州相加，占 26.1%，位于北部湾的钦州、廉州等地相加，占 18.3%。由此可见，珠江三角洲地区在南宋时期的食盐产量，在两广地区所占比例最高。这一方面与南宋对广州的控制力度有关，同时在地理环境上，因为珠江入海口的东西两岸靠近广州，可以通过珠江与广阔的两广内陆联通。而且当时珠江入海口尚未形成大片陆地，其入海口两岸的海水含盐度较高，能达到熬制食盐的要求。这一格局，到了元代大致不变。

李晓龙的研究指出，明初以后，珠江三角洲沙田的开发，逐渐降低了沿海地区海水的含盐度。海水含盐度直接影响盐场的盐业生产，降低单位海水的盐产量。明中叶以后，由于咸淡水分界线的南移，位于珠江口东岸的归德、靖康等场的盐业生产受到严重影响，不仅产量日少，而且生产成本随之增加。珠江口的盐场都属于熟盐场，采用煎盐法制盐，与采用晒盐法制盐的生盐场相对。海洋环境对盐业生产的影响，主要体现在海水的含盐度与盐的产出之间的关系。简单地说，沿海盐场的生产就是将盐从海水中蒸发出来，含盐度决定了生产技术和生产成本。熟盐场不仅对海水含盐浓度有要求，还需要大量柴薪才能完成生产。明中期以后，随着燃料需求量的增大，珠江三角洲业已出现燃料紧缺、薪价高涨的问题。[1] 因此，华南的许多盐场从明中期开始广泛改用晒盐法。但是，采用晒盐法对卤水的浓度有一定要求，即间接限制了海洋环境。珠江口的归德、靖康两盐场，因为受到海水含盐度的限制而无法完成技术改良，仍旧采用煎盐法，使其在食盐竞争市场中也逐渐失去了优势，而

---

① 　陈嫦娥：《明清珠江三角洲燃料问题研究》，暨南大学硕士学位论文，2011。

广东东部盐场则在这次机遇中崛起。除了盐业技术革新，明中期以后广东沿海海路交通的发展，也为惠州、潮州一带盐场产盐的运销提供了便利条件。明代中后期嘉靖、万历年间两广运销制度的改变，更进一步加速了广东盐业市场向惠、潮地区的转移。由食盐运销制度改革引发的两广食盐运销市场的调整，更给已经在海洋环境变迁影响下勉强维持经营的归德、靖康盐场以致命的打击。[①]

　　到了清代，由于珠江入海口两岸大片的沙田开发，原有的盐场大部分都由沙滩积成沙田，食盐生产的成本愈发增加，最终广州府属的盐场大部分被裁撤。到了清代中叶，在宋代到明代时原来有十多个盐场的广州地区，只剩下僻处西南一隅，靠近粤西的上川司一处而已，而且其产量在整个两广地区的食盐生产定额之中，显得微不足道。[②] 而另一方面，由于盐业技术的革新，以生盐场为特点的粤东地区的惠州、潮州两地的盐场产量增加很快，再加上明清以后航海技术的进步，食盐由粤东运到珠江口的运输成本也大为降低。粤东地区因此取代珠江口地区，成为清代两广食盐的主要产地。

　　道光《两广盐法志》所记载的道光年间广东盐场产盐定额如表1-2。

表1-2　道光年间广东盐场产盐定额

单位：万包

盐场	盐额	所在府
上川司	1.2	广州府
双恩场	4.1	肇庆府
淡水场	12.6	惠州府

①　李晓龙：《环境变迁与盐场生计——以明中后期广东珠江口归德、靖康盐场为例》，《中国社会经济史研究》2015 年第 2 期。

②　道光《两广盐法志》卷 23，第 1 页上。

盐场	盐额	所在府
大洲场	17.7	惠州府
碧甲栅	6.9	惠州府
墩白场	14.4	惠州府
石桥场	9.4	惠州府
海甲栅	7	惠州府
小靖场	10.5	惠州府
电茂场	15.9	高州府
博茂场	22.2	高州府
茂晖场	1	高州府
白石东场	2.1	廉州府
白石西场	1.1	廉州府
招收场	8.4	潮州府
河西栅	9.4	潮州府
隆井场	3	潮州府
惠来栅	3	潮州府
东界场	8.1	潮州府
海山隆澳场	4.4	潮州府
小江场	2.4	潮州府
总计	164.8	

资料来源：道光《两广盐法志》卷 23，广东省立中山图书馆藏，第 1 页上~6 页下。

如果以盐场所在的府为单位进行统计，则广州府属仅 1.2 万包，廉州府属仅 3.2 万包，肇庆府属仅 4.1 万包，数量均微乎其微。而最高为惠州府属，达 78.5 万包，高州府属其次，有 39.1 万包，潮州府属则有 38.7 万包。从比例上来说，广州府产盐只占两广盐场总额的 0.7%，而位于粤东的潮、惠二府则高达 71.1%，粤西的高州府、肇庆府（阳江县）相加为 26.2%，而位于北部湾的廉州府则也只剩下 1.9%。由此可见，在南宋时占据重要地位的广州地区的食盐生产已经彻底衰落，与此同时北部湾的食盐生产也基本可以忽略，而粤东地区则成为清代两广最重要的食盐生产地。

由此可见，南宋时期两广主要食盐生产地的广州地区，清代已经几乎没有盐场分布，而粤东、粤西两翼，尤其是粤东地区，密集分布了大量盐场，尤其以惠州地区最多。惠州地区与潮州地区的水文环境相差不大，惠州的生产盐额之所以比潮州更高，估计还是有惠州更靠近省会广州的因素在里面。

在此基础上，将南宋与清代两个相差约700年的两广盐额生产比例用饼形图进行比较，其变化将更为明显。今以清代行政区划为地域单位，按广州、肇庆、惠州、潮州、高州、廉州六府顺序，将南宋、清代盐场归入其中，制作饼状图如图1-1、图1-2。

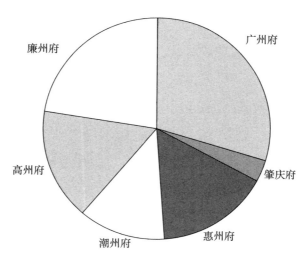

图1-1　《宋会要辑稿》载盐额府属分布情况

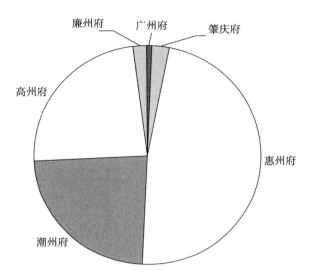

图 1-2　嘉庆《两广盐法志》载盐额府属分布情况

综上可见，在盐业史研究中，生态环境不能仅仅作为讨论盐业制度的背景，或者盐业生产过程中一种静态的自然地理环境。在海盐社区的社会变迁中，海洋与陆地的环境变迁既是因又是果，对食盐生产的兴衰和结构性变化有巨大的影响。正如珠江口海水淡化和潮汐的时间缩短，严重影响了珠江口东岸的归德、靖康等场的盐业生产；归德、靖康等熟盐场则因为珠江口生态环境的制约，又陷入经营和技术革新的危机，而粤东地区生盐场的兴盛则进一步加剧了归德等场的危机。[1]

民国《东莞县志》的编修者在这一方面的认识还是比较清楚的：

> 莞地自汉以来为产盐之区。迨宋割香山，明割新安，于是盐场多在香、新。及乾隆间以歉收故，并裁香、新诸场，莞之旧地盐产

---

[1]　李晓龙：《环境变迁与盐场生计——以明中后期广东珠江口归德、靖康盐场为例》，《中国社会经济史研究》2015 年第 2 期。

遂绝。此其故由于河流日远，沙滩日积，濒海之地悉成稻田，因是咸卤日稀，收成日薄，盖海桑之变，阅数千年，已非昔比矣。斯亦考前事者不可不知也。①

民国《东莞县志》指出，东莞从汉代以来就是两广的重要产盐区，在后世的行政区划变迁中，由东莞分出的香山、新安二县，也分布了大量盐场。但是在此后的历史演变中，由于"河流日远，沙滩日积"，东莞、香山、新安诸县的盐业生产已经是"咸卤日稀，收成日薄"，今非昔比了。位于珠江口西岸的香山盐场，受沙田开发影响很大，原来多为海岛孤悬在外的香山县，明代中后期就已经"斥卤尽变禾田"，到了明末香山县的盐场就被裁撤了。至于靠近珠江出海口的东莞县沿海的靖康、归德等盐场，到了明末清初就已经由于柴薪、潮汐等问题而产量大为减少。②

而对于两广的盐业生产中心由珠江口沿岸向粤东地区转移，民国《东莞县志》也有所认识：

> 又按《会典》：香山场，雍正三年改税田，明以前无之。据此，是自汉迄明，盐场皆在今东莞、新安两县境。其时惠、潮二府非不出盐，然转运不若莞地之便，自明而后，海舶日增，航路日熟，惠、潮之产因是亦日富，莞场之撤此亦其一因也。

民国《东莞县志》提到，粤东地区在明代以前没有成为两广盐业生

① 民国《东莞县志》卷33《前事略五》，第16页。
② 李晓龙：《环境变迁与盐场生计——以明中后期广东珠江口归德、靖康盐场为例》，《中国社会经济史研究》2015年第2期。

产的中心，并非这一地区自身产量不高，而是由于在海路交通上，明以前在珠江出海口沿岸的东莞县有天然的地理环境优势。但在明代以后，由于"海舶日增，航路日熟"，粤东地区到广州的食盐运输越来越方便，对粤东食盐生产的需求加大。这同样是环境变迁与盐场空间分布变化的结果。①

　　因此，斥卤变桑田和销盐市场的失去，使珠江出海口沿岸地区以盐为生的盐场生计模式难以维持，盐场跨界州县，盐田改作稻田，或发展其他相应的滨海产业，便成了当地生计模式转变的趋势。结合盐政制度的调整，环境和市场共同"导演"的盐区生产、运销的经济变迁，成为明中期以后盐场社会转型的一个重要因素。海盐环境、盐业技术、人群生计既相互制约又相互推动，共同影响着盐场的制度改革和社会变迁。

第四节　20 世纪初广东的盐作技术与盐场管理的转变

　　随着环境的改变，广东盐场的生产方式由煎盐转向晒盐。技术的变化，直接导致新盐场的产生，新盐场又采用了新的管理方式。本节即以20 世纪初乌石场的个案，来阐述这一变化。

　　乌石盐场位于广东雷州南部，雷州地处广东西部，明代时有武郎、东海二场，后被废除。清末乌石地区大规模产盐重新兴起，是技术选择与资本运作的结果。随着晒盐法在广东的推广，盐业生产逐渐形成了

---

① 李晓龙：《市场流动与盐政运作：明代两广盐业布局的重构过程研究》，《中山大学学报（社会科学版）》2020 年第 5 期。

围一塌的生产格局。乌石"本场之盐，均由晒水而成"。①乌石场的制盐场所大致包括了蓄水池、晒水池、咸水田、石仔田等。蓄水池又称水塘，它的作用在于潮涨之时屯蓄海水，"开闸引水入围，再启分闸听细流由支沟入池"。晒水池则从蓄水池引入海水，开始"曝水成盐"。咸水田，即盐池，以泥为底，"自晒水池引水入田，经风日吹曝，暂成卤液"。石仔田又称正盐池，即盐塌，"池底砌以碎石，辗至坚实，使水不渗塌，故有是名"。"每塌分十二丘，每三丘为一角，向例每丘面积丁方四丈二尺。"从咸水田导入卤液，"曝之成颗粒"，这就是晒水法（与晒沙法不同）。"当天气晴和时，在晨间放卤液入田，旁晚即可收盐，设遇暴雨袭至，则全功因之尽弃。"②

采用晒盐法的盐场，产量与天气的关系十分密切，所谓"盐产之丰歉，视乎天阢之优劣"。天阢是当地用于判断生产丰歉的重要指标。"当海水入池以至成盐之数日之间，若天朗气清，惠风和畅，无阴雨之间断，则在此由水成盐经过之数日间，名为一阢。"若遇此天气，则出产必丰。一阢大抵六七日。③一般情况下，阢的天气集中在夏秋。"在夏秋阢气候适宜之时，每塌每日之所产，最上者可一百二三十斗（每斗约十二斤），其次亦八九十斗。"④总体来说，因为盐塌建筑也优劣各殊，所以每塌每日的平均产量在五六十斗而已。

一般而言，在盐塌旁边还会修筑盐堆、盐寮。盐堆即囤盐之处，一

---

① 陈祖同：《乌石盐场纪略》第 8 章，《国家图书馆藏民国税收税务档案史料汇编》（31），全国图书馆文献缩微复制中心，2008，第 15036 页。

② 陈祖同：《乌石盐场纪略》第 8 章，《国家图书馆藏民国税收税务档案史料汇编》（31），第 15036~15037 页。

③ 陈祖同：《乌石盐场纪略》第 8 章，《国家图书馆藏民国税收税务档案史料汇编》（31），第 15039 页。

④ 陈祖同：《乌石盐场纪略》第 9 章，《国家图书馆藏民国税收税务档案史料汇编》（31），第 15039~15040 页。

般建在盐池旁边,"其形式不一,或长方,或正方,或圆柱,或方锥,因习尚不同,随地而异。大抵皆在盐堆四周,砌以石块,上覆稻草以防雨淋"。[①] 盐寮则为晒丁憩息的场所,同时兼有收藏器具的作用,一般为普通的平棚,"有时亦就篷寮贮盐,取其便利而价较廉也"。[②]

修筑盐堆的好处在于盐署管理方便。盐署差人督察晒户将盐归堆,然后"挨次编号,标明物主姓名,一一登诸册籍",并"逐日计其收发数量",由此,产盐多寡一目了然,晒户若想走私也不容易。[③]1921 年,广东盐运署颁布了《场盐归堆章程》,要求各盐场推行盐斤归堆,[④]但实际推行起来并不是那么简单。在乌石盐场就始终没能落实,"场署曾向盐民多方劝导,然卒无效果"。[⑤]

究其原因,既有埠户晒丁的因素,也有盐场场署自身的地理因素。埠户晒丁方面可归结为以下两点:一是"一围之内不止一主,即一埠之田亦非属一家所有";二则"埠主与晒丁有按成分向收益之惯例,则两者之所有物自不能并置一处"。[⑥]在场署方面,原因也有二。首先,"乌石产盐之地,绵亘百余里,各分厂之距离,近者十里以至三十里,远者竟达百里,即同隶一厂之田,甲与乙之相距亦有数里或十数里不等",并且分厂地点大多在附近村落之内,而盐田皆为海滨之地,"驻厂办事人

---

① 陈祖同:《乌石盐场纪略》第 14 章,《国家图书馆藏民国税收税务档案史料汇编》(31),第 15047 页。

② 陈祖同:《乌石盐场纪略》第 14 章,《国家图书馆藏民国税收税务档案史料汇编》(31),第 15047 页。

③ 陈祖同:《乌石盐场纪略》第 14 章,《国家图书馆藏民国税收税务档案史料汇编》(31),第 15048 页。

④ 邹琳:《粤鹾纪要》第 3 编,文海出版社,1966,第 84 页。

⑤ 陈祖同:《乌石盐场纪略》第 14 章,《国家图书馆藏民国税收税务档案史料汇编》(31),第 15048~15049 页。

⑥ 陈祖同:《乌石盐场纪略》第 14 章,《国家图书馆藏民国税收税务档案史料汇编》(31),第 15048 页。

员为数不过一二人，而盐之成熟均在午后四五时，以一二人之力，欲于一二小时内周行二三十里，犹须逐一详核盐斤数量，殊非易易"，况且"海滨多盐，而乌石左近尤为匪类啸聚之区，只身往返至为危险"。其次，若责令由塌户灶丁建盖茅屋，则所费不赀，塌户灶丁必以"公家之稽核无关本身之私"而不遵从，而且"一田所属则有数主，一主之产又分宾东，多寡不均，既未便合贮一寮，又无力各自建设"。以上种种原因，使随地堆置为其中最便利之法，场署也只能"使用晒丁聚散为整，覆草防雨，由司事随时查询数目、监督收放而已"。①

晒水的生产方式造就了乌石盐场的基本生产格局，并进而影响了盐场的组织方式。明代编定灶户，除了建立盐场行政组织和灶户制度外，还对灶户从事生产和催征盐课编以一定的组织，"聚团公煎"。②至清代，两淮实行以总催为骨干的团总组织，并演化成灶头长组织；两浙则由明代的团总制、灶甲制演变为清代的以维护场地治安为首务的团保制；广东地区实行栅甲制，设立栅长协助场吏监督盐丁办纳盐课。③但随着灶户制度的瓦解，实际上盐场组织逐渐围绕新的生产模式转变。乌石盐场采用的是在广东比较普遍的厂—围—塌的模式。

厂—围—塌的格局应该最迟形成于清代中叶栅甲制废除以后，因为它从未经官方认定，所以也鲜见于官方盐书，而仅在一些档案文献中可略见其踪影。盐场以下设置分厂，如乌石盐场下辖三教、北海仔、那

---

① 陈祖同:《乌石盐场纪略》第 14 章,《国家图书馆藏民国税收税务档案史料汇编》(31),第 15051 页。
② 徐泓:《明代前期的食盐生产组织》,《台湾大学文史哲学报》第 24 期,1975 年。
③ 徐泓:《清代两淮盐场的研究》;施沛杉:《清代两浙盐业的生产与运销》,暨南国际大学硕士学位论文,2006;段雪玉:《〈十排考〉——清末香山盐场文化的文化记忆与权力表达》,《盐业史研究》2010 年第 3 期;李晓龙:《生产组织还是税收工具:明中后期广东盐场的盐册与栅甲制新论》,《盐业史研究》2018 年第 4 期。

澳、英岭、苞西、流沙六厂,"分厂委派员司"。^①一厂由若干围组成,如表1-3所示,乌石盐场三教分厂有20围。

表1-3　乌石场盐埗一览

厂名	围	民业盐埗	总埗主数	面积	每方里盐埗	晒丁
三教分厂	20	64埗3角	66	1方里29110井	32	196
北海仔分厂	4	39埗	24	1方里6382井	35	109
那澳分厂	16	36埗3角	44	1方里3450井	33	111
英岭分厂	13	36埗1角	48	1方里2712井	34	101
苞西分厂	6	34埗2角	21	1方里950井	32	102
流沙分厂	3	3埗	3	2944井		9
合计	62	214埗1角	206			628

注:面积只计晒水田、晒盐石子田、沟道,其荒地海滩均不计入。数字据原文。

资料来源:陈祖同:《乌石盐场纪略》附录,《国家图书馆藏民国税收税务档案史料汇编》(31),第15075~15098页。

"围—埗"是盐田的地理格局造成的。如乌石场,"本场之盐,均由晒水而成,其盐埗情状则外筑堤围,内开池塘,构造复杂,设备周密,所以防波浪之侵刷也。故设闸以司海水之出入,设池以备卤水之结晶,设沟以通细流之入埗。大抵一围之内,埗数多寡不等。有总闸,为一围总沟之门户,设分闸,司支沟之通塞。而盐田并有水塘、卤池之分功"。^②围则是一片盐埗的总和。一般情况下,厂有厂长,围有围长,负责盐业生产的监督。

在生产关系上,围、埗并不对应固定的人群和人数,即所谓"一围之内不止一主,即一埗之田亦非尽属一家"。^③这与明清时期的"聚团公

① 邹琳:《粤醝纪要》第2编,第48页。

② 陈祖同:《乌石盐场纪略》第8章,《国家图书馆藏民国税收税务档案史料汇编》(31),第15036页。

③ 陈祖同:《乌石盐场纪略》第14章,《国家图书馆藏民国税收税务档案史料汇编》(31),第15048页。

煎"有着明显的不同。一围的核心是总闸，因为共同使用同一套水利系统引灌海水而联系在一起。并且，围与塭的关系，与开垦的盐田面积有关，故"一围之内，塭数多寡不等"。

前文已经说明，塭户与晒丁是业主与雇工的关系，"塭户出资开田，晒丁向之批晒"。[①]"业主每居城市之中，距盐场窵远。"[②]晒丁批晒塭主的盐塭，须向塭户交纳租税，但塭户须为晒丁置备"应用器具"。按照双方契约约定，一般有两种形式：一是"其纯收入以塭户六成，晒丁四成分摊"；二是"不问年岁丰歉，收入多寡，户丁预约收缴一定之产量，大致每年在一千二百担左右"。至于采用哪种方式，"均视当时户丁双方之自由结合，无限制也"。一般情况下，如果"盐塭之地点优良，构造适宜"，并且晒丁"操作勤精"，则多采用分成办法，若是塭户必须提防晒丁偷懒，则采用预约收缴产物办法。[③]

晒丁生产出来的盐，尚需通过塭户卖于运商，晒丁并不直接进行盐的交易。粤盐分省配、坐配。省配即"在省商一方，赴处领照到场，投报场署核验属实，后即派收配员丈量船身容积，由场给发水单，指定配盐地点，商人凭单赴厂，报明由某围下盐，即由厂员协同塭户监视发盐，复由厂员发给驳单，载明各驳盐数，俟驳载过船，乃由运商汇集水、驳两单，缴厂查验相符，加盖盐印，逐一呈报场署。再由场派收配员详查所载盐斤及验看印花，报由知事复核无讹，始将省发程照

① 陈祖同：《乌石盐场纪略》第 11 章，《国家图书馆藏民国税收税务档案史料汇编》（31），第 15044 页。

② 陈祖同：《乌石盐场纪略》第 15 章，《国家图书馆藏民国税收税务档案史料汇编》（31），第 15052 页。

③ 陈祖同：《乌石盐场纪略》第 11 章，《国家图书馆藏民国税收税务档案史料汇编》（31），第 15044~15045 页。

截角，填给舱单及公文等件放行"。① 坐配则"由运商在销盐处之盐务局卡领取运照，到场投报，其下盐办法与省配同，惟装载竣事，到场投请复核后，缴纳配费，取具收据即予放行，无截角给文之手续"。② 无论省配还是坐配，制度规定，"运商向塌户购盐并准买卖，直接议价，倘有争执，由场官秉公核定"，③ 必须在场员、塌户和商人之间进行交易。如当时的驳单上即写明："配运本场生熟盐　市担，运往　地方行销，经照章征收税款，准其赴　围　户配生熟盐　市担，交　驳船载运。"④

在整个盐业生产和销售过程中，塌户始终处于重要的地位，晒丁实际上只是受雇生产的角色。并且晒丁与塌户之间的关系并不牢固，据称："往时塌户多招高州人来乌石作工，自匪乱以后，客氏裹足，收获遂亦远逊于昔日矣。"⑤ 晒丁雇自邻近的高州府，而一经"匪乱"，这些雇工便裹足不前。

围绕晒水法的一套生产模式和经营模式，国家的盐场制度并非一开始就介入进来。前文已经提及，在"归堆"的尝试上取得的成效就有限。事实上，乌石盐场的产生并非源自国家的规划，而是产生于晚清的省商—运商这个运销体系之下。

乌石地区大规模产盐始于清末，宣统时候"以省垣盐商探得海康县

---

① 　陈祖同：《乌石盐场纪略》第 3 章，《国家图书馆藏民国税收税务档案史料汇编》（31），第 15022~15023 页。

② 　陈祖同：《乌石盐场纪略》第 3 章，《国家图书馆藏民国税收税务档案史料汇编》（31），第 15023 页。

③ 　陈祖同：《乌石盐场纪略》第 19 章，《国家图书馆藏民国税收税务档案史料汇编》（31），第 15063 页。

④ 　《乌石盐场公署配盐驳单》（1938 年 5 月 11 日），雷州市档案馆藏，案卷号 291，第 23 页。

⑤ 　陈祖同：《乌石盐场纪略》第 9 章，《国家图书馆藏民国税收税务档案史料汇编》（31），第 15042 页。

治之乌石港相近之区，居民有私设盐埔者，产额且丰，价复低廉"，"遂勾串土著，雇船私运"。"其时，西路钦廉各地潜来购运者，亦复帆樯林立。""事闻于雷琼道，乃札饬警察厅派员查办，未及复命，而革命已起。"1912年，省商来港组织富群公司，"立案专运"，遂"有人暗中鼓动推荐埔户黄姓等呈请废止专商以杜垄断"，"实则黄姓者即首次发现是地盐田之人，亦即首次雇轮私运者也"。"案经邓承僣、区濂两任运使之致虑，方始规定于乌石港暂置监运委员监视商运。迟至四年一月一日始，改置场署，委派场官以掌握全场盐政。"①

设场署、委场官之后，民国政府的重点方才回到户籍等问题上。我们知道，盐户是明清时期王朝国家的重要编户，但这种编户并非如制度规定的那般一成不变。尽管清王朝废除了明代的户籍制度，但"民籍之外，惟灶丁为世业"。②有清一代，盐政一再调整，灶户户籍也不像明代那么严格，户籍与盐课的关系也不再那么紧密。

明代括民为灶，以盐业生产者为灶户，清代沿之。但随着赋役制度演变和环境变迁，盐场灶籍逐渐发生变化。徐泓、施沛杉认为由于清初以后灶户制度崩溃，灶户已与民户无异，制盐变成一种自由职业，人人均可制盐。李三谋则认为清初"摊丁入亩"以后盐场灶地私有，输纳折银灶课，在生产中以场商取代了灶丁。③在广东，经历了清中期以完纳盐税为目的的"发帑收盐"和"盐田改稻田"等盐政改革，盐场的赋役征收和管理方式被调整，实际上灶户与盐场赋税逐渐分离，灶户已经不

① 陈祖同：《乌石盐场纪略》第1章，《国家图书馆藏民国税收税务档案史料汇编》（31），第15015~15016页。
② 《清朝文献通考》卷21《职役考》，浙江古籍出版社，1988，第4页上。
③ 徐泓：《清代两淮盐场的研究》；施沛杉：《清代两浙盐业的生产与运销》；李三谋：《清代灶户、场商及其相互关系》，《盐业史研究》2000年第2期。

再是限定在盐场的盐业生产者。①《乌石盐场纪略》便指出民国乌石盐场"有墥户盐丁之分""有田之家谓之墥户，制盐之工为之晒丁"。②墥户和晒丁才是近代广东盐场的主要生产角色。

成为墥户的首要条件是"出资开田"，③有足够的资本开辟盐墥。乾隆四十五年（1780），阳江县委管双恩场务试用盐大使高岱龄发现"大沟敖三丫地方，沿海沙田尚可开垦盐墥"，即请"督令晒丁赶紧开浚、试晒"。嗣后，晒丁陈汉滔等垦筑生墥五十九口，"应请照电茂场之例征收"，所有应征课银额盐于第二年起征。④同样的，乾隆四十七年，电白县署电茂场候补大使舒介亦发现电茂场"沿海官荒沙田堪以开垦生墥，当令晒丁实力垦筑，以裕国课"，之后共垦生盐墥九十五口。⑤

墥户即拥有盐墥并在官府取得制盐批照的人群。而晒丁则是"向之批晒"。⑥民国时期，墥户取得制盐批照这一制度并没有发生大的改变，只是由制盐批照改成了"执照"。⑦1914年，中央政府"订制盐特许条例"，1918年又"复加修正"，但两广"讫未实行"。⑧邹琳对于墥户和

---

① 李晓龙：《盐政运作与户籍制度的演变——以清代广东盐场灶户为中心》，《广东社会科学》2013年第2期。

② 陈祖同：《乌石盐场纪略》第11章，《国家图书馆藏民国税收税务档案史料汇编》（31），第15044页。

③ 陈祖同：《乌石盐场纪略》第11章，《国家图书馆藏民国税收税务档案史料汇编》（31），第15044~15045页。

④ 乾隆四十五年七月初七日巴延三题，内阁户科题本，02-01-04-17142-019，中国第一历史档案馆藏。

⑤ 乾隆四十七年十一月二十二日尚安题，内阁户科题本，02-01-04-17291-025。另外的例子可见乾隆五十八年六月初十日郭世勋题，内阁户科题本，02-01-04-17761-017。

⑥ 陈祖同：《乌石盐场纪略》第11章，《国家图书馆藏民国税收税务档案史料汇编》（31），第15044~15045页。

⑦ 陈祖同：《乌石盐场纪略》第15章，《国家图书馆藏民国税收税务档案史料汇编》（31），第15052页。

⑧ 邹琳：《粤鹾纪要》第3编，第27页。

晒丁也做过解释——"出资收益之人，名曰埠户或曰灶户，出力为工之人名曰晒丁，或曰灶丁"；"大资本之业主自居于单纯收益之地位，小资本之业主亦常自兼作工"。①

由于生产方式转变，灶户—灶丁的关系逐渐演变成埠户—晒丁的关系，但又不如灶户—灶丁那样管理严格。晒丁作为盐业的实际生产者，却不在盐署的管辖范围之内，盐署对于盐场晒丁的情况也不甚清楚："晒丁之多寡，随事随地而异，未可执一而论。今官书所载则晒丁为六百二十八名，非实也。"②盐署更加在意的是盐埠和埠户。埠户才是盐场盐田的纳税和负责人。

对于乌石盐场的埠户来说，他们需要交纳的赋税是丁课。据称，"丁课最初由包商征收，每年每埠收国币六十元，其后场署成立，减为四十元，分四季平均征收。至丁毓祥氏任知事，以埠户缴课困难，呈准每埠每年征国币十元，一次缴纳。今计盐田二百十五埠，应征丁课国币二千一百五十元"。③

明清时代，灶户要向国家交纳盐课，并经历了从实物盐课到折色盐课的变化。④温春来指出，清代广东灶户所纳赋税包括丁课、埠课两种，丁课按丁征收，埠课按灶地、池埠数目征收。⑤丁课之由来，系"设场之始，金民为灶，或煎或晒，各受一尘，以供制盐之用，而丁田所在，赋税以生，遂于引饷之外，辟此丁课"，每年由"场员责令盐埠围甲，

① 邹琳：《粤鹾纪要》第 3 编，第 13 页。
② 陈祖同：《乌石盐场纪略》第 11 章，《国家图书馆藏民国税收税务档案史料汇编》（31），第 15044 页。
③ 陈祖同：《乌石盐场纪略》第 5 章，《国家图书馆藏民国税收税务档案史料汇编》（31），第 15028 页。
④ 刘淼：《明代灶课研究》，《盐业史研究》1991 年第 2 期。
⑤ 温春来：《清代广东盐场的灶户与灶丁》，《盐业史研究》1997 年第 3 期。

按塭计丁，编征解库"。①至清末，由于"围甲久欠丁课斥革"，又"丁户迁流，课款无着"，因而墩白、电茂、博茂、大洲、小靖等场，"改为程船配盐时代缴"，并"仍于塭户应对得盐价内照数扣还，名为程船代缴丁课"。新设的乌石场"原日塭饷归入丁课"，三亚场"原日盐课亦归入丁课"。②在 1932 年 6 月颁布的《盐场管理通则》中，也将"两广之丁课及塭饷"认定为"盐务范围内所征之土地租课"。③由此可知，乌石场的丁课并非按塭计丁得来，而是从前塭饷归入。据《粤鹾纪要》记载，乌石场的丁课为 9375 两。④

所谓"原日塭饷"当指前文所述的该地旧无盐场，"居民有私设盐塭"，系私设盐塭得来的。乌石场的盐塭也因此被认定为民业。据《乌石盐场纪略》载："乌石所辖盐塭均属民业，塭户契照经民国三年运署颁布《验契条例》，按照民田验契办法，另立办事细则，制发各种证据簿册。"⑤

虽然有《验契条例》的颁布，但实际上，在"兵燹匪扰"的年代，"民间遗失契照者亦属不少，而场署卷宗簿册并散佚无存，莫可究诘"。⑥盐署对于盐塭及其业权的管理十分困难，"民间遗失照者既不报请补领，业权转移亦不声请登记"。当时盐场情形，"业主大抵为富庶之家"，"出资筑塭，招工制盐"都是委托他人代为经营，处理妥当之后，代理人

---

① 邹琳：《粤鹾纪要》第 5 编，第 46 页。

② 邹琳：《粤鹾纪要》第 5 编，第 46 页。

③ 《财政部令：参字第一八四号（二十一年六月二十一日）：盐场管理通则》，《财政日刊》第 1274 号，1932 年，第 4 页。

④ 邹琳：《粤鹾纪要》第 5 编，第 48 页。

⑤ 陈祖同：《乌石盐场纪略》第 15 章，《国家图书馆藏民国税收税务档案史料汇编》（31），第 15051 页。

⑥ 陈祖同：《乌石盐场纪略》第 15 章，《国家图书馆藏民国税收税务档案史料汇编》（31），第 15051 页。

"亦复他去"，盐署不易着手。而"业主每居城市之中，距场署窎远"，场署催课亦不应。再者，业主转移业权也不呈报，而"晒丁不能过问业主事情"。当时场署唯有仿效白石场的做法，"每三年更换执照一次，其新筑之塴及将旧塴出租或出售者，均须即时领执照"，并且强调"无照者不得制盐，其有违抗即没为公有"。①

由此可见，塴户才是盐场实际的主要管理对象，他们拥有盐田，交纳丁课，并获得执照，然后出资筑塴，招工制盐。明清时代"编民为丁，使主煎晒之事"的制度已然不复存在。

盐户作为中国传统社会中一类比较特殊的人群，在近代以后依旧影响着盐税乃至政府的财政收入，但他们在民国的命运如何，长期以来未得到较多的关注，其中原因大抵是史料缺乏。乌石盐场的个案显示，虽然民国以后户籍改革，传统时期的灶户制度已经彻底消失，但盐场并没有建立起新的制度，一些旧规并未完全消退，依旧发挥着作用。

乌石盐场作为一个近代新兴的盐场，在盐户制度和赋役上基本沿袭了清中叶以后广东盐场的制度。塴户是盐场的基本单位，塴户出资开田，向盐署申领执照，交纳丁课；晒丁向塴户批晒，并向其交纳租税。这种制度的运作建立在盐场的具体生产方式之上。晒盐法使盐场形成"围—塴"的生产格局，进而盐场的组织经营也围绕"围—塴"展开，形成"厂—围—塴"的松散的组织架构。但"一围之内不止一主，即一塴之田亦非属一家所有"的事实，使这种架构只限于生产而无法上升为盐场管理的组织架构。"场盐归堆"是盐场试图加强管理的尝试，通过对盐产的核实、登记，实现对全场盐斤生产情况的把握，但实际运作中却因为"围—塴"格局的松散和盐署的缺员终难实现。

---

① 　陈祖同：《乌石盐场纪略》第 15 章，《国家图书馆藏民国税收税务档案史料汇编》（31），第 15052 页。

小　结

自然环境是传统时期社会经济形态的重要决定因素。本章重点探讨了海岸线变化与盐场的建置与空间结构的关系。

两淮盐场所在的苏北平原，海岸线东迁是一种长期的趋势，但在短期内，海潮的侵蚀又是威胁到当地居住和安全的关键问题。唐代的常丰堰和北宋的范公堤，就是捍卫海潮的重要设置。但是这类堤防固然捍卫了安全，保护了土地，却也伤害了盐业的生产。盐业生产不断地追逐卤水，其场所早已迁到了堤外风险较大的地方。盐业生产地的迁移造成了盐场管理的困难，宋代已经暴露了盐场管理和盐业生产地不吻合的问题，所谓"盐城造盐之场七，皆售县仓，亭灶棋列，相去且百里，掌出纳者，以仓为主，而不出郛郭，故私煮盗贩，散漫不能禁"。直到景祐年间方才有对策，"请分南五场，傅海七十里，命一官督察之，俾火伏可见，私煮可禁"。[①]

明清时期海岸线加速东移，盐场建置的步伐很容易与环境变迁和盐业生产脱钩。个别官员面对像富安场"距海远，潮不时至，盐丁负水取卤，力疲而赋不充"一类问题时，会设法"相其地形，凿渠以通海潮，公私咸便之"，[②]加大国家投资。然而更多的情况则是如同白驹场的情况，灶户以卖草为生，应对赋役，与食盐生产相隔甚远。一方面，鲍俊林的研究已经指出，苏北平原有一个"移亭就卤"的趋势；另一方面，反过

---

① 余靖:《武溪集》卷6《楚州盐城南场公署壁记》，第15页，《景印文渊阁四库全书》(1089)集部28，第58页。

② 黄溍:《金华黄先生文集》卷34《中宪大夫淮东道宣慰副使致仕王公墓志铭》，第14页，《续修四库全书》(1323)集部·别集类，第441页。

来而言，我们可以看到盐课司的治所及所设置的仓廪，与前线控制盐业生产的亭灶逐步分离，而旧有的亭灶，又逐渐与实际生产的组织分离。这种分离的结果最终导致了清政府必须完全进行制度的变革，即以垣商代替官府机构，去控制不断变迁中的食盐生产。

本章的研究显示，环境的变迁及人们的应对（沿海筑堤）、食盐生产（逐波立灶）和盐场的建置（移亭就卤）三者各有自己的发展时间与发展节奏，在大多数时期并不容易调和，故而其中发生的历史便指向了不断分化的人群如何进行生产和生活，以及不断调适的制度如何稳当地为国家获取资源的进程。清代的垣商制度可谓提供了一种新的方案，即放弃对灶户直接的人身或者赋役控制，转向包税制的间接控制，以把制度的管理成本部分转嫁给商人。故而在长时段意义上，盐场的理想结构被不断挑战，这并非制度利弊这类话语可以涵盖，可能需要更多的研究来看到如此"动态"的过程。

既然我们认定环境因素、盐业生产与盐场管理三者有各自的发展节奏，那么在什么样的基础上，这三者能够接近一个较为平衡、协调的状态？长时段的广东盐场考察的结果似乎给出了一个暂时性的答案。三者的平衡第一次出现于 12~13 世纪，呈现沿着广东海岸线一字铺开的局面，而盐业生产、盐场管理的重点在于以广州为中心的珠三角地区。而第二次平衡出现于 17~18 世纪，此时珠江三角洲已经不是产盐和盐场管理的中心，粤东和粤西成为主要的盐场分布带。必须承认，我们所认为的平衡，还主要是从盐场的资料中推导出来的，环境的因素还有许多尚待考察的地方。但是这种推导并非没有意义，也基本与环境的总体变迁、盐业生产的总体状况相吻合。在这个基础上，我们不仅能够反思盐场的空间分布和制度条件是如何与环境、生产配套的，更重要的是，我们可以根据两个平衡期推导出非平衡期，例如 13~17 世纪这段时期，当是制度、盐业生产与环境因素三者剧烈冲突的时期，此时期一系列的人类生产活动、盐法改革以及环境变迁便处于特别频繁和活跃的状态中，由此可以产生许多超出王朝历史范畴的见解。

如果把18世纪以后的广东盐场、盐业和环境视为一个相对的平衡期，那么此时三者是如何在动态中寻找到平衡的呢？20世纪初的乌石盐场提供了一个鲜活的例子。在晒盐技术（晒水法）和沿海盐作环境这两个变量的作用下，在省商、运商的运销资本的主导下，"厂—围—塥"的生产格局和"塥户—晒丁"的生产关系应运而生。这种盐业生产的模式一方面开发了大量的资源，另一方面也创造了一套自洽的运营模式。而国家的介入随之而来，其通过设盐署、委产官、编"塥户"、定契税产权、收丁课等方式，实现了对盐场的界定和管理。然而当国家试图推行"归堆法"以实现对食盐产量的监控时，便遇到了复杂的抵制而无法实现。可见，在这个平衡期里，国家对盐场的控制主要是通过户籍和土地登记来征收赋税（此点与民户无异），而难以对食盐生产、产量等要素进行管理。任何试图挑战这个制度惯性的方案都不易实现，即便民国时期的新政府也难以改变。

第二章

从"以籍定役"到"民灶不分"

——盐场户役的演变

自然环境促成沿海地区大量盐场的设置，且其生产与管理方式随着环境变迁而变迁。那么，明清时期国家对盐场的人户采用了怎样的管理系统，如何实现王朝的基本目的——征收赋役呢？灶户又如何因应户役制度并寻求突破呢？显然，这是盐场地区社会历史演变的关键问题。众所周知，户籍是传统中国管理地方人群的重要制度，在明朝，凡朝廷能控制的人，都得立户当差。[①] 但明中期以后，由于社会经济结构变化，户籍制度虽仍是中央王朝控制和掌握人口的手段，但已失去了控制丁役的意义。[②] 梁方仲、刘志伟等通过围绕民户的研究，指出明中叶以后地方政府更重视税册的整顿及其使用，户籍登记的内容侧重于土地和税粮，到清代，"户"已经演变成田产、税额登记单位。[③]

---

① 《纳粮也是当差》，《王毓铨史论集》（下），中华书局，2005，第756~777页。

② 刘敏：《试论明清时期户籍制度的变化》，《中国古代史论丛》第2辑，福建人民出版社，1981，第218~236页。

③ 梁方仲：《中国历代户口、田地、田赋统计》，总序，上海人民出版社，1980；刘志伟：《明清珠江三角洲地区里甲制中"户"的衍变》，《中山大学学报（哲学社会科学版）》1988年第3期；郑振满：《明清福建的里甲户籍与家族组织》，《中国社会经济史研究》1989年第2期；刘志伟：《在国家与社会之间——明清广东里甲赋役制度研究》；聂红琴：《清代前期的户籍与赋役》，《史林》2001年第1期；徐斌：《明清鄂东宗族与地方社会》，武汉大学出版社，2010。

　　本章所探讨的问题是，盐场的灶户户役在明清时期如何变化。在以往学界常常是将灶户户役作为一种特殊的户籍，予以单独研究。那么灶户户籍发展的趋势，是否与梁方仲、刘志伟等学者所揭示的民户发展的脉络相吻合，还是有差异？其具体演变的过程是怎样的呢？

　　明代的盐场有场大使作为独立的管理者，对日常的食盐生产、运销等方面进行管理。同时，盐场坐落在州县的疆域之中，州县的行政在诸如征纳赋役、兴修水利、赈济灾荒等方面，也不可避免地涉及盐场。因此，盐场管理涉及州县行政和盐务两套系统。

　　明代这两套系统如何管理盐场，是盐史学者们所关心的问题。日本学者藤井宏在《明代盐场的研究》中，专辟一节论述"灶户管辖的二重性"。他指出，盐场提供的草荡、滩地、卤池、晒池、锅鐅等是向灶户征收盐课的依据，而灶户佥编入灶时在州县的田宅以及之后置买的田产则是其缴纳税粮及承担里甲正役的依据。为了保证盐课的足额，灶户得以免除杂役。然而在实际的操作中，灶户在多种场合既承担了盐场食盐生产的劳役以及总催、头目等差役，又承担了州县的里甲正役和杂役，困苦不堪。[1] 徐泓和刘淼也有类似的研究。他们指出，灶户一方面在盐场系统中，承担盐课和灶役；另一方面在州县中承担里甲正役和田赋。明代中后期，灶户田粮与差役的科征，成为州县与盐场两个不同行政组织之间最大的矛盾。徐泓进而指出，明代中期以后，灶户的荡地被军户、民户侵占，团煎法无法继续运作。[2] 梁方仲从另一个角度注意到灶户的优免对地方历史的影响，他指出浙江绍兴府会稽县田粮科则中灶田和民

① 藤井宏「明代盐场の研究（上）」『北海道大学文学部紀要』第 1 期、1952 年。

② 刘淼：《明朝灶户的户役》，《盐业史研究》1992 年第 2 期；徐泓：《明代后期盐业生产组织与生产形态的变迁》，《沈刚伯先生八秩荣庆论文集》。

田的差别待遇，特别是灶户赋役的优免，导致冒籍诡避之弊盛行，以至于灶田日增，民田日少。[①]可见，州县与盐场两套系统的制度条文都对灶户的生产和生活产生影响。

已有的研究成果使我们意识到，王朝国家的典章制度对州县民户和盐场灶户有两套明晰的规定。在明初的制度框架内，这两套行政机构还具有比较清晰的界限，所以单纯追踪明初灶户的发展脉络，似乎就足以揭示盐场户役较大程度的面貌了。

然而明代中叶以后，从本章所选取的隶属两淮泰州的盐场、福建泉州府的盐场及广东珠三角地区的盐场中，均可以看到困扰着官方的"民灶难分"问题。根据上述学者的研究，造成"民灶难分"困境的有三方面的原因：第一，土地被登记在不同的户籍下，百姓寻求着较轻松的赋役负担；第二，灶户的优免导致"诡寄"现象的普遍化；第三，由于盐法的改革，灶籍难以囊括真正从事食盐生产的人群，明初制度期待的人身控制被打破，灶籍逐步失去了其户役的特征，成为一种仅仅在赋役交纳方面有所区分的户籍。

尽管如此，明中叶的官员们并没有完全废除祖制。更为常见的反而是他们在区分民灶方面做出的严密措置，这是一个明代中叶较为广泛的制度现象。这个现象恰恰意味着，政府已经不再从亲身应役的角度予以改革了，而是寻找新的条件下的适应方式。多次制度变革积累的结果，便是民灶不分的局面。所谓民灶不分，并非官方制度里没有专立的灶户的名目及其特殊赋役，而是二者逐渐遵循着相似的制度逻辑在运作，而此逻辑与明初祖制相差甚远。

---

① 《一条鞭法》，《梁方仲文集——明代赋役制度》，中华书局，2008，第32~33页。

第一节　"以籍定役"：明初州县与盐场双重体系下的
灶户制度与实践

研究明代灶户制度，首先当然是从会典和盐法志一类文献中搜集史料，但是，显而易见，这类材料常常无法展现灶户制度的实际运作情况。研究过程中，我们发现福建泉州和广东东莞有较为丰富的民间文献，能够反映灶户制度的实际运作。因此，本节以泉州和东莞为例，来探讨明初灶户制度的构思与实践。

明初，灶户的制盐活动是对王朝国家承担的一种义务，史载：

> 盐丁之办纳盐斤，犹里甲之供纳赋税；盐归于仓，犹赋纳于官也。①

此处有两点值得注意。

其一，制盐是一种徭役。灶户制盐，将盐缴纳盐仓等同于民户缴纳赋税。作为徭役具体形式的制盐活动具有强制性，不管灶户愿意与否，都必须参与。明初，国家控制食盐产、运、销的各个环节，在食盐生产上亦给予严格的限制，因而，灶户在如何制盐、使用何种工具、在哪里生产食盐等方面都没什么决定权，他们必须在盐场规定的盐埕制盐，不得私筑盐埕。质言之，灶户制盐活动不是自主决策的结果，而是执行官府政令。

其二，灶户必须将食盐缴纳盐仓。朝廷明确规定了每个盐区，

---

① 江大鲲等修《福建运司志》卷6《经制志》，《稀见明清经济史料丛刊》第1辑（28），国家图书馆出版社，2008，第120页。

乃至每个盐场的盐额。明初盐额并非根据各场的实际制盐能力制定，而是因袭元末之规定。在福建，早在洪武二年（1369）明廷就下令福建盐运司"盐课照元征催"，[①]总额盐为 104572 引（1 引 = 400 斤）300 斤有零，[②]其中，泉州府占了六成。[③]盐场每年向各灶户科派多少盐课也有一定的则例，"（国初）以各户之丁办盐，复计其户之产受盐"。[④]灶户必须将规定的盐额运到盐场官仓缴纳，才算完成此项徭役任务。

灶户将劳动成果缴纳盐场，盐场则给灶户发放工本米或工本钞，以维持其正常的生活和生产。洪武初年，福建工本钞"（盐课）每引上色者七百文，下色者六百文"，到洪武十七年户部尚书栗恕奏准福建工本钞盐课每引钞二贯。[⑤]明初泉州盐场的这种运作模式看似与雇佣劳动一致——官府雇用灶户制盐，并发放劳动报酬，实际上与雇佣劳动有着本质上的区别。灶户并非自由劳动力，他们的人身依附于盐场。本节研究的泉州盐场，其运行建立在盐场对灶户人身控制的基础上。

朝廷控制盐业资源的目的在于获取稳定的财政收入，通过开中法保证边方军饷的供应及其他需求，而不是通过贩售食盐获取最大经济利润。明初确定下来的泉州各场盐额，在有明一代很少有变更——不

---

① 光绪《金门志》卷3《赋税考·盐法》，第38页。

② 万历《大明会典》卷33《课程二·盐法二·福建》，《续修四库全书》（789）史部，第573页下；《万历会计录》卷39《盐法·福建运盐司》，北京图书馆古籍出版编辑组编《北京图书馆古籍珍本丛刊》（53），第1281页。

③ 郭造卿：《闽中兵食议》，顾炎武：《天下郡国利病书》原编第26册《福建》，《续修四库全书》（597）史部，第251页。

④ 童蒙正、林大有等纂修《福建运司志》卷2《都转运使何思赞呈造盐册事宜》，《天一阁藏明代政书珍本丛刊》（10），第321页。

⑤ 《明太祖实录》卷159，洪武十七年正月辛亥。

管地方食盐消费能力、食盐生产能力是否发生了变化。盐课实质上是国家向灶户征调的食盐数量，而不是盐场的实际产量，也不能代表灶户的生产能力。在盐课固定的情况下，官府并不鼓励灶户多产食盐，因为超出盐课部分的食盐，必然要流入市场，影响官盐的销售。私盐是官府严厉禁止的，朝廷"严私贩之禁"，[1] 规定"凡盐场灶丁人等，除正额盐外，夹带余盐出场，及私煎货卖者，同私盐法。百夫长知情故纵及通同货卖者，与犯人同罪"。[2] 可见，明初泉州盐业更多地受到政治因素而非经济规律的影响，而朝廷的盐政政策主要目的不在于促进盐业发展。

明初盐场制度的设立，仍然与地域的经济生产条件相符合。泉州地区濒临大海，有着泉州湾、永宁港等众多优良港湾、港口。[3] 濒海地区平原面积狭小而贫瘠，土壤咸卤，不适合种植水稻等农作物，不过近海的自然条件孕育了另一种作业——制盐业。泉州府境内惠安、晋江、同安等沿海县份都有悠久的生产海盐的传统。传统时期，利用海水制盐有煎、晒两种方法。泉州盐场大多在元末就改煎为晒，[4] 灶户在海滨地区选择合适的地方建筑"溜池"或"塝"以准备卤水，再将达到一定含盐度的卤水注入用瓦片平铺好的盐埕，利用阳光及风力使卤水结晶成盐[5]。

① 万历《泉州府志》卷7《盐课》，泉州志编纂委员会影印万历本，1985，第11页下。
② 《大明律》卷8《盐法》，《续修四库全书》（862）史部，第477页。
③ 明清时期，泉州有"三湾十二港"的称呼。三湾包括泉州府治附近的泉州湾，位于现石狮市沿海的深沪湾以及位于晋江市、南安市沿海的围头湾。泉州湾内有蚶江港、石湖港、后渚港和洛阳港，深沪湾内有祥芝港、永宁港、深沪港和福全港，围头湾内有金井港、东石港、安海港和石井港。以上合称十二港。参见陈支平《明清港口变迁史的重新解读——以泉州沿海港口为例》，《中国经济史研究》2012年第2期。
④ 《元典章》卷22《户部八·课程·盐课·禁治砂盐》，中国书店，1990，第382页上；光绪《金门志》卷3《赋税考·盐法》，第38页。
⑤ 江大鲲等修《福建运司志》卷1《区域志·晒盐法则》，《稀见明清经济史料丛刊》第1辑（27），第607~608页。

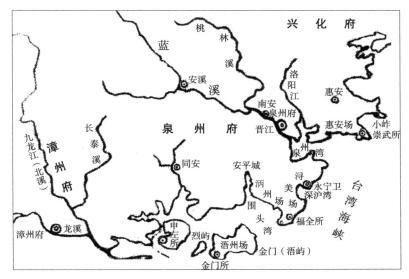

图 2-1　明代泉州府盐场示意

资料来源：谭其骧主编《中国历史地图集》第 7 册《元·明时期》，中国地图出版社，1982，第 70~71 页；江大鲲等修《福建运司志》卷 1《区域志·运盐水次·惠安场》《区域志·运盐水次·浔美场》《区域志·运盐水次·㳂州场》《区域志·运盐水次·浯州场》，《稀见明清经济史料丛刊》第 1 辑（27），第 657~664 页。

明初泉州盐场的设置，大抵是继承了元代的传统。在惠安县设惠安场，制盐场地大体沿着泉州湾东部沿岸分布；在晋江县设浔美和㳂州二场，其中浔美场晒盐盐埕在深沪湾东、西岸及今石狮市锦尚镇沿海地区，㳂州场的则在围头湾东岸地区；在同安县设浯州场，制盐场地在浯屿（大金门）和烈屿（小金门）二岛上。洪武二十五年（1392），各场设盐课司，由场大使常驻，分别管理地方食盐生产及其他盐政相关事宜。设场置官的同时，明廷还编佥了盐场附近的人户为灶户，令其专门生产食盐，输纳盐课。[①] 明初各场灶户户数、丁额由于文献阙如不得而

---

① 万历《泉州府志》卷 6《版籍志上·户口》，第 3 页上。

知，据万历《福建运司志》载，弘治五年（1492）福建盐册载泉州四场灶户男子成丁分别为惠安场 1913 口、浔美场 933 口、㳇州场 1070 口、浯州场 2300 口。① 据明初以降灶户因役重或逃亡，或与官吏勾结隐瞒丁数的现象，② 可推知明初的灶户丁数应当多于弘治五年之额。泉州地方人户登记灶籍的情况在族谱中亦有反映。例如，生活于晋江县二十四都铺锦村（今石狮市宝盖镇铺锦村）的铺锦黄氏族人于清康熙二十六年（1687）编修族谱，称其五世祖黄光荣、黄光生兄弟俩于明初"同充浔美场盐课司，办盐以足国课"。③ 聚居于晋江十七八都大仑村（今石狮市凤里街大仑地区）的大仑蔡氏族人于嘉靖四十四年 (1565) 称该族祖先在明初时登记了一个浔美场灶户户头，后来析为四户。④ 居住于晋江十八都浔海（今晋江市龙湖镇衙口村、南浔村）的施氏六世祖万安公明初亦被佥为灶户，充当浔美场百夫长。⑤ 灶户是盐场地区最为主要的户籍人群，亦即盐场地区最为主要的经济行为主体，其谋生方式直接关系到盐场地区的经济形态。

在政治力量及当地自然条件的限制下，制盐成为泉州灶户主要的生计手段，以及盐场地区最为重要的经济活动。嘉靖九年（1530），浔

---

① 江大鲲等修《福建运司志》卷 8《课程志·额派》，《稀见明清经济史料丛刊》第 1 辑（28），第 262~265 页。
② 康熙《同安县志》卷 2《官守志·浯州场盐课司》，《福建师范大学图书馆藏稀见方志丛刊》（10），北京图书馆出版社，2008，第 206 页；童蒙正、林大有等纂修《福建运司志》卷 2《都转运使何思赞呈造盐册事宜》，《天一阁藏明代政书珍本丛刊》（10），第 327 页。
③ 黄鸿烈等修《锦黄衙内房支谱·叙世录·第四世·子成公》，清乾隆五十八年修，福建石狮市博物馆藏影印本。
④ 蔡一含：《晋江大仑蔡氏族谱附录卷全》，永和菌边修谱组编修《石狮大仑蔡氏族谱》，1997，石狮市博物馆藏。
⑤ 施克达：《六世祖万安公跋》，施德馨纂辑，施世纶等补辑《浔海施氏大宗族谱》卷 1，高志彬主编《台湾关系族谱丛书》（1），龙文出版社股份有限公司，1993，第 19 页。

美场灶户士绅、南京道监察御史粘灿（1472~1555）就指出浔美场地区"稻麦不收，所恃以养生者惟晒盐而已"。① 当地灶户主要以制盐为生，不过，自明初以来制盐就不是灶户唯一的谋生方式。泉州灶户普遍拥有田、地、山、塘等事产，② 为他们进行农田耕作提供生产资料，而晒盐的季节性也为其从事其他经济活动提供了时间和精力。明初泉州采用晒盐法制盐，制盐受到日照时间、降雨量及风力等自然因素影响而具有季节性，以每年的 5~8 月为旺季，③ 其余时间为淡季。晒盐之余，特别是淡季，灶户都可从事其他生产。

这里还需指出，泉州盐场地区以灶户为主，此外还有民户、军户等其他户籍人群，④ 他们也是盐场地区的行为主体。明初，民户、军户与灶户一样受到较为严格的人身控制。他们都在府县的管制下，为府县供应差役，此外，军户还受卫所管辖。生计方面，受灶户制度、盐政制度约束，民户、军户不得制盐，而在"以农立国""画地为牢"等原则指导下建立的明初社会中，他们主要以农田耕作为主。在商业方面，虽然泉州盐场所在地区拥有优良港湾和港口，唐宋以后，海上贸易就为许多人所津津乐道，不过在元末明初的动乱冲击及明初农业立国、严禁民间下海等政策的影响下，这些资源得不到充分的利用，明初时泉州海上贸易

---

① 粘灿:《奏浔美场折米优免疏略》，江大鲲等修《福建运司志》卷 13《奏议志·疏略》，《稀见明清经济史料丛刊》第 1 辑（28），第 376 页。

② 江大鲲等修《福建运司志》卷 8《课程志·额派》，《稀见明清经济史料丛刊》第 1 辑（28），第 262~265 页。

③ 佚名编《福建盐法志》卷首《图说·晒盐图说》，《稀见明清经济史料丛刊》第 1 辑（29），第 310 页。

④ 例如惠安县的十八都到二十九都都有灶户、军户、民户等各种户籍名色的编户齐民，见叶春及《惠安政书》卷 4 至卷 8，泉州历史研究会、惠安县志办公室等整理《惠安政书 附:崇武所城志》，福建人民出版社，1987，第 91~319 页。

受到巨大影响，经商者少，当地商业并不发达。^①

简言之，明初泉州盐场地区经济以盐业为主，农业次之，商业不发达。当时的制盐活动更多地受到国家政治权力束缚，而不是一种单纯的经济活动。

应该说，明初"以籍定役"的思路对于盐场和灶户的赋役安排，在不同地域具有行政逻辑的一致性。而造成其差异者，则是各地域盐业生产的传统及其社会权力的延续。广东盐场的情况可以作为一个参照。

我们从靖康盐场的个案来观察广东盐场的情况。靖康盐场位于珠江口东岸，建置于宋代，明中期以前，食盐产量一直居两广盐区的前列，备受朝廷和地方大员的重视。有关明初广东盐场整顿过程的详细史料十分少见，相关的记载只有关于"屯田佥事"的设置。嘉靖《广东通志初稿》称："我朝参酌古制，设盐课司以厘盐政，各省则设御史以清理之，广东则命屯田佥事兼管其事。"^②

明初，珠江三角洲盐场的有效管理尚未恢复，基本还是沿袭前朝已有的格局，在地方上主要是依靠地方名望担任盐场实际的管理人。如陈彦辉，东莞归德场人，"稍有读书，夙肄法律"。洪武初，归德场官"以其公直有干，举充讥察"。^③又靖康场人蔡朝选，"初居靖康，后迁咸西，以资甲于乡"，在"洪武初，靖康场僻〔辟〕为从事"。^④

不只盐场事务依仗地方名士，州县的事务也多借助这些人的力量。靖康盐场凤冈陈氏的陈珪、陈璋兄弟就与东莞知县吴中的关系相当密

① 朱维幹：《福建史稿》上册，福建教育出版社，2008，第428~432页；徐晓望：《明代福建市镇述略》，《福建经济史考证》，澳门出版社，2009，第32~33页。
② 嘉靖《广东通志初稿》卷29，《北京图书馆古籍珍本丛刊》（38），第1页下。
③ 《燕溪陈处士墓表》，陈琏：《琴轩集》卷29，康熙刻本，政协东莞市文史资料委员会印，2000，第33页。
④ 《蔡处士墓志铭》，陈琏：《琴轩集》卷27，第13页。

切，并积极参与东莞县的地方事务。凤冈陈氏为东莞县靖康盐场之望族，居北栅乡。其族谱称："北栅在邑（东莞——引者注）西南波海之阳，溪山环会，陈世聚族其中。"① 其为"粤海编民也，籍定靖康，户悬盐课"。② 相传其世居南雄保昌严塘里，"宋朝奉郎讳常公仕广，督盐政，遂留家邑之大宁"，六传至连山县学学宾讳述公时，又迁居北栅。③ 陈珪、陈璋兄弟是凤冈陈氏迁居北栅后的第七代，生活在明代天顺、成化年间，是现今文献记载中凤冈陈氏在当地活动的最早的人物。时值明初岭南初定，百废待兴，而陈珪等能有"上世饶资"，修谱建祠，由此可略知陈氏家族当时的实力。陈珪兄弟在北栅修建凤冈书院，"延师课训乡邑子弟"，并由知县吴中题写匾额。④ 同时，他们还热心参与朝廷和地方的事务。如天顺五年（1461）秋，东莞地方遭遇大水，时"阳德愆候，潦水为灾，广之属郡大无麦禾，东莞境内被灾尤甚，民艰于食，羸惫不支，几为饿莩"。为此，吴中"召父老于庭，谕之曰：岁歉民饥，将转沟壑，若等长者忍坐视其死欤？夫乐善好施，仁者用心，赒穷恤匮，于义为急，盍捐尔羡余以济民之饥窘乎？"⑤ 此倡导得到东莞父老的支持，而其中捐助最多者即为陈珪，捐钱达五万之多。⑥ 成化初期，两广盗乱，陈璋督军来粤，见"州县残破，帑藏殚虚弛"。户部郎中陈俊、巡抚佥都御史叶盛等于是奏准："客商有愿赣南二府发卖者，于南雄府每

① 《凤冈陈氏族谱序》，《凤冈陈氏族谱》卷1，同治刻本，第1页上。

② 陈履：《上司礼陈公祖书》，《悬楛斋集》卷3，万历刻本，广东教育出版社，2005，第33页上。

③ 陈燕明：《命修凤冈陈氏族谱序》，《凤冈陈氏族谱》卷1，第7页下。

④ 《明承事郎琴乐公传》，《凤冈陈氏族谱》卷7，第21页上。

⑤ 吴中：《劝捐赈饥疏》，崇祯《东莞县志》卷7，《广东历代方志集成·广州府部》（22），第8页下~9页上。

⑥ 崇祯《东莞县志》卷5，《广东历代方志集成·广州府部》（22），第103页下。

引纳米二斗，折银二钱，以充军饷，而后出境。"① 陈珪便积极响应，"入粟助边"。②

随着正统年间黄萧养之乱的爆发和平定，朝廷也加强了对广东沿海地区的管理，包括在沿海盐场建立栅甲制度。靖康盐场栅甲制的建立过程和设置情形，由于资料阙如，我们了解不多。黄萧养之乱中，盐场"灶丁消耗，遗下盐课，无人办纳"。③ 天顺六年（1462），明王朝开始在广东、海北二提举司编造盐册，"灶丁按册办课"，"按册征盐"，"与民间黄册一般编造"。④ 盐册"或三四年，或五六年一造"，"造册之费，尽出于灶丁"。⑤ 同时，盐场也对灶户进行栅甲编排。与靖康场相邻的香山场，"（成化）时盐道吴廷举奏奉勘合，查民户煎盐者拨补灶丁，仅凑盐排二十户，灶甲数十户，分上下二栅。许令筑漏煮盐，自煎自卖，供纳丁课"。⑥ 而天顺《东莞县志》亦称："（盐场）吏一名，曰攒典，率栅长以督盐丁办纳盐课。"⑦ 当时东莞县内，"靖康场在十六都，六栅"；"归德场在十二都，十三栅"；"东莞场在十一都，四栅"；"黄田场在十都，四栅"。⑧ 据北栅人陈湘舟称："东莞靖康一场，内分六栅，每栅内分十甲，俱僻处海滨，土斥民瘠，自前朝准灶户告承浮丁煎办盐斤，实为随地利民至意。"⑨ 栅甲制是在盐场以下设栅，每栅

---

① 《吴廷举处置广东盐法疏》，朱廷立等：《盐政志》卷7，《四库全书存目丛书》史部（273），第22页上。

② 《明承事郎琴乐公传》，《凤冈陈氏族谱》卷7，第21页上。

③ 林希元：《陈民便以答明诏疏》，《明经世文编》卷163，中华书局，1962，第1641页。

④ 林希元：《陈民便以答明诏疏》，《明经世文编》卷163，第1642页。

⑤ 陈履：《上司礛陈公祖书》，《悬榻斋集》卷3，第33页下~34页上。

⑥ 康熙《香山县志》卷3，《广东历代方志集成·广州府部》（34），第45页下。

⑦ 天顺《东莞县志》卷3，《广东历代方志集成·广州府部》（22），第7页上。

⑧ 天顺《东莞县志》卷3，《广东历代方志集成·广州府部》（22），第7页下。

⑨ 陈湘舟：《上两广盐运使司口老恩师书》，《凤冈陈氏族谱》卷11，第58页下。

十甲，栅设栅长，协助攒典"以督盐丁办纳盐课"，甲设灶甲，"盐场栅甲轮充见役催征，亦周而复始"。① 栅甲制十分严密，"灶甲既逃，则责赇栅长代赇"，② "其人已死，其户已绝，而丁悬册籍，则追比同栅同甲"。③

黄萧养之乱以后进行的里甲名义下的土地登记，改变了整个珠江三角洲社会。④ 盐场地区也不例外，这一活动着重于加强盐场地方的管理。然而，如同里甲制开始有效地与地方社会相结合一样，"把礼仪和宗族变成了促进国家与社会关系的工具"，⑤ 栅甲制的建立，也并没有完全取代原来依靠地方名士协助管理盐场事务的局面。在盐场社会变迁中，像凤冈陈氏这样的家族，始终处于重要的位置，并演变为影响盐场运作的重要力量。

行文至此，我们似乎可以对明初灶户制度的构思和盐场的实践做出三点评价。第一，盐场通过对灶户的人身控制，进而控制盐源。国家在盐场设置了专署、盐仓等机构，并推行里甲制和栅甲制（后者具有地域性的差异，但均为盐场对灶户的格外编册与管理），通过实物征收和提供生产工具、盐田、草荡（柴薪）、工本钞等补贴的方式，对盐业生产进行严密控制，以服从于开中等国之大政的推行。第二，国家试图把盐场界定为独立的空间，把灶户视为与军、民、匠等截然区分的户籍。这二者是互相依存的。一方面，国家从地图上划分出合法进行盐业生产的土地，用行政管理的方式界定为盐场，并且把其他具有盐业生产潜力的

① 陈履：《上司薙陈公祖书》，《悬榻斋集》卷3，第34页下。

② 陈履：《上司薙陈公祖书》，《悬榻斋集》卷3，第34页下。

③ 陈湘舟：《上两广盐运使司口口老恩师书》，《凤冈陈氏族谱》卷11，第59页上。

④ 科大卫：《皇帝和祖宗：华南的国家与宗族》，卜永坚译，江苏人民出版社，2009，第103页。

⑤ 参见科大卫《皇帝和祖宗：华南的国家与宗族》，第126~128页。

地方视为非法，如此方可能界定出盐场的空间；另一方面，盐场的独立维持仰赖于灶户的特殊职役，而理论上灶户得以正常服役也仰赖于合法性盐场的垄断，不会受到其他盐业生产地方的竞争。第三，由于各地区的盐业生产传统和社会权力的制约，盐场的制度实践受到或多或少的削弱。上文提及广东靖康场的个例，栅甲制必定要与当地大族凤冈陈氏进行利益妥协。然而即便如此，灶籍还是一个在很大程度上限制了个人人身和生产的职役。

第二节　明中叶以降泰州的民灶纠纷
　　　　　　与"区分民灶"

当明王朝在泉州和东莞努力实现"以籍定役"的盐场人户管理体系时，两淮盐场民户与灶户之间经常发生纷争，于是官方努力"区分民灶"，以缓和矛盾，体现了明初灶户制度的实践及其本质。

一　两淮盐场从民灶相争到"灶里"设置

明代最重要的盐场——两淮盐场集中在江苏沿海一带，在地理上归属淮安府的盐城，扬州府的泰州、如皋、通州等州县。其中，泰州及其所属的如皋县，系淮南中十场的所在地。在这些地方，民户与灶户杂居，灶户有优免的特权，造成了田地被盐场灶户占耕、粮累县民赔补的局面，民灶之间争端不已。嘉靖二十年前后在泰州百姓的要求下，知州黎尧勋进行了以均平赋役、清理诡寄为目标的改革，改革的结果是州县中设置了灶里，避免民户为灶户赔补税粮。

　　前人研究指出，灶户在被佥入盐场的同时，其原有的民田也一体被编为灶地。在此过程中，王朝给予灶户许多优惠政策。其中之一是灶户每一正丁，可免灶田百亩的杂役。[①] 但前人没有注意到的是，明初灶户与民户被编入同一个里，成为"寄庄人户"。笔者检索嘉靖《两淮盐法志》，发现嘉靖十三年（1534）任两淮巡盐御史的陈惠有云"有田灶户，令于民里寄庄，每岁带征粮差，以省纷扰，以复百有七十年旧规"。[②] 此处，陈惠以"复百有七十年旧规"一语，说明此规定在嘉靖年间已经无法施行，但确系明初的制度。因此，明初灶户既有免除田亩杂役的优待，又与民户同时被编入州县里甲赋役系统。同时，在司法权方面，有司无法有效地牵制灶户。因为景泰年间户部已经有规定："灶户该纳税粮照旧存留本处仓内交纳，遇有拖欠，听从粮长里长催征办纳，若有盗贼重事，许令弓兵火甲捉拿拘问，其余词讼，不许径自下场勾拘，果与军民干对者，宜从申达巡按巡盐御史批断，及转行运司提解发问。"[③] 也就是说，灶户在一定程度上受到运司的保护，遇到一般词讼，州县不得擅自下场勾拘。到了弘治十七年（1504）又有进一步的规定："灶户如有拖欠税粮，则由运司追问，有司不得勾扰。"[④]

---

① 　郭正忠主编《中国盐业史·古代编》，人民出版社，1997，第530页。刘淼亦认为当时的规定是：第一，灶田税粮不免；第二，灶田免杂役；第三，每田百亩，免灶户正丁一名；第四，多余田土，照例纳粮当差。参见刘淼《明朝灶户的户役》，《盐业史研究》1992年第2期。当然，对此规定学界也有不同看法，徐泓认为明初盐场在行政上独立于州县，灶丁只听场官管理，不受州县管辖，只纳盐课，不当民差，其应纳税粮，仅听场官征解。参见徐泓《明代的盐务行政机构》，《台湾大学历史系学报》第15期，1990年。此种看法有待商榷。

② 　嘉靖《两淮盐法志》卷6《法制志》，《四库全书存目丛书》史部（274），第241页。

③ 　朱廷立等：《盐政志》卷5，《北京图书馆古籍珍本丛刊》（58），第262页下。

④ 　嘉靖《惟扬志》卷9，第12页，《天一阁藏明代方志选刊》（14）。

这个规定限制了州县官员向灶户追赔钱粮的权力。整个制度的漏洞在于，灶户如果占买了大量的民田，又借优免的政策不当差役，就会连累同里的民户当重差，甚至赔补税粮，而州县官员对此一筹莫展。

具体的例子我们可以看泰州民灶税粮的纷争。泰州境内有十二个盐场，何垛场一里、东台场二里、丁溪场二里、草堰场一里、小海场一里、白驹场一里、刘庄场二里，隶属于东西乡三十五都；梁垛场二里、安丰场二里、栟茶场四里、富安场一里、角斜场一里，在宁海乡一都。① 到了明代中期，泰州之田被军灶占买，不当差役，民户逃荒，里甲空虚。

> 又见本州地方与守御千户所军、十二盐场灶户杂处，小民田地节因凶荒，尽被军灶饵买为业，不行认粮，又不当差（随）（原文如此——引者注）田粮站，亦有势豪之家，贾田不行遇割，故贫者田少粮多，富者田多粮少，每岁征粮，贫民杖□，卒至逃窜。弃下田地，岁久荒芜，又被豪强侵占，其逃户遗粮，左里递年包赔，至累粮长，破家代纳。及今大造黄册，查得粮多里分，户口空虚。②

富灶占买了大量田产，既不认粮纳课，又不承担驿传差役。③ 民

---

① 崇祯《泰州志》卷2，《四库全书存目丛书》史部（210），第44页下~45页上。

② 黎尧勋：《请均泰州田粮转闻疏》，崇祯《泰州志》卷9，《四库全书存目丛书》史部（210），第198页下。

③ 随田粮站，驿传银，明初以税粮多寡为基准科派，称为"站银"，参见赖惠敏《明代南直隶赋役制度的研究》，台湾大学出版委员会，1983，第170~172页。

户既要代盐场输纳税粮,又要代灶户当差,所以逃亡者多。同时,此时出现了民户投入灶籍的风潮。由于灶户——尤其是水乡灶户的负担较轻,逃亡的民户乐于趋灶。嘉靖十二年,御史周相题准,近场浮居人民,果出情愿,查审无碍,编发缺灶场分,收充安插,照例优免。①嘉靖十八年,两淮发生海变,淹没男妇一万五千余名,经委官招抚复业"并民人投充灶户六百四十名"。可见盐官乐见其成。但民户投灶又加重了州县的负担,所以州县官员要设法杜绝此类事件的发生:"各州县各子其民,断不肯以民充灶。前所告者,本户多有粮差,一时假灶,以为躲避之计,本司倘不待报准充,不久该管里役必行开取。"②而州县官员与盐官都深恶痛绝的,还有田土的诡寄问题。嘉靖十年,御史陈惠说:

> 近年以来,诡寄之弊,不在二三十丁以上富灶之家,反在数丁以下穷灶之内。或小灶明受亲戚嘱托,而容寄在户者有之;里书受人私贿,及将豪富官军承买灶田不行过割者有之;或灶买灶田,仍存原户,以觊优免之数者有之;或田多富民,因其灶户办盐人丁,一丁免田二十五亩,而每户诡计田一二十亩,或三四十亩者有之。一遇编金、均徭、水马等差,有司验其丁田俱免,致使小灶徒负有田之虚名,富豪反受免田之实惠,其弊多端,不能悉举。③

---

① 嘉靖《两淮盐法志》卷6《法制志》,《北京图书馆古籍珍本丛刊》(58),第677页上。
② 嘉靖《两淮盐法志》卷6《法制志》,《北京图书馆古籍珍本丛刊》(58)第704页下~705页上。
③ 嘉靖《两淮盐法志》卷6《法制志》,《北京图书馆古籍珍本丛刊》(58),第706页上。

无论是民户将田诡寄入灶，还是豪灶将田诡寄入小灶，对于州县和盐场的官员来说，都影响到他们田赋与盐课的征收。总而言之，灶户侵占民田，民户投籍入灶，民灶诡寄田粮，种种弊端，造成了盐场与州县在田赋与土地问题上纠葛不清。同时，嘉靖初年，世宗为了厘清土地问题，也意欲重新清丈土地。① 全国性的土地清丈是从南直隶松江等府开始的，嘉靖十三年至十七年，均粮均役的清丈运动推行到了扬州府。扬州府的兴化县首先在巡盐御史洪垣和知县傅佩的主持下，进行了清丈田亩、均平田赋的改革，辨证疆界，清理丁溪场富灶占买的兴化田土。② 兴化的改革取得成功后，泰州如皋县知县黎尧勋也开始推动改革，此次改革的突破之处，是在泰州设置了灶里。

黎尧勋于嘉靖十八年至二十年任如皋县知县。如前文所述，灶户在明初的时候为民里的寄庄户，但是在黎尧勋任如皋县知县期间所上的《均田奏疏》中，我们看到如皋县设置了"灶里"：

> 其本县所属丰利、马塘、掘港三场六灶里灶民原额田地，照依旧例，令其照田通办实征税粮，免当民差，其富灶置买民间田地，与隔别州县军民灶户，令其随产附籍，与本县之民一体照田纳粮，照粮当差。③

设置"灶里"的构想并非黎尧勋所创，早在嘉靖十五年，任巡盐御史的陈惠④ 说：

---

① 赖惠敏：《明代南直隶赋役制度的研究》，第 19 页。

② 洪垣：《为正疆界均粮站究欺隐以资国赋以安贫民事》，万历《兴化县新志》卷 2，成文出版社，第 65 页。

③ 黎尧勋：《均田奏疏》，嘉靖《重修如皋县志》卷 9，《天一阁藏明代方志选刊续编》（10），上海书店出版社，2014，第 249 页。

④ 万历《扬州府志》卷 8，《北京图书馆古籍珍本丛刊》（25），第 125 页下。

自有盐法以来，灶户田粮俱是民间里递比岁带征，并无灶里催头之设。嘉靖十二年间，该巡抚都御史刘题请要将有田灶户编充里甲，户部行下盐法衙门勘议，未报，而各州县遂将三十场灶户编佥里长老人，并征粮催头、马头等项名色，逼逃灶户数多。[1]

所谓巡抚都御使刘，应当指以漕运总督巡抚凤阳的刘节。[2] 他提议将有田灶户编充里甲，当时虽未正式施行，但各州县业已在三十场灶户中编佥里长老人、催头、马头等名色，被巡盐御史陈惠认为是"逼逃灶户"的举动。

嘉靖十九年，两淮巡盐御史吴悌在兴化、盐城二县编定了灶里，他说：

（灶里催头）止于催纳税粮，事完即放，不许有司常川拘留，与民田一概科派，致妨煎办。里甲十年一次，系干正役。淮扬灶户置买民田，原未应当里甲，止令轮照灶粮，与民粮一例编派银两输纳，以供正办。免其亲身应役及买马、当日支应、买办铺陈什物等项，仍将解军一应杂差尽行优免。灶户亡粮，卖主尚

① 嘉靖《两淮盐法志》卷6《法制志》，《四库全书存目丛书》史部（274），第241页。
② 刘节于嘉靖九年三月任漕运总督巡抚凤阳，嘉靖十一年十月升任刑部右侍郎，漕运总督职由马卿接任。据实录载，嘉靖九年三月甲午，改巡抚山东都察院右副都御史刘节总督漕运巡抚凤阳（《明世宗实录》卷111，嘉靖九年三月甲午）。嘉靖十一年十月辛卯，升总督漕运右副都御史刘节为刑部右侍郎（《明世宗实录》卷143，嘉靖十一年十月辛卯）。嘉靖十一年十月甲辰，漕运总督出缺，吏部会推都察院右佥都御史史道、光禄寺卿马卿，上命马卿升都察院右副都御史，往督漕运。史道留别用（《明世宗实录》卷143，嘉靖十一年十月甲辰）。按：嘉靖十二年时，巡抚都御史应为马卿，但陈惠仍以"巡抚都御史刘"称刘节，不知何故。

在，原田给主；卖主亦绝，原田迷失者，责付本里军民匠灶一概
均赔。止许派该州县存留仓分，里甲、均徭尽行除豁。其灶长催
办事完，有司仍复拘留，及纳粮正差之外妄肆科派，听运司指实
参究。①

可见淮扬灶户原来置买民田，其输纳的税粮称为"灶粮"。灶户不
需应充里甲长，只须在其轮值的那一年，照其灶粮的数额，将差役折
银。现今灶户编入灶里，其里长称为"催头"，仅催纳税粮，当里甲正
役，十年一轮，而免杂泛差役。如果灶户逃亡，其粮归原来卖主承担，
若卖主也逃亡或死去，则由全里户口一概均赔。灶粮仅交到存留仓分，
不派起运。灶里的管理由州县官员负责，明末陈仁锡曾说："至于灶户上
纳民间田粮，州县重收到库，及金点灶里，解银到府。"②可见灶里的田
赋由州县征纳。灶里的里甲正役应完，州县不得继续扣留灶长催头，又
或是妄派差役，否则运司有权参究。

但是，由于史料阙如，灶里如何承担赋役仍然不甚清晰。黎尧勋任
如皋县令时间与兴化、盐城设置灶里的时间大致相当，他明确了如皋灶
里如何承担赋役的问题：

每田一顷，税粮七斗七升三合八勺，以四斗三升三勺输米麦
黄豆上仓，名曰实征，以三斗四升三合五勺供办养马驿传，名曰
免征。外又照粮编审里甲、均徭等差，灶户惮养马、驿传繁劳，
又欲释均徭、里甲等差，具情告县，愿任通纳实征七斗七升三合

① 嘉靖《两淮盐法志》卷5《法制志》，《四库全书存目丛书》史部（274），第219页。
② 陈仁锡：《两淮父老谈盐法》，《无梦园初集》劳集二，《续修四库全书》（1382）集部·别集
类，第341页下。

八勺,免征尽属民间代办。灶除免征而加实征,民加免征而实征稍减,此通融两便之法。黎令欲使各得其所,亦附均粮奏议题准编派。①

史料显示,如皋县的县民需要承担两种赋役。一是每田一顷征税粮七斗七升三合八勺,分为实征和免征二项,实征之数系米麦粮草等田赋,免征之数即养马、驿传等杂泛差。二是随粮编审的里甲、均徭等差役。因为要民户亲身应役,所以免于征派,只纳四斗三升三勺。灶户为了不当养马、驿传等差役,所以到如皋县申请,纳实征、免征每顷七斗七升三合八勺之数,而免于亲身赴役,其杂泛差役由民户代办。那么随粮编审的里甲、均徭差役如何处理呢?引文中也提到灶户欲释均徭、里甲等差,却没有说灶户纳实征之后,均徭、里甲是否可以免应。然而从整个如皋县的均徭编派情况,我们可以得知,灶里也不派均徭。县志曰:

> 本县民灶共四十二里,本府分均徭等差作三十九里派,因优灶户六里,止派三里。今灶户全不当差,其原派三里,俱系民间代办,事已不得其平。②

至此,我们可以总结灶里差役的佥派情况。灶里的催头相当于甲长,负责催征灶里的钱粮。但州县有司无权佥派催头去"勾摄公事"。均徭的差役不会派到灶里,因此可以被视为免除。而杂泛差役则由于灶

---

① 嘉靖《重修如皋县志》卷3《食货》,《天一阁藏明代方志选刊续编》(10),第81页。
② 嘉靖《重修如皋县志》卷5《官政》,《天一阁藏明代方志选刊续编》(10),第97页。

户在税粮上比民户多交了"免征"之税，可以视作其亲身免役，出钱使民户代办。比较明初的制度，灶里中灶户的赋役没有加重许多。但其真正好处是州县官员可以将灶户从民里中独立出来，免除民户赔补灶粮之累。这一点身为盐官的陈惠认识得很清楚。他说：

> 自有盐法以来，逃灶遗下田粮俱系民里耕纳，向无异议。近该邻场各州县创立灶里，勒赔亡粮，以致告扰纷纷，累下正课。盖逃灶亡粮与灶里催头其事相同者也，灶户所以不愿充里者，惧于陪粮；民户所以求设灶里者，亦欲其陪粮。①

虽然，陈惠所说背后的道理是灶户逃亡遗下的田粮已经由民耕种，而赋役自然由民承担。设置灶里，则让无田灶户与民户一体赔粮，加重灶户负担。他说："若果立此灶里，灶丁必尽，盐法必废。"② 不过，他显然没有证据证明。灶里的设置也没有让灶户的负担加重多少。

黎尧勋在如皋主持均平田赋改革取得了巨大的成功，并升任泰州知州。嘉靖二十一年起，他又在泰州进行均田改革：

> 该州无粮荒田共积出六千九十顷九十六亩九分六厘，俱从轻洒派，共增粮五千五百六十二石三斗八升八合一勺，以补民灶逃绝。③

① 嘉靖《两淮盐法志》卷6《法制志》，《四库全书存目丛书》史部（274），第240页下。
② 嘉靖《两淮盐法志》卷6《法制志》，《四库全书存目丛书》史部（274），第241页下。
③ 黎尧勋：《请均泰州田粮转闻疏》，崇祯《泰州志》卷9，《四库全书存目丛书》史部（210），第199页下。查《明世宗实录》嘉靖二十一年十二月癸卯条，有"扬州府泰州均摊田地，共增粮五千五百六十余石"一条（卷269），可知泰州均田事在嘉靖二十一年。

黎尧勋完成泰州田亩的丈量已经是嘉靖二十二年九月，因为过了大造黄册的期限，他特别上疏，"乞将本州均摊田粮，先行具奏，行令军灶一体照田纳粮，随粮出站，仍将均过田数，候下年造入黄册，庶事无更变，贫民永苏"。[①]

如皋县和泰州均平田赋、设置灶里的改革，反映出州县官员处理民灶争端的思路是要尽量将民户与灶户分开管理。州县官对灶户的赋役征派没有太多的约束力，导致灶户占买民田不当差役的现象一再发生，并影响到州县民户。因此，设置灶里是为了将有田灶户单独管理，避免贻累民户。另一点值得注意的是，在州县均平田赋的改革中，盐官的态度颇为值得考究。改革是针对扬州府民灶土地纠纷的问题，巡盐御史洪垣帮助兴化县官进行的均平田赋的改革，为后面的改革树立了典范。但兴化县本身并没有盐场，只是少数泰州盐场的富灶占买了兴化的民田，因此在兴化改革并不会影响灶户食盐的生产，却能大大舒缓兴化县民户的困境。但是提到设置灶里，让灶户当差，则真正触动了灶户的利益，因此，陈惠从维护灶户的角度出发进行反对。就目前的材料看，在扬州府，灶里仅在兴化和如皋设立。而盐场最为集中的泰州，则没有看到设置灶里的证据，这一现象的背后显然有更多耐人寻味的原因，有待进一步考证。

二 从"灶里"到限制灶户赋役优免

"灶里"的设置是州县官员改变明初的制度，将灶户单独管理的先声。从明中叶开始，朝廷给予两淮灶户的赋役优免也确实有减少的趋

---

① 黎尧勋：《请均泰州田粮转闻疏》，崇祯《泰州志》卷9，《四库全书存目丛书》史部（210），第199页下。

势。在扬州府，官员对于均平民灶赋役的改革有两种手段：一是将灶户置买的民田区分为"祖遗"与"新置"，"祖遗"灶田可以优免杂役，"新置"灶田则要与民一体当差；二是要让灶户承担起运粮米的负担。

明代中期，无论是州县官还是盐官都意识到，灶户占买大量的民田已经是不争的事实。因此，盐法官员对于灶户能够享有的优免权利也要加以限制。明初灶户的优免是按"一丁百亩"来计算，后来发展成以户中的丁数为依据优免相应数额的田亩。① 但是其中种种诡寄、隐匿，漏洞百出，因此到了嘉靖年间，盐官想到用灶户置买民田的时间来区分"祖遗"和"新置"灶田，采取不同的优免方式。

首先在嘉靖二十四年，右都御使王炜题准：

> 凡灶户除得草荡外，置有民田，验其真正契券，一应正办之用，应从田粮起派者，一体征派，其杂泛差役，悉行优免。②

该规定已经说明了灶户新买的民田不在优免之内。同时，实录记载嘉靖二十四年十月，御史齐宗道题云：

> 分别民灶二户，其灶田系祖遗真正者，方免赋役。③

此处"灶田系祖遗真正者"是什么意思？笔者在嘉靖《两淮盐法志》保留的齐宗道的奏疏中找到了解释。齐氏曰：

---

① 刘淼：《明朝灶户的户役》，《盐业史研究》1992 年第 2 期。
② 嘉靖《两淮盐法志》卷 5《法制志》，《四库全书存目丛书》史部（274），第 678 页下。
③ 《明世宗实录》卷 304，嘉靖二十四年十月戊申。

灶丁差粮，节有事例，近年编派，多致纷更，合当申明节年优免之例，参以近年正办之行，量为酌处。除灶户祖遗田粮并灶买灶田照旧优免外，近年置买民田，自嘉靖元年为始，俱与民一体办纳正办粮差，只免金头。嘉靖元年以前不系真正置买民田，毋得一例编派。准令通行淮扬二府，转行所属州县，调查民灶二册。如果系祖遗灶田，及灶买灶田者，照旧一例优免，如灶买民田，不拘远年近日，与民一体当差，止免金头。①

可见，官府原本有专门的盐册，记录灶户丁口、事产，每年由运司编审。②编审之时，依据灶户的丁口、田土数额，可以优免相应的杂役。而灶户置买的民田如何处理呢？齐宗道提出，只有嘉靖元年以前买入的民田，才能享受杂役优免，而嘉靖元年之后置买的民田，必须与民一体办纳随粮的差役，但其可以免被金当里甲头目。这个规定将明初灶户"赡盐田土"的优免政策彻底改变，而改以嘉靖元年为界限，此前灶户置买的田地一概优免，而此后买民田者则须与民一体当差。这种改变可以看作朝廷对灶户在州县占买民田不交赋役这一既成事实的认定，也以这一事实为依据，杜绝新的灶户逃避赋役的行为。

实际上，笔者爬梳地方史料后，发现以上的规定应属于全国性的，在各处实施的细则略有不同。具体在扬州府，该项政策是从嘉靖三十三年开始实施的，区别"祖遗""新置"的界限定在嘉靖二十一年。据实录载，嘉靖三十三年，御史黄国用上言盐政六事：

---

① 嘉靖《两淮盐法志》卷5《法制志》，《四库全书存目丛书》史部（274），第219页。

② 洪武二十三年（1390）御史陈宗礼建议："运司核实丁口，编册在官，每岁验其老壮，以为增减。其有死亡事故者，即为除额。"（《明太祖实录》卷199，洪武二十三年正月甲午）

一，酌优恤以杜纷扰。两淮运司、淮扬二府官移文南京户科，令发后湖淮扬二府总册，查自嘉靖元年以前，至黄册无可查之年止，即以此年灶田灶粮总数籍记，户科参对，付运司、二府，为祖遗灶粮，永与优免。仍行各州县将灶户嘉靖二十一年新册田粮亦为籍记，总计新旧粮各若干，应免应派数若干，属祖遗者及灶田者，止输国税，其买民田者无论年岁久近、亩数多寡，赋役悉与民同。①

可见将年限定在嘉靖二十一年的原因是该年有新造黄册。《如皋县志》载：

巡盐御史李廷龙、海道副使刘景韶，批本府知府任希祖②，运司□仕判官叶应乾勘议，仍自秉公悉心，逐一查勘明白，示以宜使一体纳粮当差。任知府同叶判官议将嘉靖二十一年均粮为准，当时丈过灶里田地定作祖田，上办原额免实二税，其均徭、里甲、大户等差免派。均粮之后，所买民田，与隔属灶户置买本县民田者，俱遵例一体照田纳粮，照粮当差。③

此次规定之后，灶户祖田只需缴纳免征、实征的税额，其均徭、里甲、大户等差均免佥派，而有新买民田者，则须与民一体纳粮当差，连金头也不得优免。此项规定既是巡盐御史、海道副使、扬州知府这些官员牵头颁布，其实施应不限于如皋，应为整个扬州府之制。

此次改革，是针对明初灶户"赡盐田土"得以免差的规定。只有证明

---

① 《明世宗实录》卷409，嘉靖三十三年四月庚寅。
② 任希祖，嘉靖三十八年到四十年之间任扬州知府。
③ 嘉靖《重修如皋县志》卷3《食货》，《天一阁藏明代方志选刊续编》（10），第82页。

是"祖遗"的田土，才能免除人身的差役，否则需要与民一体当差。由此可见，朝廷在灶户买民田日益增多后，在制度上做出调整。学术界曾经讨论过，成化、弘治以后，灶户盐课折银逐渐增多，朝廷对于灶户的人身控制也逐渐减弱。[1] 但这显然仅限于盐场对灶户的控制，而在州县对灶户的控制中却出现了相反的情况，灶户的诸多优免被逐步取消，灶户被纳入州县管辖范围内。尽管将灶田区分为"祖遗""新置"还是存在诸多如"不过割"或是"一体加派"等方面的弊端，但是，"灶里"的设置和州县对于灶田的控制，都反映了制度上灶户在州县中所承担的赋税加重。

此外，灶户还面临着与民户一起承担起运粮食的改革。明初制度上规定，贫难灶户只纳存留，免其起运。[2] 但是在扬州府的兴化县和泰州，明代中期以后，民户承担了极重的起运税粮。

表 2-1　兴化和泰州额粮占扬州府分数

	扬州府	兴化县	占比（%）	泰州	占比（%）
秋粮	210500 石零	51200 石	24.3	65400 石	31.1
起运米	130000 石零	42400 石	32.6	31700 石	24.4
凤阳米	42800 石零	6100 石零	14.3	9800 石	22.9
夏税小麦	38000 石零	1500 石零	3.9	6500 石	17.1
丈过田地	133300 顷零	24270 顷零	18.21	9290 顷	7.0

资料来源：万历《扬州府志》卷 4，《北京图书馆古籍珍本丛刊》（25），第 63~69 页。

表 2-1 说明，在扬州府，兴化县和泰州共承担了超过 55% 的秋粮，其中又以起运米为最多。此处的起运米数，包含了正兑、改兑和润米、加耗的数量，兴化和泰州总共承担了接近 60% 的起运数。两州县的凤阳

---

[1]　徐泓：《明代后期盐业生产组织与生产形态的变迁》，《沈刚伯先生八秩荣庆论文集》，第 394 页。

[2]　正统四年，令两淮贫难灶户户下该征税粮，于本州县存收，免其远运。参见汪砢玉《古今鹾略》卷 5，《北京图书馆古籍珍本丛刊》（58），第 90 页上。

米数原本负担也更重，隆庆、万历年大水后，陈应芳撰《凤阳粮申文》，经过朝廷准许，得以从万历二十一年起，停征凤阳仓米一半。[1] 以上数据是万历三十二年《扬州府志》中的记载。而在兴化、泰州本地士绅看来，当地的税粮负担主要在于起运米数与扬州府的其他州县相比奇重，负担最重的泰州和最少的仪真相差十倍以上（见表2-2）。

表2-2 扬州府各州县起运粮数

	丈过田地	起运米	每田一顷该起运米
高邮州	24900 顷有奇	7310 石	2 斗 8 升零
如皋县	31803 顷有奇	3598 石	1 斗 8 升零
江都县	7560 顷有奇	8264 石	2 斗 3 升零
仪真县	7560 顷有奇	1017 石	1 斗 3 升零
泰兴县	21200 顷有奇	3250 石	1 斗 5 升零
通州	14076 顷有奇	3554 石	2 斗 5 升零
兴化县	24272 顷有奇	32875 石	1 石 3 斗 5 升零
泰州	39430 顷有奇	43095 石	1 石 7 斗 5 升零

资料来源：万历《兴化县新志》卷3，第205~206页；《本州均粮申文》，崇祯《泰州志》卷9，《四库全书存目丛书》史部（210），第209页上。兴化、泰州及其他县数据均出自万历《兴化县新志》与崇祯《泰州志》，其他县地方志所载本县数据与此有小的出入。

表2-2反映，兴化、泰州每亩田土所负担的起运粮在一石以上。这些数字虽是兴化、泰州士绅自己计算出来，以求朝廷减免税负，难免有夸大之嫌，但是其税负较扬州府其他州县重好几倍仍是不争的事实。

因此，州县官想到要使灶户同样承担起运任务。隆庆二年（1568），时任海道副使的傅希挚[2]主持了兴化县民灶粮改革。他指出兴化县民灶粮输纳中存在的问题有二。一是起运额数过重，占整个扬州府的1/3。

---

① 李小庆：《向隅独泣：晚明泰州经济困境与地方应对》，《古代文明》2017年第4期。

② 傅希挚，进士，隆庆三年任扬州兵备道。嘉靖《重修扬州府志》卷44，《中国地方志集成·江苏府志辑》（41），江苏古籍出版社、上海书店、巴蜀书社，第780页下。

且灶户买的民田不派起运，因此灶者益富，民者益贫。二是有司在征派差役时，对于灶户并不区分"祖遗""新置"，动辄佥派应当杂役，使灶户困苦不堪。[1]因此民灶均上告不满。傅希挚认为，改革首先要解决民累起运之事。他的方法是将范公堤以西的灶田划入州县起运之数：

> 将各灶田自捍海堰、运盐河以西至县治一带五千六百余顷，尽数派入该县征粮数内起运、存留，凤阳等仓，与民一体征派，不许一毫偏重。其站由田出，按粮起科，似应一体增派。[2]

兴化县额田24272顷有奇，傅希挚称"今灶户承买已居四分之一"，[3]即约6000顷。引文中提到的捍海堰、运盐河以西至县治一带的"灶田"5600余顷，可以看作兴化县清丈出来灶里的全部灶田。据此，我们可以认为，傅希挚并没有将灶田区分"祖遗""新置"。而从引文看，兴化县的税粮征收分为起运、存留以及凤阳仓米三项。根据前人研究，扬州府起运之税粮由民运至徐州仓；[4]存留之税粮存留本地；凤阳仓米是嘉靖三十年因江南凶荒，令扬州府各州县代纳的税粮，属于起运的一种，要运到凤阳仓。[5]傅希挚要求民、灶田地一体纳课，无论灶田、民田都需要承担以上三种赋税。还有水驿站的差役，由于是随粮征办，他说似乎也应该一体办纳。

① 傅希挚：《议兴化县民灶粮疏》，《淮扬杂录》卷2《会稿》，中国第一历史档案馆、辽宁省档案馆《中国明朝档案总汇》（88），广西师范大学出版社，2001，第113~118页。
② 傅希挚：《议兴化县民灶粮疏》，《淮扬杂录》卷2《会稿》，《中国明朝档案总汇》（88），第113~118页。
③ 傅希挚：《议兴化县民灶粮疏》，《淮扬杂录》卷2《会稿》，《中国明朝档案总汇》（88），第113~118页。
④ 赖惠敏：《明代南直隶赋役制度的研究》，第109页。
⑤ 赖惠敏：《明代南直隶赋役制度的研究》，第129页。

对于差役的金派，傅希挚提议将依田和依丁作为起派差役的区别：

> 凡照田起科，如夏秋、税粮、驿递站粮三项无分起存，俱民灶一体办纳，不许偏累编民……凡照丁起派，如民壮、养马、四司料价等项，无论多寡，俱民户自行办纳，不许概及场灶。及兼照丁粮起派如均徭、银力二差，里甲、靛猪等银及经费听差等项，灶户通行豁免，用示优恤。①

这样做可以方便州县官员金派差役，即所有照田起派之项，如田赋、驿递站粮无分民灶，俱一体办纳；所有照丁起派及兼照丁粮之项由民户自行办纳，灶户可以豁免。民户即使诡寄田产入灶户，也要承担田土上的赋役，而金派丁役之时，只要是灶户，就可以优免。兴化县民灶赋役金派的两个问题，均可以解决。

要说明的是，虽然兴化县民在上疏的时候，将兴化、泰州、如皋的重赋问题一并提出，但是此次改革仅在兴化进行，并没有涉及泰州和如皋。原因可能是盐官的反对。据庞尚鹏未刊稿《淮扬杂录》②记载，他是不赞成如此改革的：

> 据扬州府呈批，民灶一体抚恤，岂容有二。但灶尤为辛苦，前院加恤，意为此耳。今据该府所呈，要灶户与民二十年以前一体派粮，二十年以后地多者差亦同派，所议未必无见。但兴化例既开，

---

① 傅希挚：《议兴化县民灶粮疏》，《淮扬杂录》卷2《会稿》，《中国明朝档案总汇》(88)，第113~118页。
② 《淮扬杂录》乃明臣庞尚鹏未刊之著作，内收录隆庆年间两淮盐务史料，参见中国第一历史档案馆《明代隆庆年间两淮盐务题本》，《历史档案》2000年第2期。

而各县之所援引者恐多，将如之何？海防道再从长计处，务期灶民两便，经久可行。①

庞尚鹏担心兴化之例将为扬州府其他州县所援引，而将州县之赋役征派到灶户头上，因此请傅希挚再考虑。但傅希挚的建议最终得到了朝廷的支持，《明实录》记载：

> 时扬州府起运民粮共九万石，而兴化一县额派三万有奇。有议将灶田尽免起运者，巡抚凤阳都御史方廉己〔以〕为有田则有租，今民田已入灶户，又而使代为输粮，不便。请将灶田自捍海堰、运盐河西，以至县治一带，尽数派入该县征粮额内，若起运、存留、站银以田起科者，与民一体征纳，其银力二差，系以丁起科者，责办民户，毋概苦盐丁，与民各得其平。从之。②

从《明实录》的记载来看，傅希挚的提议基本成为现实。至此，兴化县灶田不分"祖遗""新置"，只要从田起科的赋役，一律与民一体征纳。但也许是有了庞尚鹏的话在先，兴化此次改革，并不像嘉靖年间均田改革一样，成为各州县援引的事例，泰州、如皋并没有类似的改革发生。这也反映出，对于有盐场的泰州，和没有盐场的兴化，州县官和盐官还是采取了区别对待的方式。

综上所述，区分灶户"祖遗""新置"田土的差役优免，意在使新置田土之灶户与民一体当差。但实施下去的效果并不是很好。而傅希挚

---

① 《明旨飞差害灶事》，《淮扬杂录》卷5，《中国明朝档案总汇》（88），第304页。该文未书具题时间，笔者依据内容判断，应形成于隆庆二年兴化县开始改革之时。

② 《明穆宗实录》卷24，隆庆二年九月乙亥。

的改革，则真正实现了灶户与民一体纳粮，随粮办差。灶户在随丁办的差役上仍然可以得到优免。这反映了州县官员在处理灶户赋役问题上的不断尝试。他们无法控制灶户的丁身，只能在田赋上不断扩大灶户应当承担的义务，以减轻民户的负担。

三　明末泰州民灶税粮分征的尝试

兴化县的民灶税粮纠纷由于傅希挚的改革得以暂时解决。而明末的泰州尝试用另一种模式来解决民灶税粮的问题，即希望将民灶税粮分开征收，分开起解，把征收灶粮的重任交给盐场。

泰州和兴化一样，面临着沉重的起运负担。虽然在嘉靖二十一年已经由黎尧勋丈量均摊，但是在嘉靖三十年，因江南省属凶荒，将应纳凤阳粮米五万四千石，飞派扬州府各属承替办纳，以待丰年归复，泰州加米一万九千八百九十六石九斗三升。[①] 到了嘉靖四十年，泰州人陈应芳说：

> 本府每遇征收时，各照州县之原额，分派正改之多寡。历越既久，未闻变更。如泰州原额秋粮五万六千三百石，以数计之，当一府总粮四分之一，以兑运言之，该派正兑一万五千之多，比之邻境，独为加重。……自嘉靖三十年后，骤加本州正兑米二万九千六十一石。[②]

---

① 陈应芳：《本州凤阳仓米申文》，崇祯《泰州志》卷9，《四库全书存目丛书》史部（210），第207页下~210页。

② 陈应芳：《通学告兑粮呈》，崇祯《泰州志》卷9，《四库全书存目丛书》史部（210），第213页下。

这一负担到了明末变得更加沉重。隆庆到万历初年，扬州府罹患大水，"上河高田无几，下河沉水十之九也"。[1]地方受灾，惯例会得到朝廷田赋上的减免，然而扬州府各州县唯独泰州知州吴道立"不亲堂政，兼以田沉水底，又难丈量，未经请恤，遂致赔累"，[2]因此未能得到朝廷的优恤。田沉水底而田赋依旧，难免连累民众赔补。陈应芳在万历二十年（1592）说：

> 目今下河一百三十五里，自隆庆三年被水淹漫，疆界无辨，十三余年毫无耕种，田虽送人，无人肯要，小民节年赔□钱粮，苦不胜言。[3]

百姓即使将田土送人，也无人肯要，可见地方凋敝的程度。直到万历二十年，泰州、兴化士民共称"粮又独倍于他州县"，[4]淮扬海防兵备按察使命人到泰州、兴化勘察，才有了泰州的《均粮申文》出台。在该文中，泰州知州游春霖[5]说："泰州钱粮所以独重于他州县者，谓其田坐水乡，称沃壤耳。今沃壤化为沮洳，不复可耕，而粮仍偏累，是使不耕之田，输有常之赋，非大破拘挛之议，尽为蠲减之图，则一方民生，终不可济。"[6]继而提出两条要求：

① 崇祯《泰州志·图说》，《四库全书存目丛书》史部（210），第23页上。
② 陈应芳：《本州凤阳仓米申文》，崇祯《泰州志》卷9，《四库全书存目丛书》史部（210），第207页下。
③ 陈应芳：《本州凤阳仓米申文》，崇祯《泰州志》卷9，《四库全书存目丛书》史部（210），第208页下。
④ 《本州均粮申文》，崇祯《泰州志》卷9，《四库全书存目丛书》史部（210），第209页下。
⑤ 万历十九年任，见道光《泰州志》卷13，《中国地方志集成·江苏省府县志辑》（50），第116页上。
⑥ 《本州均粮申文》，崇祯《泰州志》卷9，《四库全书存目丛书》史部（210），第210页下。

> 宜就本府起运九万之内，均摊三州七县之中；以存留各仓之粮，均增泰州、兴化之额，此一调停，转移之间，而灾民稍得沾通融均派之惠，此一说也。……谓宜比照兴化改兑事例，一体矜恤，则宽一分受一分之赐，此又一说也。①

引文中提到，扬州府起运米"九万"，似指正兑米 60000 石和改兑米 37000 石相加之数。② 而泰州的起运漕粮正耗共 43000 余石（参见表 2-2）。游春霖是想将扬州府起运米均摊到各州县，而泰州之分数得减。另外游春霖为了继续减轻起运粮的负担，还要求将起运正兑改为改兑。明代税粮起运京师分若干方式，有支运、兑运、改兑、民运等法。根据赖惠敏的研究，在泰州，正兑每石加耗七斗三升，改兑每石加耗二斗五升，又加变易米二升。③ 即正兑米与改兑米之间，每石的加耗相差四斗六升。如能将正兑改为改兑，起运负担自然减轻许多。

但是游春霖的提议似乎并没有被接纳，证据有二。一是历代泰州志中，并没有为游春霖立传，如果一位知州能成功为泰州减免税粮，那么将其载入史册是理所当然的事情，他不应该默默无闻。二是在崇祯《泰州志》赋役的记载中，泰州秋粮起运正兑本色米 29061 石，④ 与嘉靖四十年陈应芳所说数字相同。经过计算起运正兑、改兑正耗总计 43086 石零，⑤ 也与游春霖所说的起运数字几乎一致。所以我们可以认为，泰州

---

① 《本州均粮申文》，崇祯《泰州志》卷 9，《四库全书存目丛书》史部（210），第 210 页下。
② 万历《扬州府志》卷 4，《北京图书馆古籍珍本丛刊》（25），第 63~69 页。
③ 赖惠敏：《明代南直隶赋役制度的研究》，第 115 页。
④ 崇祯《泰州志》卷 3，《四库全书存目丛书》史部（210），第 51 页。
⑤ 依据《泰州志》赋役中起运正兑本色米、耗米、补闰米，改兑本色米、耗米、补闰米计算，见崇祯《泰州志》卷 3，《四库全书存目丛书》史部（210），第 51 页。

的田赋负担在嘉靖二十一年黎尧勋改革后，非但没有减轻，反而更加沉重。在这个过程中，灶户却趁机大肆占买土地。陈应芳有云：

> 两淮运司盐课甲于天下，灶场三十，泰州居三之一有奇，灶买民田十之三四，其输粮同也。其论差，以新旧为则也，盖嘉靖贰拾壹年以前为旧灶，贰拾贰年以后为新灶，亦既体恤之者至矣。乃新者诡而为旧，以避差役，已属弊窦，而征输之法，又往往束于灶，而法有所不行。起运存留额数也，灶稍完起运，而不纳存留；催科比较通例也，灶专抗催科，而不赴比较，官亦且无如之何，专责民间完及分数，而其拖欠者，尽举而属之灶矣。历年完欠数目可考而知也。已往不论，姑自万历十九年以后，言之仅五年尔，而灶间拖欠者，至贰万肆千叁百捌拾两有奇，民间代灶那解者，至贰千贰百陆拾两有奇。[1]

在陈应芳看来，泰州民田十之三四为灶户占买。虽然地方上有以嘉靖二十一年为界，区分新旧灶田的规定，但是有灶户将新灶诡寄为旧，不承担赋役；又有"灶稍完起运，而不纳存留"；还有灶专抗催科。可见州县官员并没有真正约束灶户的办法。因此在民户一片哀号声中，灶户却不交税粮，连累民户代纳。

虽说灶买民田，仍然要缴纳田赋，但是实际上州县有司并不能对不纳田赋的灶户有过多的制约。徐泓指出，灶户的词讼案件除了人命重情外，均由运司、分司官员问断。[2]笔者也发现，景泰二年（1451）规定：

---

[1]　陈应芳：《附泰州利病》，《敬止集》卷1，《景印文渊阁四库全书》（577）史部335，第29页。
[2]　徐泓：《明代的盐务行政机构》，《台湾大学历史系学报》第15期，1990年。

"灶丁逃亡事故，运司官公同有司佥补，其灶丁拖欠盐课并盐价者，运司并分司官催征，拖欠税粮者，府县官催征，各不相干预。"① 也就是说，灶户的盐课由运司催征，税粮由州县官员催征，互不干涉。但是到了弘治十七年（1504），有规定曰："灶户如有拖欠税粮，则由运司追问，有司不得勾扰。"② 如果灶户拖欠税粮，州县官员也只能通过运司对其进行催征。于是，有灶里里长和胥吏钻了空子，借赴州上纳灶粮之时，私吞干没：

> 灶间里役往往多豪猾，通同胥吏，善为奸利，每遇催征，多方影射。闻有一贫者轮当灶里，因而致富。又闻往年灶里曾征粮数百，赴州上纳，而一吏反教之携归，因而瓜分。③

灶户灶粮难以征收，且地方官又无有效手段，因此，州县官员想把灶粮推给分司起解。泰州知州刘应文④尝试请分民灶粮，将灶粮推给分司征收起解：

> 先是民间苦灶户灶粮轻而差寡，奸人概以灶田影射徭役，民病之。及至催征，灶户不赴比较，保家争为包揽，粮户胥吏交相窟穴其中，而官不能诘。每年起运京边，完不及十分之一，存留钱粮则全逋矣，往往责抵解于民间。公加意民瘼，细心讲求，尽得其要

---

① 陈仁锡：《皇明世法录》卷 28《盐法》，《四库禁毁书丛刊》史部（14），北京出版社，1997，第 500 页下。
② 嘉靖《惟扬志》卷 9，第 12 页，《天一阁藏明代方志选刊》（14）。
③ 陈应芳：《附泰州利病》，《敬止集》卷 1，《景印文渊阁四库全书》（577）史部 335，第 29 页下~30 页上。
④ 刘应文，万历二十年至二十五年任泰州知州。见万历《扬州府志》卷 8，《北京图书馆古籍珍本丛刊》（25），第 142 页上。

领，身请命于当道，当道颇狃拘挛之议，初难之，奸灶又驾词赴愬盐法，而盐直指不能不右灶而左其民，议几寝格。至舌敝颖秃，率士民所在哀吁如是者，积有年余，然后报可，推灶粮与醝司，设限征纳，各自起解，而从前积弊，自此一空矣。①

刘应文指出灶户的税粮有类似包税的"保家"来包揽，继而通同胥吏，私吞灶粮。他"细心讲求"灶粮缺额的原因，却被灶户告到盐官处，盐官指明要优恤灶户，因此他率领百姓，呼吁分解民灶税粮。从"然后报可……而从前积弊，自此一空矣"一句，我们认为刘应文的请求应当得到了应允，而灶粮征解制度为之一大变。在康熙《淮南中十场志》中，笔者也找到了关于刘应文主张民灶税粮分征的记载：

> 独灶粮民带征于民里，为十场剥床之灾，深根固蒂，不可不力为拔也。……迨以刘职方力主分征之议，徐司理痛清影射之奸，民灶两苏，诚为便计。故百姓歌于市，民灶舞于途，然而称不便者，奸总包揽不能，污胥窟寄不得，犹未贴心耳。是又在当事者加意焉，无为若辈所摇耳。昔州守者刘东光议曰：属征灶于分司，责催比于场官，领解额于泰州，一仿如皋故事，则官司民灶俱利，催科国计两得矣，此今又一左券哉。②

刘应文系北直隶东光县人，③此处的刘东光即刘应文。这段文字使我们更加清楚灶粮由场官来催征，由分司领解。而且作者进一步说明了

---

① 崇祯《泰州志》卷4，《四库全书存目丛书》史部（210），第91页上。
② 康熙《淮南中十场志》卷4《赋役记》，上海图书馆藏，第15页。
③ 崇祯《泰州志》卷4，《四库全书存目丛书》史部（210），第91页上。

民灶税粮分征，于民于灶都有裨益，可是似乎无法确定该制度究竟只是刘应文的提议，还是确有实施。而更为诡异的是，在崇祯《泰州志》中，又有天启四年（1624）海防兵备道周汝玑请分民灶税粮之事。据记载：

> （周汝玑）闵泰州民灶合征，钱粮混淆，有司坐累，毅然以分灶力请于当道，推灶粮于醢司，设法征解，不为异议所挠。①

如果万历二十三年刘应文之请已经得以实施，何来天启四年周汝玑再请之事呢？就连道光《泰州志》的编修者也感到困惑，只能笼统地说：

> 案民灶分征事，见前刘应文传。当在万历二十一二三年间业已报可奉行，不应天启时复有此请，恐有舛误，姑仍旧志编入。②

对此，一个可能的解释是，泰州在万历年间民灶分征之后不久，又被改回合征。陈应芳有云："已近在事者，不得已有民灶分征之请，闻又格于议，且中寝矣。然则将终听之而已耶。"③此处他说的应当是万历年间的那次改革。而崇祯《泰州志》的作者刘万春在序言中说：

> 民间为灶里包赔钱粮，最一秕政。昔之贤明监司、仁廉州守，汲汲以民灶分征请命当路，竟能得之。而后之不肖有司，辄居灶粮数千之美金为奇货，猾胥利于包赔，用此为饵，仍请合征，而良法遂罢。

---

① 崇祯《泰州志》卷4，《四库全书存目丛书》史部（210），第81页下。
② 道光《泰州志》卷20，《中国地方志集成·江苏府县志辑》（50），第215页下~216页上。
③ 陈应芳：《附泰州利病》，《敬止集》卷1，《景印文渊阁四库全书》（577）史部335，第30页上。

从"良法遂罢"一句可知，分征之事只推行了一段时间，无论是刘应文还是周汝玑的改革，到了崇祯年间都没有实施下去，民灶税粮仍然是合征。直到清代，灶田在地域上属于哪个州县，则在该州县纳粮，比如小海场：

> 本场盐课则属使司，田粮隶泰州东西乡三十五都，在兴化者属兴化。①

又比如刘庄、白驹二场，虽在盐政上属于淮安分司，但灶粮仍在泰州办纳：

> 灶户田粮之隶泰州办纳，自明代始。明时，刘、白两场不隶泰属，而灶粮亦赴泰州办纳。其原委虽不可考，然其距淮属远，距泰属近，无疑也。移远就近，相沿为例，故遂与丁、草灶粮俱属泰州。而前清因之未改。②

县志编修者不清楚的刘庄、白驹二场与丁溪、草堰一同在泰州办纳灶粮的原因，其实是明代刘庄、白驹二场属于泰州东西乡三十五都，③到清代仍相沿为习。可见，明代扬州府的赋税改革中，州县官一直尝试将灶户的田粮推给场大使来管理，以减小其征税的难度，避免民户赔补灶粮。但是在两淮盐场，这种做法最终没能实现。

---

① 乾隆《小海场新志》卷1,《中国地方志集成·乡镇志专辑》(17)，上海书店，2013，第169页。
② 民国《续修兴化县志》卷14,《中国地方志集成·江苏府县志辑》(48)，第701页上。
③ 崇祯《泰州志》卷2,《四库全书存目丛书》史部（210），第44页下~45页上。

隆庆到万历年间，泰州民众的要求还是从减轻民户的负担出发的。泰州官员曾请摆脱灶粮，将其推由场大使收解，也是想要减轻州县税粮征收和解运的负担。改革的最终失败反映了泰州和兴化民灶的不同命运。在有盐场和没有盐场的州县之中，地方官员处理民灶纠纷的思路并不相同。在兴化，没有盐场运司系统太多的干预，州县官员可以尽量地为民户争取利益，打压灶户势力。但是在泰州，盐场官员的系统有很强的支配能力，许多不利于灶户或是不利于运司的政策在推行的过程中，会受到种种的阻碍。

明代中后期泰州灶户赋役管理制度的改革，是盐场和州县的管理者应对灶户占买民田的新局面，在其管理方式上所做出的调整。

在对灶户的管理这一问题上，盐场官员和州县有司显然是出于不同的考量。州县有司出于完成赋役考核的目的，不断地把灶户拉入纳粮当差的范围。但是盐务官员首先要保证灶课足额，因此对于州县官员的改革采取谨慎的态度。兴化县和泰州的不同命运提醒我们，在民灶赋役改革中，盐场的生产还是优先考虑的因素。但即使如此，明代中后期灶户在州县中承担的任务较明初为重是不争的事实，盐务官员在改革中并非完全偏向灶户一边。这也许与嘉靖年间两淮盐务生产旺盛，朝廷对于盐课足额的担忧较明初减轻有关。从这个层面来理解，巡盐御史等帮助州县官员清丈土地，打击灶户欺隐田粮，是因为亏课问题严重威胁到州县的正常秩序，迫在眉睫。

值得注意的是，泰州针对灶民赋役的改革并非一时一地的特例。于志嘉对军户的研究是笔者很好的参照。她曾经指出江西卫所"奸军"侵占州县民田的现象，[①]并讨论了江西各个州县明代中期以后为整肃屯政、

---

① 于志嘉：《卫所、军户与军役——以明清江西地区为中心的研究》，北京大学出版社，2010，第99页。

均平田粮所做的清丈工作。① 同时她讨论了清代江西的州县官员为了管理辖区中隶属于不同卫所的军户，在州县设置军都军图，将过去寄庄的军户，集中成一图，使军民异籍，不致相互牵混。② 军、灶相对于民户来说都是较为特殊的户籍，在不同的时间与空间之下，州县官员在处理军民和灶民的问题时，做法竟如此相似，不禁让笔者思考王朝国家灶户、军户聚居区的管理思路。这些户籍的设立是为了保障如盐业或漕运这些对国家至关重要的行业的运行，因此，国家在制定政策的过程中，首先必须保证这些行业的顺利运作，甚至不惜牺牲部分民户的利益。但是针对军户、灶户实行的特殊政策使州县官员难于稽查约束，国家应对政策是尝试将军、灶与民户剥离，集中统一管理。

第三节 从人身控制到赋税控制：明中叶以降泉州灶户管理模式的转变

明初人户以籍定役，户籍是征收赋税尤其是征发徭役的依据，明王朝管理人户的重要目的就在于赋役。但随着经济与社会的发展，到明中叶，朝廷越来越难控制人户，却又不能因此减少赋税赋役。因此，王朝的管理体制不得不做出调整，在灶户的管理上，最重要的特点，就是从人身控制转向赋税控制。灶户在州县和盐场两套系统的管理下，人身竟获得了更多自由。这一过程，在泉州盐场反映得相当清楚。

泉州沿海地区产盐历史悠久，明王朝设置惠安（位于惠安县）、浔

① 于志嘉：《卫所、军户与军役——以明清江西地区为中心的研究》，第104~124页。
② 于志嘉：《卫所、军户与军役——以明清江西地区为中心的研究》，第314~316页。

美、浔州（二场位于晋江县）、浯州（位于同安县）四大盐场，管理当地食盐产、运、销。为保证盐政顺利运作，朝廷设场置官的同时，佥定盐场附近人户为灶户，编为灶籍，令其制盐，缴纳盐课，承担盐政衙门相关差役。泉州灶户因承担盐课而首先处在盐场管辖下，此外，他们还受府县管制。及至明中期，盐场和府县仍旧管辖灶户，但具体管理重心都发生了转变。

明初，灶户在盐场和府县双重管辖下，被束缚于盐场上。正统八年（1443）之前，泉州四大盐场的盐课都为本色盐，即灶户在盐场上生产食盐，并将所产食盐作为盐课缴纳盐场官仓。四大盐场形成独立于府县的仓埕甲组织，即灶户组成灶甲，再以仓埕领之。仓埕甲组织设有督促灶户制盐、催征盐课、带领灶户到盐政衙门承差的总催、甲首、秤子等职役。灶户都必须生产食盐，以缴纳盐课，因而有学者指出，灶户在政府强制下，从事盐的生产，没有自由，人身受国家支配。① 灶户作为王朝编户齐民，还受盐场所在府县管制，与民户、军户一同被编入图甲组织，承担里甲差役，“占盐籍者，里甲，军、匠与民户一体”。② 所不同的是，灶户只应里甲正役，免除杂役。③ 然而，洪武朝的制度推行不久，府县便“不尊祖制”，向灶户摊派杂役，史载“永乐后，盐籍里甲悉赴有司听勾摄，疲于奔命”。④ 在明初亲身应役的劳役体制下，灶户须亲自到盐场和府县衙门承差，人身受到官府直接而严格的控制，大部分时间用于生产食盐，谋生手段受限制，也难以远距离迁徙。此境况比较符合

① 徐泓：《明代前期的食盐生产组织》，《台湾大学文史哲学报》第 24 期，1975 年。

② 朱澍：《与王笔峰大参凤灵上巡按施山侍御论盐法事书》，《天马山房遗稿》卷 5，《景印文渊阁四库全书》（1273）集部 212，第 500 页下。

③ 徐泓：《明代前期的食盐生产组织》，《台湾大学文史哲学报》第 24 期，1975 年；刘淼：《明朝灶户的户役》，《盐业史研究》1992 年第 2 期。

④ 光绪《金门志》卷 3《赋税考 · 盐法》，第 38 页。

朱元璋"画地为牢"的地方管理理念。不过，随着盐政制度及里甲赋役制度变革，盐场和府县对灶户的管理方式都发生变化，朱元璋的地方管理设想也逐渐被突破。

正统以后，泉州盐课逐渐改折，盐课征调内容及盐场组织随之改变。正统八年，福建布政使孙昇为解决泉州盐场食盐积压、福建沿海卫所缺粮等问题，奏准了浔美、氵州和涴州三场（下文简称"浔美等三场"）①盐课折米，其中涴州场盐课全部折米，浔美、氵州二场盐课七分折米、三分本色。盐引一引（盐400斤为1引）折米一斗。折米后的盐课，即米粮，由盐场征收，解泉州府永宁卫、福全所、金门所等卫所官仓，作为卫所官军月粮。②此举打开泉州盐课改折之大门。正统十三年该三场盐课全部折米；弘治十六年（1503），惠安场盐课折银，"每引征银七分，收贮运司解赴户部，以备边用"；③嘉靖年间，浔美等三场盐课也先后折银，盐每引折银五分，由盐场征收，缴纳泉州府，仍由泉州府发放给盐场附近卫所官兵充当月粮。④至此，泉州盐课全部折银。改折后，灶户或纳米粮，或缴白银，所产食盐不必缴纳盐仓，因而盐仓逐渐被废弃，⑤浔美等三场由仓埕甲组织演变为埕甲组织。其中，浔美场

---

① 在泉州四大盐场中，浔美、氵州和涴州三场盐政制度变革时间比较一致，盐课处理方式及流动方式，乃至盐政运作情况一致，而惠安场与上述三场的差异较大。因此，本章在叙述到浔美、氵州和涴州三场，而不包括惠安场情况时，以浔美等三场简称之。

② 关于泉州盐课折米，请参见叶锦花《盐利、官员考核与地方军饷——正统年间福建泉州盐课折米机制研究》，《社会科学研究》2014年第1期。

③ 陶煦：《奏豁惠安一场积盐疏略》，江大鲲等修《福建运司志》卷13《奏议志·疏略》，《稀见明清经济史料丛刊》第1辑（28），第369页。

④ 包节：《题专委官均折价疏》，江大鲲等修《福建运司志》卷13《奏议志·疏略》，《稀见明清经济史料丛刊》第1辑（28），第386~389页。

⑤ 吕小琴、王日根：《从盐仓看明清福建盐业变迁》，《福建论坛·人文社会科学版》2006年第12期。

有十九埕，[①] 洒州场有六埕，[②] 浯州场有十埕。[③] 埕甲组织仍设总催、秤子等职役。与浔美等三场不同，惠安场由原来八仓埕演变为五团，[④] 每团有总催一人、秤子一人、团首四人。[⑤] 嘉靖年间，福建各场灶户十年轮流充当一次总催，[⑥] 到万历年间，改十年一编为五年一编，“今后该司十年攒造黄册，查将各场灶户额课丁力尽数开报，如人丁、盐额多者编为总催，五年一更”。[⑦] 总催的职责仍旧，“分管灶户，督催灶丁完课”，[⑧] 只是催征之物由食盐改为米粮或白银。万历《福建运司志》载：“奏奉勘合，折征银、米，每年各该场官攒督，令见年总催亦如前期征纳。”[⑨]

盐课征收方式改变，盐场场大使管理盐场的重心亦随之发生变化。对场大使而言，向灶户征收盐课是其最为主要的职责之一，不过盐课征收方式不同，场大使着重关注的方面亦有差别。盐课为本色盐时，灶户食盐生产情况直接关系盐课征收，因而场大使必须组织、督促灶户生产

---

① 江大鲲等修《福建运司志》卷1《区域志・产盐场滩・浔美场》，《稀见明清经济史料丛刊》第1辑（27），第605~606页。

② 江大鲲等修《福建运司志》卷1《区域志・产盐场滩・洒州场》，《稀见明清经济史料丛刊》第1辑（27），第607页。

③ 江大鲲等修《福建运司志》卷1《区域志・产盐场滩・浯州场》，《稀见明清经济史料丛刊》第1辑（27），第606~607页。

④ 江大鲲等修《福建运司志》卷1《区域志・产盐场滩・惠安场》，《稀见明清经济史料丛刊》第1辑（27），第605页。

⑤ 嘉靖《惠安县志》卷7《课程》，上海古籍书店，1963，第2页上。

⑥ 万历《泉州府志》卷7《版籍志下・盐课》，第12页下。

⑦ 江大鲲等修《福建运司志》卷6《经制志・均定课赋》，《稀见明清经济史料丛刊》第1辑（28），第131页。

⑧ 江大鲲等修《福建运司志》卷6《经制志・均定课赋》，《稀见明清经济史料丛刊》第1辑（28），第131页。

⑨ 江大鲲等修《福建运司志》卷7《课程志・下四场盐赋转输则例》，《稀见明清经济史料丛刊》第1辑（28），第269页。

食盐，监督灶户将所产食盐运至盐仓，防止灶户走私。灶户制盐情况关系场大使的盐政考核，因而，控制灶户对场大使而言极为重要。改折后，盐课以米粮或白银形式呈现，与食盐生产没有直接关系，盐场即便直接控制灶户让其生产食盐亦无法获得盐课，因而，盐官的管理重心转移到米粮或白银形式的盐课征收，而不再督促灶户生产食盐，放松对灶户的控制，灶户对盐场的人身依附减弱了。

　　除场大使管理重心转移，放松对灶户控制外，浔美等三场盐折米或盐折银的征收、催征及支配之间的微妙关系也影响着盐政系统对灶户的管理。上文已指出，盐课折米及折银后，都由盐场征收，所征盐折米和盐折银则由泉州府支配。具体而言，盐折米缴纳永宁卫、福全所等卫所官仓，福建卫所仓于正统六年（1441）改归卫所所在府县管理，①因此盐折米实为泉州府支配；盐折银直接缴纳泉州府，则泉州府的支配地位更为明显。泉州府有支配盐课的权力，却无催征之权，"在泉州，则以（盐课）通关非其所司，而查催（盐课）不便"。②盐课督征权由福建盐区最高盐政管理机构——福建盐运司掌握，③可谓盐课征收、支配、督征"三权分立"，这对盐课征收及盐场管理产生深远影响。首先，浔美等三场盐课留作地方军饷用，不再与盐课收入、商人开中等运司重要职责发生关系，不再与盐运司考核有关，故而，福建盐运司不再过问浔美等三场盐务，而该三场连最为重要的盐课征收的具体情况都不必向运司汇报，出现"凡已、未完解（盐课）数目悉在该府，本司向无数目可查"的现

---

①　《明英宗实录》卷80，正统六年六月己丑。

②　林大有纂《福建运司续志·督催盐课通关》，《天一阁藏明代政书珍本丛刊》（10），第571页。

③　林大有纂《福建运司续志·督催盐课通关》，《天一阁藏明代政书珍本丛刊》（10），第569~573页。

象。^①其次，盐场和府县分别隶属两个平行的行政系统，为灶户管理及盐课征收增添了困难。运司系统专管盐政，无权管辖泉州地方事务，而明中叶盐场用以催征盐课的埕甲组织是以灶户生产食盐为单位所形成的，当时的灶户分布广泛（下文将叙述），埕甲组织无法有效控制灶户，进而影响运司系统催征盐课。隆庆年间，福建盐运司同知伍典就指出："在各场，则以泉州非其所辖，而（盐课）督解难完。"^②即便泉州府因为支配盐课而关心其征收情况，但因无催征权，"查催（盐课）不便"而无可奈何。

正是在盐运司不再积极监督，泉州府无权过问的情况下，浔美等三场场大使无征收盐课之压力，放松对盐场的管理，盐课亦催征不齐。史载"（浯州场）在岛屿中，不输课赋者三十余年，前吏畏风涛，莫敢往"。^③直到正德年间，严时泰担任福建盐司同知，^④才"泛海抵场，旬余输税万计"。^⑤浯州场得以三十多年不缴纳盐课，《闽书》编纂者将之归因于浯州海岛，官吏不敢前往，此或一因，但浯州场得以如此，当是上述宽松的盐政环境造成的结果。连盐课都可以不认真征收，场大使对灶户更是放松管理。

明中叶盐政系统放松对盐场管理主要是针对浔美等三场而言。惠安场情况比较特殊，盐折银并非留作地方军饷用，而是由场官征收、上纳

---

① 林大有纂《福建运司续志·督催盐课通关》，《天一阁藏明代政书珍本丛刊》（10），第571页。

② 林大有纂《福建运司续志·督催盐课通关》，《天一阁藏明代政书珍本丛刊》（10），第571页。

③ 崇祯《闽书》卷47《文莅·严时泰》，《四库全书存目丛书》史部（205），第153页上。

④ 江大鲲等修《福建运司志》卷12《名宦志·严时泰》，《稀见明清经济史料丛刊》第1辑（28），第355页。

⑤ 崇祯《闽书》卷47《文莅·严时泰》，《四库全书存目丛书》史部（205），第153页上。

都转运盐使司解京，盐课征收仍与运司职责相关，故而，运司仍稽查该场场课征收情况，管理较严。① 也正因为处于不同的催征制度下，自嘉靖末年至隆庆年间，福建巡按御史蒙诏多次催取福建各盐场盐课通关，浔美等三场迟迟未报，而惠安场很快就上报通关。② 浔美等三场与惠安场的不同境况正好说明了盐课流向影响到运司的关注程度，并进一步影响到盐场的管理。

　　明中期，泉州沿海地区不仅盐场放松对灶户的控制，府县对灶户的管辖也开始减弱。福建地区里甲户籍到永乐年间逃亡严重，里甲组织败坏，③ 官府难以有效管理地方人户，而随着以钱代役及赋役定额化的一系列赋役改革的推行，④ 地方人户在府县方面承担的赋役简单化，而且改变了朝廷与地方、官府与百姓的关系，"以折银取代亲身应役制度，在编户齐民与王朝政府之间，更多通过货币方式来联系。这样的变化，反映了朱元璋所建立的'划地为牢'、与百姓亲身应役的安排密切关联的户籍管理制度，发生了带有根本性的改变，人口空间流动的可能性明显增强"。⑤ 此演变过程适合民户，亦适用于灶户，因为府县对灶户的管理与民户同，府县赋役改革针对编户齐民，包括境内民户、军户，亦包括灶户。因而，明中叶，府县对灶户的管理亦转向间接。

---

① 林大有纂《福建运司续志·督催盐课通关》，《天一阁藏明代政书珍本丛刊》（10），第569~573 页。

② 林大有纂《福建运司续志·督催盐课通关》，《天一阁藏明代政书珍本丛刊》（10），第569~573 页。

③ 郑振满：《明清福建的里甲户籍与家族组织》，《乡族与国家：多元视野中的闽台传统社会》，第118 页。

④ 郑振满：《明后期福建地方行政的演变——兼论明中叶的财政改革》，《乡族与国家：多元视野中的闽台传统社会》，第257~275 页。

⑤ 陈春声、刘志伟：《贡赋、市场与物质生活——试论十八世纪美洲白银输入与中国社会变迁之关系》，《清华大学学报（哲学社会科学版）》2010 年第 5 期。

综上，明中期，不管是盐场，还是府县，对灶户的管理都由直接的人身控制，转为以征收货币赋税为主的经济控制。盐场与府县都无法对灶户实行有效的管理，灶户获得人身自由，活动范围扩大，很多灶户开始迁徙。例如，浔美场灶户粘氏明初迁居该场后，在明代又分居晋江粘厝铺、深沪、山柄、南安梧坑、泉州。直到今天粘氏"居泉州市区的粘姓人约五百多人，上世纪五十年代前相对集中居住在西街、甲第巷、台魁巷、浮桥的祖宅"。① 迁居南安梧坑的是"粘氏第十三世，字宜旺，号刚柔，生于明景泰元年 (1450)，卒于明正德十六年 (1521)"。粘氏族人在梧坑发展，现在人口达一千多人，是泉州地区粘氏人口最多的地方。② 明中期，灶户居住范围极广，甚至超出晋江县。随着灶户迁徙，官府对其进行管制的难度进一步增加。

第四节 明中叶以降广东盐场"民灶不分"的趋势

两淮与福建盐场的情况并非个案，广东盐场在明中叶以后发展的趋势，也表现出类似的重新调整。广东不同于民籍的灶籍制度的演变过程，同样说明了户籍制度的运作是在具体的区域社会中展开的，并受到实际政治运作的影响而展现其不断调适的一面。清初广东虽然试图通过恢复灶籍以整顿盐政，但在具体的社会经济条件下，不得不从盐政的实际出发，寻求更有利于地方运作的模式。广东盐政运作中所引起的盐田改筑和灶籍变化，是清代全国灶户制度变迁的一个缩影。

---

① 麻健敏：《闽台粘氏满族谱牒研究》，海风出版社，2008，第 94 页。

② 麻健敏：《闽台粘氏满族谱牒研究》，第 95 页。

广东灶籍的演变过程，为我们认识盐政的户役变化提供了一个重要的个案。

一 明中叶广东"一身两役"及"以田报丁"的实施

正统年间黄萧养之乱后，广东盐场开始建立栅甲制，而稍晚，开中法也发生变化，边方纳粮开始向边方纳银转变，到成化末年，在司纳银已经相当普遍。[1] 广东盐场也开始出现盐课折银的情况，"明初俱纳本色。成化十九年，议定有征一小引折银二钱五分，无征一小引议定一钱五分"。[2] 征银后，"其盐听灶户自卖"。[3] 灶户脱离盐业生产，从事其他职业成为可能。

但对于大多数灶户来讲，这种转变并不意味着负担的减轻，赋役沉重仍是天顺以后靖康盐场灶户面临的困境。冯志强便指出，盐户所承担的封建义务是烦苛的，他们既要按定额交纳盐课，又要据灶田征收盐税，成化以后，灶丁还要"与民编当差役"。[4]

在当时的文献中，广东靖康场灶户往往被描述成"一身二役""一田两税"的受害者。据嘉靖时北栅人陈志敬称："天顺年间，奏奉勘合，将灶丁凑编入县里甲，灶田又科秋粮三升二合一勺，此灶丁重役也。盐

① 参见藤井宏《明代盐商的一考察——边商、内商、水商的研究》，刘淼辑译，《徽州社会经济史研究译文集》，黄山书社，1987；余永哲《明代广东盐业生产和盐课折银》，《中国社会经济史研究》1992年第1期。
② 康熙《新安县志》卷6，《广东历代方志集成·广州府部》(26)，第58页上；另参见余永哲《明代广东盐业生产和盐课折银》，《中国社会经济史研究》1992年第1期。
③ 郭棐：《粤大记》卷31，《日本藏中国罕见地方志丛刊》，书目文献出版社，1992，第9页上。
④ 冯志强：《明代广东的盐户》，明清广东省社会经济研究会编《明清广东社会经济研究》，广东人民出版社，1987，第300~311页。

丁逃窜，自此始矣。"①在对灶丁的编制中，州县同时对灶田进行课税，由此造成了灶户"既当县役又当场役，一身有二役之苦；灶田既纳县粮又输场税，一田有两税之病"。而且，"老疾盐丁，永无开除之日，绝户虚粮，竟无丈豁之时"。②陈氏将"一身二役"的由来归结为州县编排灶丁时的失误，似乎很难让人信服。嘉靖年间的盐法佥事林希元提供了一个更有说服力的理由，他说："（广东）灶丁灶田原不办此钱，近因民户多买灶田，有司因令出均平钱，遂并灶丁灶田与民一般科派。"③灶户之种种负担，使得原来"见灶户免差皆投入盐司"的民户、疍户，"今既差役不免，仍旧逃回本籍。此项名盐亦在盐司，累及见在灶户"。④这些民户、疍户的逃亡，无疑更加重了灶户的负担。

虽然靖康场灶户自天顺以后就一直面对着沉重的"一身两役""一田两税"的负担，但这并不影响盐场灶户家族的发展。凤冈陈氏自陈珪时便是"上世饶资"，并与弟陈璋捐资修复学宾公祠，建凤冈书院。⑤隆庆年间陈志敬之子陈廷对又"展书院为祠，以奉二祖，移书院于右"。⑥在科举上，自陈珪始，凤冈陈氏也逐渐获得成功。据称："国朝以来，沐浴仁风，涵儒德泽，宗支日茂，文运光昌，宴鹿鸣，题雁塔，木天待诏花县，承流人物科名，为莞邑最布之家乘。"⑦自陈履登隆庆辛未张元忭榜第三甲二百九十二名、会试二百四十二名开始，明清两代共有进士五

①　陈志敬：《请省赋敛以苏盐丁疏》，崇祯《东莞县志》卷6，《广东历代方志集成·广州府部》（22），第33页下。

②　《知县李玄条议》，康熙《新安县志》卷12，《广东历代方志集成·广州府部》（26），第2页下~3页上。

③　林希元：《陈民便以答明诏疏》，《明经世文编》卷163，第5页上。

④　林希元：《陈民便以答明诏疏》，《明经世文编》卷163，第3页上。

⑤　《明承事郎琴乐公传》，《凤冈陈氏族谱》卷7，第21页上。

⑥　钟卿：《陈琴乐、兰圃二公祠记》，《凤冈陈氏族谱》卷8，第7页下。

⑦　陈天人：《重修族谱序》，《凤冈陈氏族谱》卷1，第43页上。

人，其他四人分别为陈似源登康熙乙丑榜进士，陈之遇登康熙戊戌榜进士，陈绍学登乾隆丙辰榜进士，陈凤池登嘉庆甲戌榜进士。此外，举人更达二十七人之多。科举的成功，使凤冈陈氏逐渐发展成靖康场内最为重要、最有影响力的家族。

更重要的是，明中期盐场灶户赋役的加重，迫使一些贫弱的灶丁逐渐被剥夺生产资料，沦为灶户大族的雇用者，而灶户大族则借机广占卤地，壮大发展。[①]像凤冈陈氏这样的灶户家族，不仅没有在"一身两役"中受到影响，反而借助家族的势力和家族士人的威望，去影响盐场社会的运作。

正统年间黄萧养之乱后，盐场"灶丁消耗"，遗下"无人办纳"之盐课，称为"无征"。当时广东盐场的无征灶丁达到"二万八千四百三丁"。[②]无征经常被摊派到现役灶户身上，因此成为盐场官员和灶户的重要负担。对此，嘉靖年间广东盐法佥事陈大珊及其继任者李默提出"以田报丁"的处理办法。"以田报丁"即令盐场"各甲尽报老幼丁口，及每田一顷额报丁三丁"，"每丁办盐四百斤"。[③]但这项改革使拥有大量田地而只有少量丁课的灶户家族的利益受到损害，自然会受到抵制。

场课无征是明中叶盐场运作中所面临的重大难题。弘治五年（1492），闵珪任两广都御史，应靖康场"灶丁陈球之诉"，派人赴盐场查勘得知"今无征盐课贻累现在灶户"，加之灶户差役繁重，以至于其逃亡十分严重。至"正德年间，钦差盐法御史冼〔解〕冤专理盐法，佥

---

① 徐泓：《明代后期盐业生产组织与生产形态的变迁》，《沈刚伯先生八秩荣庆论文集》；刘淼：《明代盐业土地关系研究》，《盐业史研究》1990年第2期。

② 林希元：《陈民便以答明诏疏》，《明经世文编》卷163，第2页上。

③ 陈志敬：《请省赋敛以苏盐丁疏》，崇祯《东莞县志》卷6，《广东历代方志集成·广州府部》（22），第33页下~34页上。

事吴廷举亲临盐场，见盐丁跋涉，辛苦奔波，又赔贻无征之艰难，申请条例，优免杂派差徭，刊刻成书"。具体而言，正德四年（1509），时任巡盐御史的解冕奏请朝廷，将"现在有征盐课，宽减十分之二，其先逃续逃无征盐课，节行停征"。① 这是对无征盐课的第一次调整。同时，金事吴廷举还建议灶户"每户除民田一百亩不当差役"，"多余人丁金补逃亡灶丁，多余田土扣算纳银"，并且清查盐场诸多弊端，"其民间豪富奸猾之徒，将田诡寄灶户户内，或将民户诡作灶户名色，或将各县灶户姓名寄庄者，多搬奸计躲避差役者，逐一清查，问罪改正"。② 嘉靖元年（1522）又蠲免五分"无征"。但至嘉靖三年盐课提举司又提出追征"正德十六年以来停征逃亡盐课，通行追比，以副奏限"，要求将正德十六年以来的优恤全部剥夺。时人林希元叹曰："灶户之家富丁多者尚可支持，家贫丁少者难于赔纳，因之逃亡，是以现在灶丁又十去二三。"③

追征正德十六年以来的无征并没能顺利进行。嘉靖年间，广东归德场灶户文宣以"赔贻无征不前"上告朝廷，广东盐法金事陈大珊于是免去无征，而令盐场"各甲尽报老幼丁口"，并"以田报丁"，"每田一顷额报丁三丁造册"。此后金事李默又继续推行，并定"各场每丁办盐四百斤"。④ 就是说，由于灶户逃亡严重，遗留下来的无征的征收、摊派，最终转移到盐田之上，除现有灶丁外，将盐田一顷折合成盐丁三丁

---

① 陈志敬：《请省赋敛以苏盐丁疏》，崇祯《东莞县志》卷6，《广东历代方志集成·广州府部》（22），第33页下~34页上。

② 《正德初盐法金事吴廷举查复优免例》，该文献见于万历《琼州府志》卷5 [《广东历代方志集成·琼州府部》（2），第30页下]，并据康熙《琼山县志》卷2 [《广东历代方志集成·琼州府部》（8），第22页上]补全。

③ 林希元：《清查灶丁疏》，乾隆《廉州府志》卷20上，《广东历代方志集成·廉州府部》（2），第6页下。

④ 陈志敬：《请省赋敛以苏盐丁疏》，崇祯《东莞县志》卷6，《广东历代方志集成·广州府部》（22），第34页上。

办课。盐法佥事陈大珊、李默等人一举解决了广东盐政一直积重难返的无征问题，时称陈大珊"治盐笑，有廉声"，[①] 李默"有治才"。[②]

盐场灶户家族对于以田报丁却十分抵触。这些家族大多拥有大量盐田，而只办纳少量的丁课，如今将盐田折算成丁数，无疑加大他们的负担，对他们来说十分不利。靖康盐场的陈志敬就是发出反对声音最有力的一个。陈志敬为靖康盐场灶户，系陈珏之孙、陈履之祖父。[③] 他为官期间骁勇善战，屡立战功，官拜广西兵备副使。嘉靖十二年（1533），陈志敬辞官回到家乡盐场，"目击盐户之苦，疏请宽赋役以苏盐丁"。[④] 其称："靖康、归德二场，抵近惠、肇、韶，三江水涨，冲淡咸潮，春夏不堪晒沙淋卤，而秋冬才能耙办，二季之苦，供办基岁之盐，岂可与别场一例派也。本场每丁旧办盐二百二十斤，尚有赡灶二丁，今自办四百斤，又无赡灶之丁，有违旧制之例矣，此苛政之法也。"并称陈大珊、李默之苛政"有甚于永州之蛇"，致"保守身家者，则典妻卖子，无知犯法者，则抛弃妻儿，甚如王秀山、许折桂流动劫乡村，杀伤官军"。"若赋一复，则官吏有暴敛之惨，差人有扰害之端，甚至枷锁连身，饥寒交迫，又无水饭供给，纵天命未尽，无所逃矣。虽死于此，而妻子亦未免也。"恳请朝廷"查照佥事吴廷举申请优免条例，刊刻成书，颁下盐丁备照"。[⑤] 总之，陈氏以控诉恢复无征带来的种种危害为由，反对陈大珊等提出的将盐田折算成丁数的做法，本质上是为了维护当地大族的

---

① 崇祯《闽书》卷112，《四库全书存目丛书》史部（207），第21页下。

② 道光《广东通志》卷245，《续修四库全书》（674），第10页下。

③ 参见陈履《曾祖南园府君孺人张氏墓表》，《悬榻斋集》卷4，第13~14页；崇祯《东莞县志》卷5，《广东历代方志集成·广州府部》（22），第27页下。

④ 崇祯《东莞县志》卷5，《广东历代方志集成·广州府部》（22），第26页下。

⑤ 陈志敬：《请省赋敛以苏盐丁疏》，崇祯《东莞县志》卷6，《广东历代方志集成·广州府部》（22），第34页上~35页下。

利益。嘉靖年间广东南海人霍韬便指出，盐场"富民、豪民挟海负险，多招贫民，广占卤地"。[1] 再者，陈志敬也因此举而大受凤冈陈氏家族的爱戴，后者在靖康场官署旁为陈及其孙陈履建"二贤祠"，以"两先生后先济美，悯场中役繁赋重，疏请宽豁，得舒民困。里人德之，立祠崇祀焉"。[2] 靖康场民也为陈立"拜表亭"，以纪念其"为疏请宽赋役"。[3] 陈志敬上书符合地方大族的利益需求，因此大受地方乡老敬重，而他们也借此重申、维护抗争的成果。

豁除无征灶丁，而借"以田报丁"来平衡盐课额，虽不同于后来州县实行的"丁随粮派"，但亦异曲同工。这一改革，无疑是应对明中叶以后盐场"无征"盐课难题的好办法。然而，即使身为朝廷盐政大员的陈大珊、李默等，在其盐政措施的施行过程中，也不得不面对地方大族的挑战，最终以凤冈陈氏借助族内士人的力量成功抵制而结束。灶户家族的力量实不可小觑。

二 清初废除迁海令后的盐场重建及灶籍赋役

但是，我们也注意到，在清朝顺治二年（1645）宣布废除明代"民以籍分"的制度时，除民籍外，虽先后废除军、匠等籍，却唯独保留灶籍。[4] 那么，灶籍研究阙如，基于民户的研究是否能够反映清代户籍制度的变化呢？灶籍又是建立在怎样的基础之上，有清一代发生着怎样的变化？赋税收入是户籍制度的一个重要方面，而盐税作为国家税入的大

---

① 张萱辑《西园闻见录》卷 35，《明代传记丛刊》（119），第 18 页上。

② 赵伊灉:《阖场公祭陈太史昆霞老先生文》,《凤冈陈氏族谱》卷 8，第 12 页上。

③ 光绪《广州府志》卷 85，《广东历代方志集成·广州府部》（8），第 9 页上。

④ "民籍之外，惟灶丁为世业。"见《清朝文献通考》卷 21《职役考》，第 4 页上。

宗，清王朝保留灶籍的做法，是否影响清代财政政策的运行和调整呢？我们的研究发现，清朝灶籍制度确实基于财政收入，与盐政运作密不可分。但以往的研究，更多着眼于盐场和灶户生产资料和行政组织的变化，[①]灶籍的演变过程，至今未为学界措意。

清初正常的盐课税收受到迁海的影响。在广东，历经迁海和三藩之乱，地方社会遭到极大的破坏，盐场尽数迁入界内，仅留四处熬盐口子，大量盐田抛荒，灶丁失业而流离失所，生活不继，死亡者不少。[②]展界之后，广东盐政官员便努力恢复食盐的生产并加强盐场的管理。康熙三十九年（1700）题准"盐灶户卖身旗下者，事发后将卖身人枷三月，杖一百，回原籍着役"。[③]李士桢抚粤时，更是"首严灶户，不许多煎越卖"，[④]并令"各府县印官、场官逐一严查，某场原额盐田若干，灶民某人名下灶田若干，向被宄棍霸占若干"，后"逐一退还民灶管业，遵照定例煎盐办课"，而"灶户煎晒盐斤，须要着令场官不时巡察，各灶煎晒盐斤，按数具报场官查考"。[⑤]在盐场管理上，仍派遣场大使专管，一方面严格清查灶田灶丁数额，详细登记奏报，另一方面努力招复灶丁，垦复盐田，并多抚恤灶丁、加价盐斤，以改善灶户的处境。但盐场迁回灶户依然甚少，远不足额，虽然历经官府招复，也远未达到原额。

清初的广东，灶户仍然是盐场盐课的承担对象，其赋役包括对灶户所有田土征收的灶税、对灶户盐田办盐征收的税盐（即田课），以及

① 徐泓：《清代两淮盐场的研究》；冼剑民：《清代广东的制盐业》，《盐业史研究》1990年第3期；温春来：《清代广东盐场的灶户和灶丁》，《盐业史研究》1997年第3期；李三谋：《清代灶户、场商及其相互关系》，《盐业史研究》2000年第2期；施沛杉：《清代两浙盐业的生产与运销》。

② 李龙潜：《明清广东社会经济研究》，上海古籍出版社，2006。

③ 嘉庆《钦定大清会典事例》卷132《户部·户口》，文海出版社，1966。

④ 李士桢：《抚粤政略》，文海出版社，1966，卷5，第21页上；卷3，第7页下、11页下。

⑤ 吴震方：《岭南杂记》卷上，《丛书集成初编》（1257），商务印书馆，1936，第28~29页。

对灶丁征收的丁盐（即丁课）三部分，此外还有负担灶田等所对应的杂项、公务、丁差和在盐场承担的场役等。① 但实际上，由于灶丁的缺额，盐课一直催征不前。为弥补盐课的不足，康熙二十一年（1682），令"将灶丁名下原报垦复田塘等项，一概俱作盐田计算，每亩加增银二分至五分不等"。② 此项加增银后虽经豁免，但将灶户所有田塘俱作盐田的做法却一直保留下来。雍正十年（1732）靖康场灶户陈锡《复邑侯沈公书》中称，康熙三十二年应诏"免去加增一半"，但康熙三十三年后，靖康场"陆续公报恳复税一百六十顷二十一亩四分零，无人提揭免半二字，仍每亩加增银二分"。③

清初的广东灶户虽隶属盐场管理，却既在盐场交纳丁盐、税盐，承担场役，又在州县交纳灶税，"照民籍输充值年"。④ "盐场灶晒各丁所有应完课、引银两，俱系场员征收"，而"各丁名下所有近场之田地土塘等项"，则归县征收。灶户"在县既当里甲，在场又当栅甲，是一身而两役"。⑤ 加之将灶户田产一概视为盐田，一田两税，灶户的赋役在无形中被加重，灶户之缺额更难以补足，食盐产运销的困境始终没能得到很好的解决。

三　灶籍与盐课的流动：从"发帑收盐"到"盐田改筑"

迁海给沿海灶户造成的困境，因为广东盐政"发帑收盐"改革而暂

① 吴震方：《岭南杂记》卷上，《丛书集成初编》（1257），第28~29页。
② 《清高宗实录》卷28，乾隆元年十月甲子。
③ 《凤冈陈氏族谱》卷11《家翰书》。
④ 雍正《东莞县志》卷5《盐政》，《广东历代方志集成·广州府部》（23），第9页上。
⑤ 康熙《新安县志》卷6，《广东历代方志集成·广州府部》（26），第80页上。

时得到缓解。但不久之后，由于经营不善、管理不到位而促成的“盐田改筑”，却最终动摇了清初保留下来的灶籍制度。

发帑收盐是广东从清康熙五十七年（1718）开始实施的“裁撤场商，发帑委员收买场盐”①的盐政改革。此前，广东地区沿用明代旧法，灶户纳银后煎晒盐斤，卖与水客。康熙三十七年，广东在盐场设置场商，由场商出钱养灶。到康熙五十七年，两广总督杨琳等认为“广东每年课饷不缺，全在收盐充足”，“场商无力养灶，不能收盐，埠商无盐可运，不能完饷”，②以致积欠九十一万余两，题请“应将场商停设”，“发帑委官监收”，把收盐、运盐的权力收归官方。③发帑收盐之后，灶户领帑产盐，“颗粒皆官为收买”。④发帑收盐之后，盐场直接管理到户，似乎十分有效，在实行之初，食盐产量确有所增加。但同时，沿海灶、民见煎晒有利，多有将稻田等改作盐田者。据称，“自归官发帑以来，盐价广收，场盐大产，盐田每岁所获利息数倍稻田，愚民贪得无厌，有将稻田塭塘熟业改作盐田报垦者”，⑤结果导致盐产量大增，而官府却难以全为收买，灶户不得不偷卖私盐，因此又造成盐壅价贱，且“愈多愈贱，愈贱愈壅”。兵部左侍郎吴应芬觉察到“改田”带来的后果，于乾隆三年（1738）奏请力行禁止。

在禁止“稻田改盐田”的同时，朝廷也不断通过增加帑本的方式来收买灶户余盐。雍正二年（1724），两广总督奏准“动支羡余银四万两收买灶户余盐”。乾隆八年五月，又“在盐羡项内扣留银十万一千余两，

① 张茂炯编《清盐法志》卷216，1920年盐务署铅印本，第1页。

② 张茂炯编《清盐法志》卷216，第1~2页。

③ 龚红月：《清代前中期广东榷盐的两个问题》，明清广东省社会经济研究会编《明清广东社会经济研究》。

④ 邹琳：《粤鹾纪要》第3编，第5页。

⑤ 张茂炯编《清盐法志》卷215，第1页。

连原发帑本，共足二十万两，以为发给灶晒收盐之用"。乾隆九年两广总督策楞以"各场产盐日多"，又"于积存场羡银内拨给十三万两"。①但是增加的帑本仍然远远未能买尽灶户所产余盐。盐斤的不断壅积，导致"积欠累累，前发帑本，全归悬宕，倒革各商至五十余埠之多"，②未革退的盐商也因盐多价贱，销售不出，以致资本经年耽搁，不能转输。③在这种情况下，灶户要么铤而走险，售卖私盐，要么放弃盐田，任其荒废。事实上，盐田抛荒在乾隆十九年前后已经相当严重。该年正月，两广总督班第奏请设法开垦盐田，称："沿海斥卤之地，不能种植五谷，尽可垦筑塍埂引潮，煎晒成盐。惟是穷民工本无出，场官又漫不清查，遂多废弃。当此盐斤缺产之际，所当多开盐田，以冀广产。"④盐田荒废导致的盐斤缺产，已经影响到盐课征收，这促使朝廷改变原来力行禁止的做法，转而开始劝垦盐田。经过整顿，盐产虽稍有起色，乾隆二十二年"除行销外，尚多备贮之盐"，但当两广总督陈弘谋于乾隆二十三年试图再借帑本收买余盐时，却遭到朝廷的拒绝。⑤此时，从广东盐政中借出的帑本已经积欠累累，地方并无足够的资金积累，朝廷的这个决定，无疑是对广东发帑收盐的打击。

"发帑收盐"原本试图通过借助官府资本控制食盐的生产与运销，但是官府和盐场对于盐民的改田行为无法加以有效的控制，灶户产盐的收益由有利变成亏损，盐田也开始大量荒废，灶户再度受害于盐课，开始多方寻求摆脱盐课负担。陷入困境的还有州县与盐场的官员们。清

① 张茂炯编《清盐法志》卷216，第11~12页。
② 邹琳：《粤鹾纪要》第1编，第5页。
③ 龚红月：《清代前中期广东榷盐的两个问题》，明清广东省社会经济研究会编《明清广东社会经济研究》。
④ 张茂炯编《清盐法志》卷215，第2页。
⑤ 张茂炯编《清盐法志》卷216，第16~17页。

廷规定，场大使任内额盐缺征，须题报参处。乾隆三十五年（1770），隆井场等十场场大使"额内少收各员相应一并开报，听候部议"。同时，原本盐场场官只负责收盐，没有劝惩条例，但乾隆十九年经两广总督班第题准，对其加以考成，收盐之多寡，亦与场官关系密切。这既表明朝廷对于整顿盐田荒弃、盐课缺征的重视，也促使场官必须认真对待盐场上的种种弊端。这些熟谙地方盐务情形的场官，自然明白处理荒弃而无法垦复的盐田，改筑稻田是最好的办法。尤其在乾隆二十三年朝廷决定不再增加帑本、地方官员发现发帑养灶无望之后，更默许了盐田改筑稻田的做法。

乾隆二十三年，陆丰县小靖场业户宋衷矩将荒堀九十二口改筑稻田的申请得到批准。负责处理此事的广东盐运使范时纪和广东布政使宋邦绥援引乾隆七年庆复条奏勺引增饷案的指示："各场盐堀有改稻田之处，候各场陆续确堪明白，随到随办。"又复查盐田改筑"委系该业户自置引业，因咸淡交冲不堪耙晒，并无影占情弊"，决定"应如所请，准其改筑稻田"。盐田改筑之后，"其堀税俟稻田成熟，照民田一例升科"。就是说，盐田改筑稻田之后，豁除盐课，税归入民户内征收。如隆井场神山栅钟子瑶"所改盐埕一十二堀"，"照依额内减则例"征银，"于乾隆二十六年起征"，"所有盐课银五钱一分"，"在于灶排王良实户内钟子瑶名下豁除堀课"。又乾隆三十四年，新宁县海矬场灶户赵同宏将盐田退于民户冯大成等工筑，税归新宁县海晏都一图七甲冯万德等户内输纳。

①　《大清会典（雍正朝）》卷51，文海出版社，1995，第10页下。
②　乾隆三十六年三月十四日德保题，内阁户科题本，02-01-04-16247-019。
③　乾隆十九年四月二十九日班第题，内阁户科题本，02-01-04-14798-011。
④　乾隆二十三年十一月初三日李元亮、蒋溥题，内阁户科题本，02-01-04-15132-021。
⑤　乾隆二十七年二月二十一日苏昌题，内阁户科题本，02-01-04-15446-022。
⑥　乾隆三十四年九月二十八日李侍尧题，内阁户科题本，02-01-04-16805-014。

在豁除无法煎晒盐斤的盐塙的同时，场官还鼓励产量较高的新盐田的开垦。乾隆二十五年归善县墩白场业户钱世荣等垦筑盐田十一塙，官府即令其"照业升科、纳课、收盐、供运"。[①]又乾隆四十五年，双恩场盐大使高岱龄发现"大沟敖三丫地方，沿海沙田尚可开垦盐塙"，即上请"督令晒丁赶紧开浚、试晒"，而后"照电茂场之例征收，共银一十二两零三分，应收额盐一千八百九十九包"。[②]

盐田改筑稻田，则豁除盐课，税入民户；新盐田的开垦，则照盐场例交纳盐课。盐课的流动，使灶户不再受制于盐场管理和食盐生产，随着盐田、稻田的转化，灶户负担中的丁课和田课也出现分离。

四　"以田税抵补丁课"与灶籍的松动

在康乾年间的盐政运作中，一系列的改革已经改变了清初保留灶籍的初衷，随着发帑收盐弊端的出现以及改田措施的实行，灶户丁课和田课逐渐分离，盐场的产盐人群发生变动，某些灶户只纳丁课而不再从事食盐生产。加之摊丁入地的全面推行，灶户的丁课也逐渐不再依附于人身，划分灶籍的基础不复存在。

乾隆后期，广东某些盐场已经开始以田税抵补丁课。乾隆四十七年（1782），海晏场灶户罗成章等垦筑灶税三十三顷八十亩六分，"将缺征未复银一十三两七钱二分零全数征复外，尚余税一十顷七十七亩二分零"。因该场还有迁逃灶丁八百零四丁，缺征银六百五十五两五钱五分三厘，新宁县知县钟光哲、海矬场大使漆浥美于是题请"将前项余税移抵丁课，照海晏场丁课则例，每丁征复课银八钱一分五厘零，计抵缺丁

---

① 乾隆二十五年三月初二日李侍尧题，内阁户科题本，02-01-04-15274-017。
② 乾隆四十五年七月初七日巴延三题，内阁户科题本，02-01-04-17142-019。

八丁三分"。① 乾隆四十八年，海晏场灶户林成业等又垦筑有新盐田，新宁县知县夏永淳、海㹊场大使张灿宗题请得允将垦复灶税照上年例移抵缺征丁课。② 乾隆五十九年灶户罗宗金垦筑灶税抵补缺征税课有余，也照"以田税抵补丁课之例"处理。③ 这种做法被援为成例，逐渐在丁课缺征严重的盐场展开。未进行田税抵补丁课的盐场，则多将丁课归县征收。乾隆二十一年总督杨应琚以香山、归靖等场收盐无多，"委员尽堪经理，无容专设场员"，请求将"香山场原额丁课仍归香山县征解，归德场原额丁课仍归新安县暨东莞场大使征收，靖康场丁课归东莞县征解"。④ 双恩场"原额丁课仍归阳江县征解"。⑤ 而将盐场大使裁汰，改设委员，委员不具有征收场课的权力。⑥ 至于雷琼各属，则"未设场员，历由州县征解"。⑦

盐场灶户丁课，或以田抵补，或归县征收，原本用于划分灶籍的丁课、田课不再与灶户挂钩。而对于没有灶田灶粮的灶户，早在康熙四年（1665），工部主事高瑜就已奏准："归民，编入里甲，一体输赋供徭。"⑧ 只要没有盐课负担，灶户身份的转化就被允许。加之丁课摊地征收的普遍，雍正年间，朝廷用长芦巡盐御史郑禅实之言，"将丁银摊入于地征收"，通行全国。⑨ 雍正八年（1730），福建泉州府亦将盐折附入州县图

① 张茂炯编《清盐法志》卷233，第4页。
② 张茂炯编《清盐法志》卷233，第4~5页。
③ 乾隆五十九年六月初五日苏凌阿题，内阁户科题本，02-01-04-17836-034。
④ 乾隆《广州府志》卷15《蕃政》，《广东历代方志集成·广州府部》（5），第5页下~6页上。
⑤ 民国《阳江志》卷14《盐课》，华夏出版社，1999，第30页下。
⑥ 道光《两广盐法志》卷30，第52页下~53页上。
⑦ 张茂炯编《清盐法志》卷233，第1页。
⑧ 高瑜：《敬陈灶粮请归民籍疏》，雍正《山东盐法志》卷11上，《四库未收书辑刊》第1辑（24），北京出版社，2000，第34页。
⑨ 《清史稿》卷123《食货四》，第448页。

甲，与地丁银一起由州县统征分解。① 而且"自康熙五十二年后定制，永不加赋"，盐课只依原额，乾隆三十七年，朝廷更将灶户之编审造册永远停止，"归原籍州县汇入民数案内开报"，② 灶丁与盐场课额已无直接关系。其实，对于盐场来说，更重要的是盐田的管理。乾隆二十一年，两广总督杨应琚见高州府属茂晖、电茂二场尚有多处官荒地亩，可以砌筑基围，开辟成盐田，便"令给与附近民灶承垦灌晒，俟垦成之日，官给执照，计田纳课，永为世业。每年所获盐斤，一体官为收买，运省接济"。新垦盐田则由官府发给执照，"计田纳课"，且不分别身份，统称以"民灶"。灶户与盐田分离已不罕见，香山盐场便是"民户煎盐，民户承贩，灶户止办纳丁课"。③ 随着灶户丁课的摊地征收，原本"灶户"的特殊身份也发生变化，不进行食盐生产的灶户与一般民户无异。而在盐场，灶户因无盐课而脱离食盐生产，民户则因参与新盐田的开垦而获得制盐权利，民、灶的差别也逐渐消失。是否拥有盐田、承担盐课才是盐场所关心的。

五　清中期以后广东盐场的"民灶不分"

盐场食盐生产不分民灶已成事实，尤其在广东盐政实行"改埠归纲"以后，盐场管理和簿册登记转向以盐田为主。盐场上依靠盐田主组织生产，由商人和场官负责管理，他们关心的是盐场的产盐量，户籍已经逐渐被"遗忘"。

由于"发帑收盐"实行艰难，乾隆五十四年在福康安的推动下，

---

① 乾隆《晋江县志》卷3，成文出版社，1967，第84页下。

② 周庆云：《盐法通志》卷42，1914年文明书局铅印本，第4页下。

③ 光绪《香山县志》卷7《盐法》，《中国地方志集成·广东府县志辑》（36），第113页。

停止发帑，实行"改埠归纲"，改由地方商人出资凑集盐本，在省河合成一局，公同经理盐务。两广总督福康安和前任总督孙士毅起草新章程，该章程共七款，涵盖盐本集资办法、盐运销方式、纳课考成、缉私等方面的内容。其中一款称"场丁工价，请官商兼同散给，其帑艚水脚，一并归局经理"。场盐由公局商人赴场配运，会同场官、场丁，"核算包斤，照定价应盐若干，三面弹兑，按名散给，场丁分领取具领状"。① 在实际盐政运作中，重视的只是盐田的登记和盐产的多寡。道光十八年（1838），两广总督邓廷桢奏言，"每场围塎若干，灶晒各是何姓名、年籍，每月归堆之盐管收在各若干，备造清册，通报查核。仍由司委员复加点验，以昭复实"。② 盐场登记中，户籍已不那么重要。

　　海㡳场沙边村陈氏始迁祖陈维馨的故事，更加反映了户籍与食盐生产之间并没有直接的关联。据《陈氏族谱》称，其祖本是福建省汀州府上杭县罗溪堡来苏里中都林坊人，后"跟随两广盐运使司来广东做九宫师爷"，由"省城游落海㡳场巡检处"，"见煮盐灶丁因洋匪滋扰，极为荒废，落国课不知凡几"，便"与他等商议整顿其国课完全，各灶丁等愿将该处之地方与我祖邦明翁承办，改煮盐为晒盐，与黄贤严君合办，下边分东西两厂，共盐田池塎八十块"。按其所述，陈氏祖先原本是福建民户，来此收买灶丁盐田，办纳盐产。但拥有盐场盐田的陈氏祖先，一直到同治年间仍"未有户柱图甲投县印契"。到同治二年（1863），始"入沙桥发周祖翁建立祖祠"，才获得"陈容户三图八甲汇源柱"。③ 可

① 道光《两广盐法志》卷20，第15页。

② 道光《两广盐法志》卷22，第36页。

③ 以上陈氏相关文献均参见沙边《陈氏族谱》，转引自段雪玉《盐、户籍与宗族——广东台山市海晏镇沙边村〈陈氏族谱〉介绍，《盐业史研究》2008年第3期。

见，此时产盐与户籍之间并没有必然的联系，即便没有户籍，也可以从事生产。《粤东成案初编》收录的嘉庆十七年（1812）电茂场的一个案例，也呈现了清中期以后盐场的情况。据称，身为民户、籍隶电白县的黎侍清，原"系捐纳守备所千总职衔"，后"充当电茂场埠户"，以民户而参与食盐生产。其中提及盐场派额之时，由"各埠户赴电茂场请领晒价"。[1]晒价即盐价，是官商为收盐而付给盐户的工本费。盐场的食盐生产，实际掌握在这些埠户手里，再通过埠户雇用工人进行盐斤煎晒。民国初期两广盐运使秘书邹琳便称："出资收益之人，名曰埠户，或曰灶户，出力为工之人，名曰灶丁，或曰晒丁。"此时的"灶户"，实际上更多的是拥有灶田、雇用煎丁的人的身份认同，而非户籍划分。

由此可见，清中期以后，盐场的食盐生产已不限于灶籍，盐田才是盐场盐课的保障，灶籍与食盐生产、赋税征收之间不再存在直接的联系，灶户也不再具有实质的户籍划分的职能。因此，成书于清末的《清盐法志》在解释广东"场课"一词时便称："煮海之盐，源出于灶，故盐课之征于场灶者，通称曰灶课。而粤独以场课名，明丁埠之所输，不限于灶也。"这正是广东盐场民灶不分的写照。

综上所述，清初，朝廷为了保证盐税收入，尤其重视食盐生产的管理，灶籍的保留便是为了实现有效的控制。广东遭受迁海和三藩之乱后，以李士桢为代表的新任地方大员亟须重建地方行政和财政秩序，尤其特别留心盐场重建和灶丁编审，对灶户及其赋役的管理也较为严格，在某种程度上表明其仍曾试图通过规范灶籍来控制食盐生产。但是，盐场的恢复并不顺利，因为迁海导致的盐课缺征也一直十分严重。为此，继任的地方大员不断进行各种改革。康熙五十七年（1718），杨琳等在

---

① 朱云辑《粤东成案初编》卷29，道光刻本，广东省立中山图书馆藏，第25页。

广东推行发帑收盐的盐政改革，试图通过官为发帑来包揽灶户产出的食盐，但随着沿海盐田的开发、稻田改盐田的大量出现，官发帑本无法全部收买盐场日渐增长的盐斤，导致盐仓食盐壅积，盐多价贱，商人行盐不前。另外，在盐课缺征和官员考课的压力之下，地方官默许了盐田改筑稻田的做法，从而动摇了灶籍划分的基础，出现灶户的丁课与田课分离的情况。部分灶户因盐田改筑稻田而被豁免盐课，而民户则因垦筑盐田而承担盐课。随着以田税抵补丁课和丁课归县征收，民灶之间的户籍界限被进一步打破，摊丁入亩的推行最终使户籍失去了征调赋税的作用，盐田的登记和管理才是盐场的核心。广东"改埠归纲"以后，实际上已经默许食盐生产中民灶不分的既定事实，"灶户"的特殊身份逐渐被淡化，广东盐课之征不限于灶。

小 结

明初"以籍定役"的制度设计，反映的是国家对个人的直接控制。在盐场中，国家通过灶户制度，控制了食盐生产者的人身，进而获取食盐。这就是明初灶户制度运作的逻辑。在这种逻辑下，军、民、匠、灶等各类户籍不仅有各自的管理系统，而且具有不同的制度特质。可以说，国家根据与不同人群关系的差异，制定了控制其人身与财产的不同规则，进而获取自己所需的资源。

然而，这种制度构思很快受到现实情况的挑战。关于灶户制度的变迁，学界已经有非常多的探讨。本章以三个盐区的个案，试图借重政书文献与民间文献结合的方法，去观察在盐场制度变迁的过程中，明清国家如何措置"民灶不分"这样的制度难题。

两淮泰州地区的案例让我们看到，经历了民灶反复的争讼后，官方分别采取了三种方案，试图厘清民灶的赋役界限。"设置灶里"是为了让"隔别州县军民灶户，令其随产附籍，与本县之民一体照田纳粮，照粮当差"。限制灶户优免权，以至于别立"祖遗""新置"等名目，是为了防止钱粮诡寄到灶户优免的部分，造成国家财政的损失。而泰州"民灶分征"的实践，又是希望利用盐课司和州县两套系统，来厘清各自的赋役责任。

这些制度改革重心似乎在于"区分民灶"，是否与本章所讲民灶不分的趋势相悖？事实上，明中叶以来区分民灶的举措，所遵循的并非明初祖制的逻辑。"设置灶里"的重心在于土地登记，与限制优免权的思路一致。而"民灶分征"则是在管理机制上予以调整，其核心是划清灶户土地的赋役问题。也就是说，这类改革并非强调灶户如何亲身应役，为国家提供资源，而是尽力去调整灶户与民户之间的赋役规则，重点在于均平土地上捆绑的赋役负担。故可以判断说，从国家制度设计的根本逻辑上，民、灶已经趋于一致。

这种趋势在泉州府灶户管理模式的演变中得到了验证。在正统年间盐课改折之后，灶户开始不交本色盐，而交纳折色米或者折色银。这种变革促使盐课司等盐场机构管理重心发生变化，也使泉州的灶户与州县、盐场逐步脱节，户役的意义渐渐变成一种基于税收而非人身的控制。其结果，盐场已经不是一个生产的组织单位，而是一个赋税编排的机构而已。

广东盐场明中叶"以田报丁"的改革，亦可视为"民灶不分"趋势中的一种过渡性措施。"以田报丁"意味着盐课征收脱离了与本色盐的关系，许多的盐税实质上是土地税（这也与珠江三角洲海岸线的推移相关，见第一章第三、第四节）。而清代"发帑收盐"与"盐田改筑"的现象，则标志着民灶不分趋势的大体完成，民间已经能够根据盐业生产实际的收益而灵活进行稻田与盐田的改换了。此时盐场、灶户彻底变成收税机制下的财政工具，而不再具有管理盐业生产的特征。

户役的变革，一方面是国家管理系统的变革，另一方面又从根本上重塑了国家的管理系统和盐场的社会组织，这便是第三章和第四章将要分别探讨的论题。

第三章

管理系统从垂直化到属地化的演变

——从国家角度看盐场的组织与运作

明初，朝廷实行"以籍定役"的人户管理体制，灶户同时受到州县和盐场两套系统的管理，明中叶以后，灶户与民户之间的绝对界限被打破，"民灶区分"慢慢变成"民灶不分"，国家对灶户的赋役征调，由控制户籍从而掌握资源，转变为利用代理人包纳赋役。这一体系的转变，改变了盐场社会组织结构和盐场运作。本章要研究的，就是由国家户籍管理体系演变而引起的盐场管理系统的演变，以及由此带来的盐场社会组织和盐场运作机制的转变。

明清时期，盐场管理极为重要，它不仅直接关系盐政运作，进而影响国家财政与军政，而且是国家治理地方的重要构成，与地方社会稳定密切相关。然而，目前学界对明清盐场管理体制的研究相对薄弱。虽然 1940 年代以来，海内外盐史专家就对明清时期的盐政管理机构、盐官职责、盐场组织、灶户赋役等方面进行研究，[①]部分研究也涉及制度的执行情况，但在

① 山村治郎:「清代两淮の竃户一班」(上、下)『史學雜誌』53 编 7、11 号、1942 年；波多野善大「清代两淮製塩における生産組織」『东洋史研究』11 卷 1 期、1950 年；何维凝:《明代之盐户》,《中国社会经济史集刊》第 7 卷第 2 期，1944 年；藤井宏「明代盐场の研究（上）（下）」『北海道大学文学部紀要』1 期、1952 年，3 期、1954 年；徐泓:《明代前期的食盐生产组织》,《台湾大学文史哲学报》第 24 期，1975 年；徐泓:《明代后期盐业生产组织与生产形态的变迁》,《沈刚伯先生八秩荣庆论文集》，第 389~432 页；徐泓:《清代两淮盐场的研究》；徐泓:《明代的盐务行政机构》,《台湾大学历史系学报》第 15 期，1990 年；陈诗启:《明代的灶户和盐的生产》,《厦门大学学报（哲学社会科学版）》1957 年第 1 期；佐伯富『清代塩政の研究』；佐伯富『中国塩政史の研究』法律文化社，1987；刘淼:《明朝灶户的户役》,《盐业史研究》1992 年第 2 期；何峰:《明清淮南盐区盐场大使的设置、职责及其与州县官的关系》,《盐业史研究》2006 年第 1 期。

明清盐场管理制度如何在国家与地方的互动中演变、演变的内在逻辑和实现机制等方面留下了相当大的探讨空间。近年来，部分学者在区域社会史的视野下，在考察广东、福建、江浙等盐场地区社会经济、组织演变时，探讨了盐场管理制度在具体地方的推行及演变，[1]但相关研究的主要目的是分析地方社会变迁，并没有对明清盐场管理体制的转变以及由此引起的盐场社会的变迁进行系统的考察。

对传统盐场管理体制的把握，除探讨盐运司、盐课司等盐政机构外，还不能忽略对州县系统及其与盐政机构之关系的研究。藤井宏已注意到明代运司系统与布政司系统并存，并指出盐场地区的行政管理权归盐政机构所有，而不属布政司系统，然而由于灶户同时向盐课司、州县承担赋役，所以明代运司系统和布政司系统在管理灶户上有争论，且愈演愈烈。[2]到明中后期，灶户田粮与差役的科征，成为州县与盐场两个机构之间最大的矛盾，[3]这种争论和矛盾影响到盐场地区户籍赋役征收状况，甚至如本书第二章所指出，已经促成赋役制度的变革。[4]明代盐

---

① 李晓龙：《宋以降盐场基层管理与地方社会——以珠江三角洲地区为中心》，《盐业史研究》2010年第4期；李晓龙：《承旧启新：洪武年间广东盐课提举司盐场制度的建立》，《中国经济史研究》2016年第3期；李晓龙：《清代广东盐场基层管理探析》，《盐业史研究》2016年第1期；李晓龙：《〈乌石盐场纪略〉所见民国时期广东的盐场制度》，《兰州学刊》2016年第5期；李晓龙：《康乾时期东莞县"盐入粮丁"与州县盐政的运作》，《清史研究》2015年第8期；叶锦花：《亦商亦盗：灶户管理模式转变与明中期泉州沿海地方动乱》，《学术研究》2014年第5期；叶锦花、李飞：《户籍赋役制度改革与盐场地区基层组织演变——以清前中期福建晋江浔美场、浯州场为例》，《学术研究》2017年第1期。

② 藤井宏「明代盐场の研究（下）」『北海道大学文学部紀要』3期、1954年。

③ 徐泓：《明代后期盐业生产组织与生产形态的变迁》，《沈刚伯先生八秩荣庆论文集》。

④ 《一条鞭法》，《梁方仲文集——明代赋役制度》，第32~33页；徐靖捷：《盐场与州县：明代中后期泰州灶户的赋役管理》，《历史人类学学刊》第10卷第2期，2012年；叶锦花：《明代盐场制度变革与州县赋役调整——以福建同安县为中心》，《社会科学辑刊》2015年第5期；叶锦花：《户籍制度与赋役需求及其规避——明初泉州盐场地区多重户籍现象研究》，《清华大学学报（哲学社会科学版）》2016年第6期。

课司与州县并存、互相独立，又都向灶户征税的这种体制到清代发生了怎样的变化？清代盐政系统与布政司系统仍是独立运行的两套行政机构吗？此类问题鲜有学者关注。徐泓曾指出入清以后州县管理灶户的职能有所扩大，较多地掌握灶户刑事审判权，[①]不过这并不影响盐场由盐政衙门专管、盐政衙门与州县互相独立的判断。[②]

盐场管理体制的研究，常把国家在盐场设置的管理机构和这些机构的具体职能视为终极目标。本章同样要展开这一层面的研究，但这并非最终目的。我们将在厘清明清盐场的国家管理机构及其职能后，继续追踪明代盐场由"垂直管理"到明中叶转变为"属地管理"之后，盐场的管理体系是如何落实到社会组织中去的。我们发现，一方面，以多籍宗族为代表的社会组织，是国家盐场管理体制在社会组织层面的落实；另一方面，以栅甲制为代表的盐场编户制度，则是"属地管理"行政逻辑与社会规则之间的匹配。

读者或许会疑惑，不同盐区之间的管理体制变革，是否可以自由地"嫁接"，构成历史发展的全貌。诚然，我们必须承认本章内容的不完整性，更为全面的研究仍然是必需的。但是，从我们的分析角度看，固然不同盐区乃至同一盐区的不同地域，均有不同的盐场管理体制，但是管理体制变革的内核、其所遵循的行政原则，则有一以贯之的层面。

从前文长时段的考察，我们已经可以看到环境要素、盐业生产和盐场建置三者之间比较不协调的时期，恰是15~17世纪（本章着力的时间

---

① 徐泓：《清代两淮盐场的研究》，第14页。

② 叶锦花等指出，随着盐折银归并州县征收，灶户与民户在管理上趋同，不过其没有探讨灶户的管理体制。参见叶锦花、李飞《户籍赋役制度改革与盐场地区基层组织演变——以清前中期福建晋江浔美场、浯州场为例》，《学术研究》2017年第1期。

段），该阶段制度与现实条件处于比较剧烈的调整之中。而明中叶以来盐场户役"民灶不分"的事实，意味着盐场管理体制必须跟上户役变革的步伐。由此而总结的盐场管理制度以及社会变革的逻辑，有揭示盐场运作逻辑的全局性的可能。

第一节　盐场管理系统：从垂直管理到属地管理

明清时期，东南沿海盐场的管理体制发生了结构性转变。这一转变，可以概要归结为从垂直管理到属地管理。具体而言就是业盐人群及其生产的管理系统从盐运司—盐课司（盐场）的垂直管理模式转变为由所在地的州县管理为主、盐场监督生产为辅。

明初朝廷在盐场地区建立运司、盐课司等盐政专管机构，盐官的任命、考核独立于布政司系统，盐政机构直接向户部负责，盐政事务的处理亦独立于地方有司，属"垂直管理"体制。① 然而，从明天启朝到清雍正朝，部分地区的盐场逐渐归州县管辖，其中这一转变最为彻底的地区之一，就是福建。到清乾隆元年（1736），盐场恢复盐政专员设置，但场员不再独立于地方有司，他们成为协助地方有司处理盐场事务的办事人员，升迁、考成都受到地方有司的制约，属"属地管理"体制。国家对盐场的管理体制为何会发生这一变化？是否与财政体制即本书第二章所讨论的赋役赋税征调制度的演变相关？如果相关，财政体制

---

① 明清时期，州县是地方政府，盐课司等盐政机构则是在地职能部门。明清时期，国家中央集权，官员任命及地方重要事务的处理需要经过皇帝同意。不过，盐场管理者的初步选择、盐课征收、其他盐务处理由地方机构负责。这些机构可以是盐课司，也可以是州县政府等。各机构之间的分工合作因时而异，故可用垂直管理和属地管理来分析。

变化是如何作用于盐场管理的呢？本节结合明清福建财政体制演变，分析财政体制与盐场管理体制之间的相关性，并通过对朝廷、地方官、盐官及灶户等盐场相关利益群体对盐场管理言论的考察，揭示盐场管理体制演变的内在逻辑和实现机制，进而思考明清王朝管理地方的演变趋势。

一　明代盐场垂直管理及其问题

明初，朝廷除了设置布政司府县系统管理地方，还在食盐生产地设置运司（或提举司）、分司、盐课司等盐政专管系统，垂直管理盐场。在东南沿海地区，布政司系统与运司系统并存，二者在制度上互相独立，但在实际运作中互相牵制，影响盐场实际管理。

明初，国家在地方建立管理体制的措施包括整顿地方户籍和设置管理机构等，户籍赋役制度与管理体制密切相关。在户籍上，明王朝在继承元代"诸色户计"制的基础上形成"配户当差"制，根据官府差役需求及民间生计，将百姓登记为民、军、匠、灶等不同名色的户籍，规定不同的差役户承担不同的役。如灶户承办盐课，民户供应民差。[①]与之相适应，明王朝除设布政司府州县管理地方、统治境内所有编户齐民外，还在重要的食盐生产地设置盐政专管机构，规定盐政机构专门处理盐政事务，征收盐课，管理灶户。通过户籍赋役制度、盐政制度等管理体制的推行，国家制造了灶户、民户在赋役、管理及职业上的明显界限，盐课司与州县也各自为政，"灶有灶产，民有民产，民、灶各不相关，县、场各自为政""昔也场自场，县自县，民灶分

---

① 本章"民差"指的是除里甲正役之外的，民户需要承办的差役。

而为二"。① 下文以福建为例详细考察盐场管理体制。

　　福建濒海地区产盐历史悠久，明初朝廷在产盐区设置盐政专管机构。具体而言，在产盐规模较大的地方设盐场，包括福州府福清县的海口、牛田两场，兴化府莆田县的上里盐场，泉州府惠安县的惠安盐场，晋江县的浔美、氵州二场，同安县的浯州场，共七场。② 洪武二十五年（1392），各盐场设盐课司，每盐课司派遣场大使、副使各一员，俱未入流。③ 盐课司之上设福建都转运盐使司总领之。福建都转运盐使司置运使一人（从三品）、同知一人（从四品）、副使一人（从五品）、判官一人（从六品），下设经历司，置经历一人（从七品）、知事一人（从八品）。④ 运司统摄福建盐政事务，拥有独立于布政司的管理灶户、处理盐政事务的权力，对下直接管制各场盐课司，对上直接向户部负责，"都转运使掌鹾事，以听于户部"，⑤ "国朝盐法专属转运，凡有兴革，径上之台使者"。⑥ 此外，朝廷令州县在盐场附近编金百姓为灶户，登记为灶籍，令其生产食盐，承办盐课，同时禁止民户制盐。质言之，明王朝利用运司、盐课司对福建盐场进行垂直管理，盐法政令直接由户部传达给运司，由运司传达到盐课司。

----

① 杨鹤：《酌议天赐场事宜疏》，李卫总纂《敕修两浙盐法志》卷16上《艺文上·疏》，台湾学生书局，1966，第1938、1943页。

② 江大鲲等修《福建运司志》卷1《区域志·产盐场滩》，《稀见明清经济史料丛刊》第1辑（27），第601~602页。

③ 《明史》卷75，第1847页；弘治《八闽通志》卷27《封爵·秩官·职员方面·国朝·属司·福建都转运盐使司》，《四库全书存目丛书》史部（177），第723页下。

④ 《明史》卷75，第1846~1847页；弘治《八闽通志》卷27《封爵·秩官·职员方面·国朝·属司·福建都转运盐使司》，《四库全书存目丛书》史部（177），第723页下。

⑤ 郑晓：《吾学编》第六十六《皇明百官述下卷》，美国哈佛燕京图书馆藏明崇祯刊本，第12页下。

⑥ 江大鲲等修《福建运司志》卷5《宪令志·臬宪》，《稀见明清经济史料丛刊》第1辑（28），第65页。

运使统摄盐区盐务，拥有行政权和财政权，率领僚属督征盐课，处理食盐运销相关事务，预防和缉捕私盐。嘉靖《两淮盐法志》载："运使之职掌摄两淮盐筴之政令，率其僚属八十有一人，以办其职务，给引符，俵商盐，督课程，杜私贩，听讼狱，会计盈缩，平准贸易，明其出入，以修其储贡。亭民阽于水旱流亡则赈恤之，俾无失业。凡兴革之事，由于所属者咸质正于运使，运使乃议于同知，参于副使，白于御史，而后宣布于治境焉。"① 万历《扬州府志》亦称："都转运使之职，率寮属办职务，会计盈缩，公听讼狱。凡事关盐策，议于同知，参于副使，以入白于御史而后行。"② 福建都转运盐使司转运使的职责大体与两淮、两浙的一致。③

场大使执行朝廷、运司有关政令，具体负责盐场事务，催征盐课，督促和监督灶户制盐，建筑及维修盐场相关设施，为盐商配给食盐，禁止走私。史载："大使、副使之职，掌催办盐课之政令，日督总灶巡视各团锅户，浚卤池，修灶舍，筑亭场，稽盘铁，旺煎月雨阳时若（煮法以春夏为旺月，恒雨则客水浸溢，恒阳则土气燥烈，盐俱不能生花）则促令伏火广积，以待商旅之支给。凡包纳、折锹、和土、卖筹、虚出通关者，闻于判官，禁治之。"④

运使负有赈恤灶户、公听讼狱等职责，说明运司系统与布政司系统一样，拥有维持地方社会秩序稳定的牧民、司法之权力。清代两淮盐政

---

① 史起蛰、张榘:《两淮盐法志》卷 2《秩官志第二》,《四库全书存目丛书》史部（274）, 第 165 页下~166 页上。
② 万历《扬州府志》卷 12《盐法志下·国朝盐法官制》,《北京图书馆古籍珍本丛刊》（25）, 第 198 页下。
③ 两淮和两浙有巡盐御史，都转运盐使司转运使须奉巡盐御史之政令，福建无巡盐御史（见《明史》卷 75, 第 1847 页），转运使直接向户部负责。
④ 史起蛰、张榘:《两淮盐法志》卷 2《秩官志第二》,《四库全书存目丛书》史部（274）, 第 166 页下。

吉庆曾经说过，"灶户之有大使，犹民户之有州县也"。[①]

朝廷利用盐政机构垂直管理盐场，盐课司为更好管制灶户、监督制盐、催征盐课，设立了隶属盐课司的、独立于州县系统的组织结构。盐场组织与制盐方法相关，明初仍采用煎盐法的牛田、海口和上里三场盐课司以团组织灶户，而明初已普遍晒盐的惠安、浔美、浯州和浯州四场盐课司则以晒盐的盐埕、贮存食盐的盐仓组织灶户。在团组织和仓埕组织之下，仿州县里甲组织设甲，即灶甲，大体110户组成1甲，10甲系于一团或一仓埕。仿里长、甲首之设，盐场编佥总催、秤子、团首等职役，以辅助场大使管理盐场，催征盐课，带领普通灶户到盐政衙门服役。[②]明初盐课司征收本色盐课，即食盐。食盐由登记为灶籍的灶户专门生产，民户等其他户籍人群不得制盐。灶户以户为单位承担盐课，应纳盐课额由户下人丁事产多寡决定，属等级赋役制。[③]

综上可知，明代福建存在一套自成体系的盐政运作系统，该系统由盐政管理机构、盐课、灶户、食盐产运销等各要素构成，各要素密不可分。需要指出的是，除了盐政运作系统，福建还存在一套布政司府州县的运作系统，该系统是福建最为基本的管理体系，其管辖范围覆盖福建盐场地区。福建布政司府县在盐场地区拥有的管辖权包括以下内容。其一，财政权。灶户是盐场所在县的编户齐民，在盐场所在县缴纳

---

① 光绪《重修两淮盐法志》卷130《职官门·官制下》，《续修四库全书》（845）史部，第322页下。

② 徐泓：《明代前期的食盐生产组织》，《台湾大学文史哲学报》第24期，1975年；叶锦花：《亦商亦盗：灶户管理模式转变与明中期泉州沿海地方动乱》，《学术研究》2014年第5期。

③ 叶锦花：《盐利、官员考核与地方军饷——正统年间福建泉州盐课折米机制研究》，《社会科学研究》2014年第1期。

夏税秋粮，承应里甲正役。① 福建盐场县将灶户与民户、军户等各色户籍人群编入同一套里甲，利用里甲征调夏税秋粮。灶户与民户在缴纳夏税秋粮的则例上一致，② 在承担州县徭役方面则不同，灶户仅承应里甲正役，而民户除里甲正役，还需承办杂役。其二，藤井宏指出盐场是州县行政权的"治外法权"地，笔者则认为州县在盐场地区拥有部分行政权。盐场县统治灶户，除向其征调赋役，还处理部分灶户事宜。天顺二年（1458）朝廷就规定，如果灶丁逃亡，运司官员需要同地方有司共同佥补。③ 福建七场没有独立于州县的地理空间，不管是盐课司衙署，还是灶户居住地，抑或制盐场地都在具体州县的管辖范围内，部分地方事务受到州县管制。比如，食盐走私，包括灶户走私的案件由地方有司负责处理。《大明会典》载："凡守御官吏、巡检司巡获私盐，俱发有司归问……仍须追究是何场分灶户所卖盐货，依律处断，盐运司拿获私盐，随发有司追断，不许擅问，有司通同作弊脱放，与犯人同罪。"④

在制度上，运司系统与布政司系统各有明确的职责、统治对象，征调赋役项目亦异，"县、场各自为政"，互不干涉，都直接向户部负责。然而，共存于一地且都管制灶户，向灶户征收赋役的两套系统在实际运作中互相牵涉，引发盐场管理的各种问题。不管是盐课司还是州县，向灶户征收赋役都会影响灶户的负担，进而影响他们向另一机构供应赋役的能力。州县与盐场制度改革都可能改变灶户生计、生存状况，乃至认

---

① 藤井宏「明代盐场の研究（下）」『北海道大学文学部紀要』3 期、1954 年。

② 关于明代田赋相关规定及其演变，参见《一条鞭法》，《梁方仲文集——明代赋役制度》，第 12~13 页。

③ 万历《大明会典》卷 34《户部二十一·课程三·盐法三》，《续修四库全书》（789）史部，第 604 页上。

④ 万历《大明会典》卷 34《户部二十一·课程三·盐法三》，《续修四库全书》（789）史部，第 593 页下 ~594 页上。

知结构，进而影响另一机构的统治。① 与此同时，在互不统摄、分别向朝廷负责的体制下，不管是盐课司还是州县，都只考虑自身职责的完成，而不顾及另一机构的利益及地方利益，或互相争夺资源，或互相推卸责任，导致管理上的复杂与无序，"盐灶虽统于运司，而钱粮半输于州县，事无统摄，掣肘难行"。② 两机构都只考虑自身利益的最为明显的后果是，两套衙门都向灶户勒索、剥削，加重灶户赋役负担。③

那么，如何解决盐场管理出现的问题呢？面对盐场管理"事无统摄"的局面，明中期的官员讨论事权该如何统一，户部要求"宜令州县事干运司者，俱听取问追理，无得沮挠"。④ 面对赋役负担加重的问题，明中期福建灶户士绅或盐大户多次要求州县恢复优免灶户徭役。根据制度规定，灶户只向州县缴纳正供和服里甲正役，免杂办杂役。不过，明中期，福建灶户被编派均徭（从杂役中分离出来）的现象极为普遍。在浯州场，"景泰以后，一例盐课折纳本色，有司又编入均徭"。⑤ 成化、弘治年间，浯州场灶户、保护朱祐樘有功的司礼监太监张敏及其家族多次奏免浯州场灶户承担均徭，但过后同安县又将均徭摊给灶户。⑥ 正德年间，上里场原无须缴纳盐课的"官租"被编派均徭，士绅黄华上书奏准罢免，然而嘉靖九年（1530）该部分官租再次被编派均徭，御史朱洊

① 徐靖捷：《盐场与州县：明代中后期泰州灶户的赋役管理》，《历史人类学学刊》第 10 卷第 2 期，2012 年；叶锦花：《明代盐场制度变革与州县赋役调整——以福建同安县为中心》，《社会科学辑刊》2015 年第 5 期。
② 《明武宗实录》卷 114，正德九年七月戊辰。
③ 藤井宏「明代盐场の研究（下）」『北海道大学文学部紀要』3 期，1954 年。
④ 《明武宗实录》卷 114，正德九年七月戊辰。
⑤ 光绪《金门志》卷 3《赋税考·盐法》，第 38 页。
⑥ 叶锦花：《明代盐场制度变革与州县赋役调整——以福建同安县为中心》，《社会科学辑刊》2015 年第 5 期。

（上里场灶户）和参政王凤灵上书福建巡按要求废除。①浯州场灶户还被摊派上供物料。成化年间浯州场盐大户张益胄同该场其他灶户奏准免去了该场灶户办纳弓箭、缎匹及其他杂泛差役的任务。②

综观上述处理盐场管理问题的办法可发现，明中期，不管是官员还是百姓，所提出的解决盐场管理问题的办法都没有试图改变管理框架。换句话说，解决问题的办法都在坚持既有管理框架下提出。灶户要求优免虽时有成效，但在盐课司与州县各自考虑自身利益的情况下，难以彻底解决问题。明中期的官员对此有清晰的认识，正德元年（1506），沈淮《条盐政疏》指出："有司与盐司分为两家，盐司曰吾之灶也，知督盐课而已；有司曰吾之民也，知征赋税而已。其督盐课者，虽百方箠楚，有司不问也。其征赋税者，虽百端取索，盐司不知也。"③

综上，明初以降，国家利用运司、盐课司对福建盐场进行垂直管理，同时州县作为地方最为重要的管理机构也对盐场拥有部分行政权、财政权。虽然职责不同，所征调赋役项目亦异，但是两套系统并存的管理体制导致盐场管理出现事无统摄、灶户负担加重等问题。这不仅是福建的情况，也是全国各地盐场的情形。

二 垂直管理制的终结与州县治理盐场（1626~1730）

与明中期在盐课司与州县并存的既有管理框架下解决盐场管理问题

① 朱淛：《与王笔峰大参凤灵上巡按施山侍御论盐法事书》，《天马山房遗稿》卷5，《景印文渊阁四库全书》（1273）集部212，第500页上~501页上。

② 康熙《同安县志》卷2《官守志·浯州场盐课司》，《福建师范大学图书馆藏稀见方志丛刊》（10），第206~207页。

③ 沈淮：《条盐政疏》，李卫总纂《敕修两浙盐法志》卷16上《艺文上·疏》，第1906~1907页。

的思路不同，明末福建灶户要求裁撤盐课司，结束盐场垂直管理制。乾隆《晋江县志》载："天启间，泉州盐民赴京沥疏，以盐户既有粮差，又有盐折。粮差征诸县，盐折征诸场官，转解防厅。两衙门分征，凡经承催差保歇之需索，重叠苦累。请裁去盐场官，将盐折归县并征。"① 泉州灶户的要求得以实现，场官被裁撤，盐场归州县管理。② 是举开启福建废除盐课司之端，至清雍正朝，福建盐场垂直管理体制彻底终结。

其实，在福建，废除盐课司的声音曾在正统年间出现。正统八年（1443），福建布政司布政使孙昇为了解决因盐商不愿报中而引起的泉州各场盐课积压，以及泉州沿海卫所缺乏军粮等问题，奏请将泉州府惠安、浔美和汭州三场盐课折米，并将孤悬海外、盐课积压最为严重的浯州场盐课司废除。③ 经过福建三司及户部的讨论，最终朝廷批准了浯州场盐课司保留，该场盐课全部折米。孙昇裁浯州场盐课司的建议之所以没能实现，是因为明初以来，盐课司、灶户、盐课、制盐活动是一个系统，灶户由盐课司专管，必须生产食盐，将所产食盐作为盐课缴纳盐课司，非灶户无须承办盐课，也不能生产食盐，灶户所产食盐由运司、盐课司支配给盐商开中。在此体制下，盐课司废除，场务与灶户都失去管理机构，因而不能存在，地方不能制盐，那么已经登记为灶籍的人群怎么办？承担何种差役？很明显，孙昇考虑到此类问题，建议"今后岁办额盐合令住办，将晒盐丘盘平夷，灶户归还有司办纳本等税粮，盐额除豁，盐课司革去"。④ 即改灶为民，承担民差，不得制盐。然而，浯州

① 乾隆《晋江县志》卷3《版籍志·盐法》，成文出版社，1967，第84页上。
② 乾隆《晋江县志》卷3《版籍志·盐法》，第84页上。
③ 童蒙正、林大有等纂修《福建运司志》卷2《布政使孙昇等奏为停积盐课略节》，《天一阁藏明代政书珍本丛刊》（10），第193页。
④ 童蒙正、林大有等纂修《福建运司志》卷2《布政使孙昇等奏为停积盐课略节》，《天一阁藏明代政书珍本丛刊》（10），第193页。

场所在的浯州、烈屿二岛不适合种植，岛民以渔、盐为主要生计，不制盐，何以维生？在正统年间盐、民二分，非此即彼的体制和逻辑下，废除盐课司关系到运司、布政司乃至民间户籍、赋役、生计等实际问题，难以处理，因而盐课司不能轻易废置。直到万历四十一年（1613），两浙讨论是否复置天赐场场官时，巡盐御史张惟任还案行苏松道从长酌议："立法清查，要见何地应归灶户办课，何地应归民籍输粮，其立团聚煎之法，稽煎征课之规，务使民灶相安，可垂永久。"[1] 万历年间，福建闽东地区为了免盐课，还称"按律书，课程首盐法乃知课程之盐，有盐场、灶丁，设盐课司，而隶于都转运司者也"。据此体制、逻辑，闽东无盐场、灶丁、盐课司之设置，因而肯定无盐课之说。[2]

那么，何以天启朝以降福建盐课司逐渐裁撤？此与盐课、民差改革，盐课、民差及灶、民界限变化，以及由此带来的官、民认知结构变化密切相关。

明中期，福建盐课逐渐折米、定额、折银。正统八年（1443），浔美、沯州二场盐课七成折米，三成本色，浯州场盐课全部折米；正统十三年，浔美、沯州二场盐课全部折米；弘治十五年（1502），福建盐课总额定额；弘治十六年，惠安场盐课全部折银；嘉靖九年（1530），浔美场盐课全部折银；嘉靖十五年，沯州和浯州二场盐课也全部折银。其中，惠安场盐折银起解户部，其他三场盐折银充当地方卫所军粮之用。泉州四场盐课改折，盐课司仍旧设置，灶户依旧制盐，办纳盐课，只是缴纳物由食盐变为白银。与泉州四场盐课全部折银不同，上里、牛田和海口三场盐课只有部分折银。该三场盐课分为依山盐课和附海盐课

---

① 杨鹤：《酌议天赐场事宜疏》，李卫总纂《敕修两浙盐法志》卷16上《艺文上·疏》，第1935页。

② 万历《福宁州志》卷7《食货志·盐钞》，《日本藏中国罕见地方志丛刊》，第113页下。

两种，前者大概占八成。早在天顺元年（1457），灶户就以缴纳白银的方式完成依山盐课责任。[①] 正德三年（1508），户部要求福建各盐课司征收的依山盐课（白银）解运司，由运司解部，以济边用，依山盐课不用开中。[②]

随着盐课折银，盐课以白银为缴纳物，以白银为唯一会计单位，盐折银直接摊入灶户丁、田中科派，丁、田拥有明确的纳税额，盐课与食盐无关系。盐课折银后，灶户只要拥有白银则可完成盐课任务，因而他们不一定需要制盐，也就与制盐业脱离必然关系。在福建，盐课折银后，相关盐引都无须开中，亦无其他专卖制度，灶户所产食盐不再缴纳官仓及开中，由民间自由运销，这就使盐场运作与食盐产、运、销都无直接关系。一方面场大使无须征收食盐、保管贮藏在盐仓的食盐以防销蚀，亦不必处理与开中相关的任何事务；另一方面场大使不必再监督盐场地区的食盐生产，他们放松了对灶户人身、职业的管制，对灶户的管理转变为征收白银形式的盐折银，同时也放松了对其他户籍人群制盐的禁令。

与盐课折银的趋势一致，明中期福建民差也经历了定额化、折银化的改革，不仅如此，各种民差项目逐渐简化、合并，至万历朝之前，简化为纲银、均徭、民壮与驿传四种。万历初年，福建推行一条鞭法，上述四项民差与夏税秋粮合并，各项"总征""通计一岁共用银若干，照依丁、粮编派"。[③] 白银成为民差征纳物和唯一会计单位，且摊入丁、田中，丁、田应纳盐课有明确的比例。

经过上述改革，盐、民之间的关系发生以下变化。其一，盐课与

---

① 同治《重刊兴化府志》卷11《户纪五·盐课》，福建人民出版社，2007，第321页。

② 《明武宗实录》卷40，正德三年七月丙午。

③ 崇祯《闽书》卷39《版籍志·赋役》，《四库全书存目丛书》史部（204），第734页下。

民差不管是在形式上，还是在性质上都一致，都是以白银为缴纳物、会计单位的比例赋税。其二，灶户完纳盐课的办法与民户完成民差责任的办法一致，只是缴纳机构不同。其三，盐课司与州县管理地方的方式趋同。盐课司放松对灶户人身、职业管制，州县也对包括灶户、民户在内的编户齐民由直接的人身控制转向白银形式的赋税征收，放松人身控制。① 其四，对灶户和民户在职业上放松限制。简言之，虽然到明中后期盐课司、食盐、灶户等盐政系统的制度没有改变，但盐政系统在实际运作中与食盐脱离关系，与民户、州县系统趋同。

与此同时，明中期以来赋役项目合并征收的改革也逐渐深入人心。明中期以降，福建地方有司征调的各赋役项目的合并改革逐渐深入和普遍，特别是一条鞭法的推行，说明原本属于不同项目的赋役合并不仅在地方有群众基础，而且获得高级官员的认可与支持。随着改革的深化，人们对民、灶管理，盐课、民差征调办法的认知结构发生变化，出现盐、民可以合二为一的新观点，万历四十一年两浙巡盐御史杨鹤就称："今也县即场，场即县，民灶合而为一，但令国课有归，此课出于场可也，出于县亦可也，纳课有人，则以灶产与民可也，谓民产即灶亦可也。"②

正是在盐民可以合二为一的新认知结构下，天启朝以降福建灶户多次要求将盐课归并州县征收，废除盐课司，而此要求也获得福建地方官员的支持。当然，盐场管理体制的改变涉及朝廷、州县、盐课司

---

① 关于明代福建泉州盐课折米、折银，以及改折后盐场管理模式的转变可参见叶锦花《亦商亦盗：灶户管理模式转变与明中期泉州沿海地方动乱》（《学术研究》2014年第5期）、《盐利、官员考核与地方军饷——正统年间福建泉州盐课折米机制研究》（《社会科学研究》2014年第1期）二文。

② 杨鹤：《酌议天赐场事宜疏》，李卫总纂《敕修两浙盐法志》卷16上《艺文上·疏》，第1943页。

相关官员，以及灶户等不同群体的利益，改革是各个利益群体博弈的结果。

（一）开端：天启六年泉州四场废除盐课司

在福建，泉州四场最早裁撤盐课司，上引乾隆《晋江县志》已指出天启年间泉州的改革是灶户为减轻赋役负担而提出。而据光禄寺少卿蔡献臣（浯州场灶户、万历十七年进士）《下四场裁盐场官议》一文的记载，天启年间泉州灶户减轻负担的要求，经历了地方有司、盐课司及朝廷等多个利益群体的多次博弈才得以实现。灶户的目的是结束分别在盐课司和县衙承担差役的局面，并非针对场官，故而改革之初没有要求裁掉场官，只希望盐折银归县征。灶户的意见得到福建高层官府的支持，泉州四场盐折银得以归盐场所在县征收。然而，场官不甘心失去征收盐折银的权力，在盐道同意盐课归县征后仍私自到盐场征收盐课，多次要求将盐折银归盐场征收，史载"此辈（场大使）钻营，究不仍归盐司不止"。场大使的行为导致盐课征收出现"法无画一，民谁适从"的混乱局面，灶户进而要求裁撤场官，"则裁革场官之疏不可不早题，即捧檄至者或留司别委，或送部改铨可也"。灶户废除盐课司的要求获得地方有司支持，[①]最终得到朝廷的批准。

明末，泉州场大使不愿放弃盐课征收权。这是因为对场大使，特别是浔美、汭州和浯州三场场大使而言，盐课征收是肥差，这源于该三场盐课改折之后盐课征收权、支配权和督征权分离的体制。改折后，该三场盐课由盐课司征收，泉州府支配，运司督征。实际运作中，泉州府虽有权支配盐课，按规定将盐课发给泉州府永宁卫、福全所、金门所等卫所官兵充当月粮，但府县与盐课司互不统摄，无法监督盐课司征收食

---

① 蔡献臣：《清白堂稿》卷3《时务·下四场裁盐场官议》，《四库未收书辑刊》第6辑（22），第51页。

盐。运司虽有权督征，但浔、氵丙、浯三场盐课存留地方，无关其政绩，故而不积极督征。① 在此宽松的监督体制下，盐课司催征盐课压力小，他们甚至没有准时起解盐课，反而挪移盐课，中饱私囊，也由此不愿放弃征收权。而分权体制下地方有司难以及时获得盐课，又无权督征，这也是福建地方有司支持盐课归县征的原因。朝廷之所以放弃明初时视为国策的盐课司管理盐场的制度，是因为泉州四场盐课不多，且浔、氵丙、浯三场盐折银 2894 两零充当地方卫所军饷，与朝廷财政收入无关，而成为朝廷财政收入的仅有惠安场盐折银 514 两零。②

经过各利益群体博弈，泉州四场盐官最终被废除，各场灶户依旧办纳盐课，盐课由盐场所在县征收，即晋江县征收浔美、氵丙州二场盐折银，同安县征收浯州场盐折银，惠安县征收惠安场盐折银。晋江、同安县所征盐折银"系存留，解泉州府清军厅充给永宁、福全、金门各卫所官军月粮"，③ 而惠安县所征盐折银由运司"解赴户部，以备边用"。④

盐课司废除，盐场无专管机构，明初确立的盐场垂直管理制在泉州终结，盐课征收、灶户管理及具体场务处理都归盐场县（即设有盐场的县）掌握。盐场县以其既有的管理地方的组织系统管理灶户，以图甲系统征调盐折银，因而泉州盐场内部组织（团甲、埕甲等）失去监督灶户、催征盐课的职能，灶户也得以免去总催之役，赋役负担随之减轻，"百姓称便"。⑤

---

① 关于明代福建泉州盐课改折以后盐课的征收权、支配权和督征权分离及其实施状况，可参见叶锦花《亦商亦盗：灶户管理模式转变与明中期泉州沿海地方动乱》，《学术研究》2014 年第 5 期。

② 江大鲲等修《福建运司志》卷 8《课程志·额派》，《稀见明清经济史料丛刊》第 1 辑（28），第 251~253 页。

③ 佚名：《盐法考》卷 15《福建·场课额例》，中国国家图书馆藏。

④ 周昌晋：《福建盐政全书》卷下《盐疏·奏豁惠安一场积盐疏略》，《北京图书馆古籍珍本丛刊》（58），第 841 页下。

⑤ 乾隆《晋江县志》卷 3《版籍志·盐法》，第 84 页上。

（二）推广：康熙朝福州、兴化地区废除盐课司

1644年，明清鼎革，明末盐场管理体制及简化盐场管理程序的呼声都得到延续。一方面，新政权继承明末福建盐场管理框架，垂直管理海口、牛田和上里三场，以州县兼治泉州四场；另一方面，天启六年（1626）泉州改革成果得到福建官民一致认可。顺治十四年（1657），巡按福建监察御史成性指出"浔美、氵丙州、氵吾州三场明代亦设场官，其盐折上供领于泉防同知，作永宁卫军饷，后撤场官，民皆称便"。①康熙四十年（1701），福建总督郭世隆与巡抚梅鋗都称裁撤场官、盐折银归县征的做法，"至今于民间称为最便"。②

顺治朝，福建地方希望将天启朝泉州府的改革成果推广到福建其他地方。顺治十四年，巡按福建监察御史成性指出，"福建东西南三路盐课统在运司，而上里、海口、牛田三场远在海澨，场官职微权轻，寇扰之后，人民借口凋残，追呼无效"，③要求仿照天启六年的改革，"请罢上里、海口、牛田场官，领其事于福清知县"。④然而，顺治朝朝廷财政紧张，⑤且当时朝廷大员认为运司与布政司系统互不统辖，由州县官征收盐课恐怕会出现"日久法玩，呼应不灵，起解必致愆迟"的问题，⑥因而没有同意福建地方的改革要求。

---

① 章学诚：《成性传》，钱仪吉辑《碑传集》卷52《科道上之上》，清光绪十九年江苏书局刊本，第18页。

② 乾隆《兴化府莆田县志》卷6《赋役志·盐课》，美国加利福尼亚大学伯克利分校藏清乾隆二十三年刊本，第19页。

③ 章学诚：《成性传》，钱仪吉辑《碑传集》卷52《科道上之上》，第18页。

④ 章学诚：《成性传》，钱仪吉辑《碑传集》卷52《科道上之上》，第18~19页。

⑤ 林永匡：《清初的福建运司盐政》，《中国社会经济史研究》1986年第1期。

⑥ 佚名：《盐法考》卷15《福建·福建事例·顺治七年五月福建巡按御史霍达为详陈闽中盐法以便奉行》。

至康熙中期，社会安定，财力充足，朝廷对福建盐折银征收的管制也相对放松。康熙四十年，上里场依山灶户梁鳌、牛丁、梁威仲等呈请盐折银归并州县征收；同年九月，福建巡抚梅鋗同总督郭世隆《题为场折总属民田仰请归并县征以便民生事》支持灶户的要求，他们指出："查两场（上里场、海口场）①各盐折即系福清、莆田两县民田，原属盐户之业，随名盐田，县纳正供，场征盐折，皆出一田，所赋并非取卤煎盐以为输纳也。此项盐田既纳粮于县，复纳折于场，彼此差催，难免两地追呼、废时跋涉之烦。"②康熙四十一年，朝廷批准福建方面的要求，上里、海口场官吏裁革，盐课归并县征，③上里场实征盐折银3915两有奇，由莆田县经征；海口场实征盐折银1248两有奇，牛田场实征盐折银1380两有奇，由福清县经征。④

（三）插曲：泉州浔、氵丙、浯三场盐折银征收机构演变

清初，泉州府四场由盐场县管辖的制度没有改变，不过顺治六年（1649）朝廷改变浔、氵丙、浯三场盐折银用途和征收机构，影响到该三场的实际管理。

顺治六年，泉州府卫所废除，作为泉州卫所军饷的浔、氵丙、浯三场盐折银用途需要重新安排，朝廷借机要求该三场盐课起解户部。史载"顺治六年，以卫军既革，将盐折清入解京，而责成于防厅"，⑤"今无卫

---

① 迁界后，福清设海口场场大使，牛田场裁掉。见伊桑阿等纂修《大清会典（康熙朝）》卷32《户部十六·课程一·盐法上》，文海出版社，1992~1993，第1538页。

② 乾隆《兴化府莆田县志》卷6《赋役志·盐课》，第19页。

③ 乾隆《兴化府莆田县志》卷6《赋役志·盐课》，第19页上。

④ 乾隆《福建通志》卷12《田赋（榷政附）》，美国加利福尼亚大学伯克利分校藏清乾隆二年刊本，第43页下~44页上。

⑤ 乾隆《晋江县志》卷3《版籍志·盐法》，第84页下。

军，此项（该三场盐折银）应解京之数"。① 出于对州县能否准时征收、起解盐课的顾虑，户部规定浔、㳼、浯三场盐折银由泉州府海防厅专征，海防厅征收后"每年分为两次解运，定限四月、十月为期，赴盐法道挂号，径解布政司交纳"。②

顺治六年的改革在运作层面改变了三场的管理状况，因为泉州海防厅利用明代盐场总催催征盐课之法，要求灶户充当总催，催征盐课，③ 灶户向海防厅负责，因而在实际上受到海防厅的管制。而与此同时，灶户在州县的差役没有优免，重现了明代灶户同时受到两套机构管辖的现象。这无疑与福建地方官、民简化盐场管理的要求相违背，且加重了灶户负担，因此，早在顺治朝就多次出现要求恢复盐课县征制度的呼声。顺治十四年，巡按福建监察御史成性建议"浔美、㳼州之领于晋江，浯州之领于同安，一准诸此，则庶事画一，民无重累"。④ 顺治十五年浔美场灶户士绅粘本盛、顺治十七年福建巡抚李时茂等人都曾奏请盐折银归县征收。然而，在顺治朝国家急需财政收入满足军饷的情况下，这些呼声都没实现。⑤

雍正帝登基以后，着力整顿财政和吏治，盐政是一个重要方面，⑥

---

① 佚名：《盐法考》卷15《福建·福建事例·顺治七年五月福建巡按御史霍达为详陈闽中盐法以便奉行》。

② 佚名：《盐法考》卷15《福建·福建事例·顺治七年五月福建巡按御史霍达为详陈闽中盐法以便奉行》。

③ 佚名：《盐法考》卷15《福建·福建事例·顺治十七年二月福建巡按御史李时茂为盐折恳归县征俯从民便》。

④ 章学诚：《成性传》，钱仪吉辑《碑传集》卷52《科道上之上》，第19页。

⑤ 佚名：《盐法考》卷15《福建·福建事例·顺治十五年十二月粘本盛为盐弊多端请画一以便民生》。

⑥ 陈锋：《清代盐政与盐税》第2版，武汉大学出版社，2013，第129页。

考成也越来越严厉。[①] 而此时泉州盐折银征收极为混乱，"而浔、沋盐折笼统混淆，一户未清，遍累众户，丝毫未完，混指混拘，蠹书卖产脱空，增减靡定，盐户受累终无已时"。[②] 这给闽浙总督、福建巡抚以及泉州府海防厅等与盐场管理、盐课征收相关的官员带来极大的压力，他们迫切要求改革浔、沋、浯三场盐课征收方式。[③] 雍正八年（1730），[④] 时任泉州府海防厅的张嗣昌就提出将浔、沋、浯三场盐课归盐场所在县征收，总督、巡抚都支持。[⑤] 张嗣昌提出改革建议后，晋江灶户士绅张焕登、蔡为东立马联合普通灶户要求盐折银归入图甲，史载"先是盐折归县未奉部复，即有进士张焕登、举人蔡为东等，同盐民四十余户，呈请盐折归入图甲"。[⑥] 在张嗣昌改革建议获得户部复准后，晋江灶户士绅吴九美、张登解和张雕等再次要求将盐折银并入地丁银，"及奉部准，有举人吴九美，生监张登解、张雕等呈请俯从民便，饬令户总书核算盐折，附地丁则例，同民里书造附图甲册后，如条鞭法，一完百完"。[⑦]

在官、民共同努力下，盐折银归县征的改革得以实现。泉州浔美等场盐折银并入地丁银，[⑧] 与后者一同征收，"将盐折附于地丁都图册后并

---

① 陈锋：《清代盐政与盐税》第 2 版，第 44~47 页。

② 乾隆《泉州府志》卷 23《盐政》，《中国地方志集成·福建府县志辑》（22），上海书店，2000，第 558 页下。

③ 雍正元年，福建废除盐政相关官员，盐政由福建巡抚兼管，巡抚对泉州各大盐场的盐课征收情况负有责任，需要盐政考核。

④ 乾隆《福建通志》卷 12《田赋（鹾政附）》，第 44 页下。

⑤ 乾隆《泉州府志》卷 23《盐政》，《中国地方志集成·福建府县志辑》（22），第 558 页下。

⑥ 乾隆《泉州府志》卷 23《盐政》，《中国地方志集成·福建府县志辑》（22），第 558 页下。

⑦ 乾隆《泉州府志》卷 23《盐政》，《中国地方志集成·福建府县志辑》（22），第 558 页下。

⑧ 雍正元年福建实行摊丁入地政策。见乾隆《晋江县志》卷 3《版籍志·赋役》，第 79 页上。

征，仍行分款批解"。① 因各场盐课摊入丁、田的科则不同，故而各场盐课摊入田地的科则也不一，"其隶于浔渼场者每亩加征盐折银三分二厘二毫，隶于沜洲场者每亩加征盐折银二分零二毫零"。② 盐折银并入灶户地丁银，与地丁银合为一个税目。浔、沜、浯三场盐折银再次归州县征收，乾隆《福建通志》载："浔美、沜州、浯州三场盐折原系泉州府海防同知征解，雍正八年归入晋江、同安二县经征。"③

　　明末以来，福建官民都要求裁撤盐课司，简化盐场管理程序，浔、沜、浯三场的情况还说明，入清以后福建官、民已经不能再接受灶户同时在两套机构中承担差役。经过福建官、民努力，至雍正八年（1730），明代设置的福建七个盐课司全部废除，灶户管理、食盐生产、盐课征收等原本由盐课司负责的所有事务都归盐场县负责。明初以来盐、民二分的管理格局彻底结束，事无统摄的盐场管理问题及灶户受到双重机构剥削的局面都消除了，在管理上、赋役征调上盐、民合一。

三　乾隆朝盐场专员设置与属地管理体制运作

　　与上述福建废除场大使的改革相反，乾隆元年（1736）以降福建盐场又出现场员（称盐场大员、场大使等）设置。不过，盐场没有恢复垂直管理，而是采取了属地管理制。

　　盐场归县管之后，州县负责盐场所有事务，解决了盐课司与州县并存的盐场管理问题。不过，正如前文已指出的，随着盐政考成严厉化，

---

① 道光《晋江县志》卷22《盐法志·盐折》，《中国地方志集成·福建府县志辑》（25），第310页上。
② 乾隆《晋江县志》卷3《版籍志·赋役》，第79页上。
③ 乾隆《福建通志》卷12《田赋（艖政附）》，第44页下。

雍正朝以来负有总管地方盐政事务职责的总督、巡抚等官员压力变大，他们都希望加强盐政管理，朝廷也对此做出回应，于雍正六年（1728）七月上谕提高盐场管理者的官品，"大使管理盐务，关系钱粮，若职任卑微，不足以弹压商灶，其应拣用何项人员及量加品级之处，该部定议"。[①] 经过讨论，盐课、盐库诸大使由未入流改为正八品。[②]

具体到福建，除全国性的政治环境外，境内运销制度的改革，也使得盐场管理愈加重要。明中期以来，福建食盐运销制度经历多次改革，到雍正五年，福建全省均被纳入专卖制度体系，[③] 近盐场的县、私盐多的县官运，其他县商运，至乾隆七年福建省总盐额、盐引数、盐税及各场年产盐额、年销盐额、坐配县份、运销方式都有明确规定。[④] 随着专卖制度的推行与推广，食盐生产的管理显得愈发重要，食盐生产、盐埕维修、补贴贫灶、收盐制度及官运各县、商人到盐场购盐等都需要规范。而州县管理盐场容易出现"委现在佐杂办理，专顾场务，于本任必致旷职；兼顾本任，于场务又废弛"的问题。[⑤]

为了更好管理盐场，雍正末年，闽浙总督、福建巡抚等官员就多次要求在福建盐场添设专员。如闽浙总督刘世明、郝玉麟，福建巡抚赵国麟等奏请保留原任福建官员——漳州知府耿国祚等二十余名官员专管盐场。这些要求都被户部驳回，户部左侍郎李绂条奏"今后除云、贵、

---

① 王定安等纂修《重修两淮盐法志》卷1《王制门·制诏一》，《续修四库全书》（842）史部，第623页下。

② 王定安等纂修《重修两淮盐法志》卷1《王制门·制诏一》，《续修四库全书》（842）史部，第623页下。

③ 明中期，福建实行专卖制度的地方仅包括西、东、南三路。

④ 关于清雍正、乾隆年间福建食盐运销制度演变过程可参见叶锦花《雍正、乾隆年间福建食盐运销制度变革研究》，《四川理工学院学报（社会科学版）》2013年第3期。

⑤ 乾隆元年九月二十六日郝玉麟奏，宫中档朱批奏折，04-01-35-0442-021，中国第一历史档案馆藏。

川、广四省需人仍准酌量简发，其余各省概不得滥行题请"。^①不过，闽浙总督郝玉麟没有善罢甘休，他于乾隆元年再次上奏要求拣发人员到福建办理场馆盐务，^②最终朝廷批准了十名。^③乾隆五年闽浙总督德沛奏准福建场馆盐务大员按两淮之例，每年俸薪银四十两。^④此后场馆盐务人员人数逐渐增多，乾隆二十四年时为十五名。^⑤

　　福建各场盐务大员设置之初非实缺，由闽浙总督自行更调，而非吏部铨选、委派，晋升、俸禄等方面的待遇不如其他盐区的场员。乾隆四十七年，闽浙总督陈辉祖奏准了将福建场员定为实缺，"以专责成"，并确定了额缺，乾隆四十七年共十七缺，最迟到嘉庆二年（1797）定为十六缺，缺之繁简由各场食盐生产量决定。^⑥

　　随着场员设置，福建盐场管理是否回到了明代的垂直管理体制？答案是否定的。乾隆元年以后的福建盐场虽然有盐务专官，但不再实行垂直管理，而是属地管理。盐法道^⑦、场员不再独立于地方有司系统。首先，盐政机构不再独立向户部负责。盐法道专门处理福建全省盐政事宜，但不像明代的盐运司、使一样直接向朝廷负责，而是隶属督抚，受

---

① 乾隆元年九月二十六日郝玉麟奏，宫中档朱批奏折，04-01-35-0442-021。
② 乾隆元年九月二十六日郝玉麟奏，宫中档朱批奏折，04-01-35-0442-021。
③ 乾隆六年八月十二日策楞奏，宫中档朱批奏折，04-01-35-0446-034。
④ 乾隆五年闰六月初一日讷亲、海望题，内阁户科题本，02-01-04-13248-009。
⑤ 乾隆二十四年十月初七日杨廷璋奏，宫中档朱批奏折，04-01-12-0096-040。
⑥ 佚名编《福建盐法志》卷2《奏议一·乾隆四十七年部复总督陈辉祖等条奏闽省盐场酌请定为实缺疏》，《稀见明清经济史料丛刊》第1辑（29），第356~368页；卷2《奏议一·嘉庆二年十月部复总督魁伦条奏调剂闽省盐务疏》，《稀见明清经济史料丛刊》第1辑（29），第372~373页；乾隆五十年六月十六日闽浙总督富勒浑奏，宫中档朱批奏折，04-01-35-0473-018。
⑦ 福建运司于雍正元年被废除，雍正七年九月福建总督高其倬奏准了"添设福建盐驿道衙门库大使一员"（《清世宗实录》卷86，雍正七年九月癸酉），雍正十二年"以驿盐道为盐法道，专理盐政"。见光绪《大清会典事例》卷32《吏部·官制》，《续修四库全书》（798）史部，第519页。

督抚节制。其次，场员的人事任命既掌握在中央政府手中，同时由地方有司安排。场员改实缺以后，由吏部拣补，然亦非由吏部直接决定职位，而是由总督安排具体职位，即"部发候补知县、举人（或由例捐）到省，听总督部堂拨用，俸满以知县迁除"。[1] 再次，地方有司掌握场员政绩考核权。场员最主要的职责是收盐，将所收食盐分配给官运或商运各县。嘉庆二年，闽浙总督魁伦条奏调剂闽省盐务时称，每年对场员的收盐、配盐盈绌情况进行考成。[2] 对场员的考成须经过盐场所在府盘查和加结。据《福建浯州场大使钱利用任内公牍汇钞》载，"闽省各场团产收盐斤，例应按年考核盈绌，分别功过，造具实产实收清册，出具无捏切结，送府盘查确实，由府道加结，于十一月内详请咨题等因，久经通饬，遵照在案"。[3] 可见，场员受朝廷管制的同时，还受地方政府制约。实际上，场员设置后，盐场管理权仍归州县，场员除收盐、配盐外，还协助州县处理一些具体事务。此管理体制属属地管理。下文将从盐课征收、灶田开垦升科、废弃免课、盐场司法、食盐运销等方面考察盐场属地管理体制如何运作。

征收盐课是明清盐场管理中最为重要的一项任务，盐课征收权在盐课司废除以后归盐场县，场员设置之后，仍归盐场县掌握。灶田开垦升科、废弃免课也是清代盐场管理的重要事务，它直接关系到制盐场地的规模、各场食盐生产能力及盐折银的总数变化等关键问题。福建灶田大部分在迁界时被废弃，展界后官府鼓励民间垦复灶田升科。处理民间

① 　嘉庆《惠安县志》卷15《盐榷》，《中国地方志集成·福建府县志辑》（26），第53页上。
② 　佚名编《福建盐法志》卷2《奏议一·嘉庆二年十月部复总督魁伦条奏调剂闽省盐务疏》，《稀见明清经济史料丛刊》第1辑（29），第372~373页。
③ 　佚名抄《福建浯州场大使钱利用任内公牍汇钞》，《台湾文献汇刊》第5辑（13），九州出版社、厦门大学出版社，第30~31页。

垦复灶田升科也是展界后福建盐场管理的重要内容，直到乾隆年间，福建沿海地区还有民间垦复灶田，上报升科。垦复灶田升科需由民间上报福建官府，由福建官府上报户部批准。现有档案显示，处理此类事务的福建官府或是州县，或与场员一起。例如，乾隆二年（1737），福建漳州诏安县垦户沈进在岭港地方开筑盐埕十六丘、盐埠八口，禀报诏安县升科。诏安县知县苏石麟饬令该地团甲查明取结。甲头沈子英称沈进所禀属实具结。苏石麟获甲头具结后，申报福建盐法道。福建盐法道随即照例饬委诏安县邻县漳浦县查勘。漳浦县知县长庚申称其到诏安县履勘，认为该事属实，并出具印结。盐法道副使高元崑将该事申报闽浙总督郝玉麟。郝玉麟复核无误，造册送户部，并与福建巡抚卢焯一起上奏皇帝。经过户部会议，乾隆帝批准，"将前项应征课银共二两七钱二分，自乾隆二年为始，按年照数征收，造入奏销册内具体稽核"。① 经过这个复杂过程，诏安县垦户沈进新筑盐埕、盐埠升科。笔者所见到的乾隆年间的十一份灶田升科奏折，涉及福建省福州府福清县，泉州府惠安县、同安县，漳州府诏安县、漳浦县等地区。这些地区民间开筑灶田升科的方式和流程基本与乾隆二年诏安县的一致。除了乾隆十四年浯州场垦复灶田由盐场大使上报、乾隆三十一年福清县盐埕垦筑由福清县知县与福清总场大使共同上报外，其他的都由盐场所在州县官单独处理。② 可见，新筑盐埕升科主要由州县负责处理，场员或不参与，或起协助作用。

灶户与民户在管理上一致，都由州县负责。灶户司法及盐场地区的社会稳定由州县全权掌握。瞿同祖给我们展示了清代州县司法的详细

---

① 乾隆三年三月二十九日户部尚书海望等题，内阁户科题本，02-01-04-13036-002。

② 乾隆十四年十月十九日护理闽浙总督永贵题，内阁户科题本，02-01-04-14322-006；乾隆三十一年二月初三日傅恒、阿里衮题，内阁户科题本，02-01-04-15803-015。

过程，不过他没有涉及州县与盐场并存的地方的司法情况。[①]徐泓注意到两淮地区州县与盐场并存，明代灶户司法案件由盐场审理，而清代州县逐渐介入灶户司法案件，轻微的案件由盐场处理，严重的案件由州县处理。[②]在福建，清代灶户司法完全由州县处理。这可从乾隆二十年（1755）十月漳州府诏安县港西村林氏和杨氏因为争掘盐埕岸土而斗殴致命案的处理中看出。乾隆二十年十月十三日，诏安县港西村林神和林五挖掘同村杨柄盐埕岸边的泥土，被杨柄发现，由此引发了林氏和杨氏之间的械斗，双方各有受伤，其中林神伤重而亡。此事申报到县，诏安县知县秦其�验尸、审问，申报到漳州府；漳州府知府奇灵阿复审，并上报福建按察司；按察使史奕昂解报到福建巡抚处，福建巡抚钟音题报刑部，刑部会同都察院、大理寺复审。[③]案件虽然与晒盐场地有关，涉及晒盐者，但不是由场员处理，而是由州县负责。

盐场所产食盐运销由州县负责。场员设置后，福建官运各县（包括盐场县）食盐运销权仍归各县县官，盐税也由县官缴纳，"官运官解……赴盐道衙门交纳"。[④]县官在县境内设县馆（也称盐馆）销售食盐，莆田设馆15处又3口，同安县设馆18处，惠安县设馆11处等。盐馆内部办事人员，特别是总管盐馆的人员——馆办，由县官遴选。同治年间，闽浙总督左宗棠称："州县畏难苟安，任人包办，名曰樸户，樸户者即馆办之别名也。"[⑤]商运各县由官府佥认的商人负责运销食盐，盐税由商人

---

① 瞿同祖：《清代地方政府》，范忠信等译，法律出版社，2003，第192~214页。

② 徐泓：《清代两淮盐场的研究》，第14页。

③ 乾隆二十一年九月十三日鄂弥达等题，内阁户科题本，02-01-07-05371-005。

④ 乾隆《泉州府志》卷23《盐政》，《中国地方志集成·福建府县志辑》（22），第558页。

⑤ 左宗棠、徐宗干：《沥陈闽省鹾务积弊请改行票运厘课并抽疏》（同治四年），葛士濬辑《皇朝经世文续编》卷45《户政二十二·盐课四》，清光绪二十八年天章书局石印本，第1页下。

自己缴纳，"商运商解，赴盐道衙门交纳"。①

　　总之，乾隆元年，福建开始新一轮的盐场管理体制改革，改革以天启至雍正八年的成果为前提，坚持了盐场由州县管理的制度，在此前提下添设场员，并形成场员接受朝廷管制的同时，也受地方有司制约，协助地方有司管理盐场场务的属地管理制。

　　综上可知，明清时期福建盐场的管理模式，经历了从垂直管理到州县管理，再到属地管理的演变。在垂直管理制下，盐课司拥有独立于州县的垂直管理盐场事务、统治灶户的权力，以及征收盐课的财政权。虽然从制度上看盐课司与州县职权各异且互相独立，但二者都有管理盐场及向灶户征税的权力，在实际运作中互相牵涉，影响着盐场管理效果，导致盐场出现事无统摄、灶户负担重等问题。在州县管理制下，盐场不设州县以外的管理人员，彻底解决了垂直管理的弊端，受到福建官民青睐。在属地管理制下，福建各盐场场员同时受朝廷和地方有司管辖，不再拥有独立于地方有司的盐场管理权，成为协助地方有司管理盐务的办事人员。福建盐场管理体制的变迁不以明清鼎革为分界线，而是从明天启朝启动改革，至清雍正朝彻底结束垂直管理制，乾隆朝开始建立属地管理制。

　　福建盐场管理体制与地方财政体制密切相关，财政体制的变化为盐场管理体制变迁提供了条件。明初，国家推行实物赋税及亲身应役的财政体制，无论盐课还是民差都由固定人群（分别是灶户和民户）提供。此财政体制的顺利运作以官府对灶户、民户等编户齐民进行人身控制为前提。为更好控制灶户，令灶户制盐纳课，国家除以布政司系统管理福建盐场外，还对境内盐场进行垂直管理。"配户当差"制与盐场垂

①　乾隆《泉州府志》卷23《盐政》，《中国地方志集成·福建府县志辑》（22），第558页。

直管理制共同构成了灶户、民户在赋役、管理上二分的格局。明中期，盐课与民差逐渐定额、折银，福建地方财政货币化，灶户和民户在赋役、管理方式上逐渐趋同。灶户和民户在实际生活中界限模糊，时人对如何管理此两种户籍人群，如何征收盐课、民差等产生了新认知，各赋役项目合并征调及用州县管制灶户、征收盐课的观点为时人所接受。明末，福建官、民正是在此灶、民合一的思路下提出改变盐场管理体制的要求。

福建盐场管理体制的演变不是王朝国家有意识、有规划统一改革的结果，而是通过自下而上的多次改革实现。盐场管理与朝廷、盐政机构、地方有司及灶户等不同群体的利益密切相关，改革牵涉不同群体利益，因而历次改革都是在不同群体博弈中实现。天启六年至雍正八年一百余年内，福建盐场先后经历泉州四场废盐课司，浔美、汭州和涷州三场盐课归泉州府海防厅征收，兴化、福州府的盐场盐课司废除、盐课归县征，泉州各盐场盐课并入地丁银征收等多次改革，才彻底结束盐场垂直管理制。虽然历次改革涉及因素不一，对各群体利益影响不同，博弈过程各异，但也有共同之处。大体而言，废除盐课司、盐折银归县征等简化盐场管理、盐课征收程序的意见皆由福建地方提出，其中或是福建灶户为减低赋役负担而要求，或是福建官员为获得更好政绩而倡导。朝廷是否批准地方的改革要求，则视相关盐课用途及其与国家财政收入的关系，以及国家财政松紧状况而定。福建天启六年开始废除垂直管理制，至雍正八年完全实现州县兼管。乾隆元年开始，福建盐场又重新添设场员等管理专员，不过新改革以州县管理盐场为前提，坚持了州县管理盐场的体制，形成场员执行朝廷政令的同时，也协助州县官处理盐场事务的属地管理体制。

然而，从垂直管理到属地管理的变化，不仅是国家如何控制盐场的问题，也是国家对于灶户和盐这种资源管理思路上的整体转变。本书第二章已经探讨过明代中叶以来"民灶不分"的趋势，即民户和灶户逐步变成一个纳税的"账户"，这是一个随着"一条鞭法"系列改革产生的制度逻辑。而属地管理的特征恰恰是盐场管理体制在职业管制、盐业生产、灶户人身方面责任的退让，而聚焦于征收盐课、维持专卖等问题。这种退让和专项化的管理转向，给盐业的生产和应役方式的多样化留下了空间。下文将处理的问题，就是在国家默许之下，盐场管理是如何"延伸"到民间社会的，即民间的社会组织如何将国家的管理体制改革"内化"到社会固有或者渐渐形成的结构中去。

第二节　一户多役的普遍化与盐场组织的乡族化

随着户籍中"民灶"不分，以及盐场管理体制的属地化和专门化，盐场的管制关系逐步由"盐场—个体"转化为"盐场—中间组织—个体"。而充当这类中间组织的，在两淮、两浙、两广盐区主要是场商的系统；在福建盐场，则普遍是拥有较多个户籍或者拥有多种不同户籍的家族——本节称为"多籍宗族"。我们仍以福建的例子来看待"属地管理"体系在地方社会组织中的落实。

一　军、民、灶杂居共处与多籍宗族形成

明代福建泉州各盐场附近散布着大量生产食盐、承担灶役的灶户。盐场附近，"军户"也是重要的人口组成部分，除洪武三年（1370）和洪武十四年在当地编金军户外，洪武九年垛集、洪武二十年抽军等大规

模的军政活动，也使当地出现大量的军籍。明初，官府在当地登记户籍时，并无明确的区域划分，如灶户编金以"编附近人丁，使专其晒曝之事"①为原则，但"附近"的具体范围无明文规定；洪武三年、九年和十四年的军籍登记亦无明确的范围限制；而为满足沿海卫所军队之需而实行的洪武二十年抽军运动，主要在卫所附近进行。②晋江永宁卫、福全守御千户所恰好临近浔美和氵丙州二场，③抽军地域与灶户金定范围多有重合。此外，洪武九年、二十年的军政活动多是对已有户籍人户垛集或抽军，导致当地军、民、灶等不同户籍人群杂居共处，甚至出现一个家庭或几个家庭合成一户，同时登记灶、军和民等多个户籍的现象。④明代法令禁止民间随意变更户类（如改军为民、改灶为军等），故而户类往往具有承袭性，民户之后仍为民户、军户之后仍为军户、灶户之后仍为灶户，因此有明一代，晋江沿海地区多籍并存现象一直延续下去。

从制度上看，灶户、军户和民户分别承担不同种类的差役，似乎对应不同的群体，但在实际生活中，军、民、灶却可能是同一群人，或是血缘关系密切的家族，如一家三兄弟登记了三种户籍。即便无血缘关系，共处一地的不同户类人群，在明初以来就因土地、水力等资源而有联系。但总体而言，不同户类人群关系在明前期相对松散，到明中期则随着宗族建设而逐渐紧密，开始组织化。关于福建沿海地区的宗族，郑振满指出，明代以前，当地便有不少强宗大族；不过，北宋的大族一般以当地的某些寺庙为依托，而且大多与名儒显宦的政治特权有关；南宋

---

① 嘉靖《惠安县志》卷7《课程》，第2页上。
② 杨培娜：《生计与制度：明清闽粤滨海社会秩序》，第48~52页。
③ 江大鲲等修《福建运司志》卷1《区域志》，《稀见明清经济史料丛刊》第1辑（27），第658~660页。
④ 叶锦花：《明清灶户制度的运作及其调适——以福建晋江浔美盐场为例》，第79~87页。

以降，宗族组织逐渐脱离寺庙系统，得到相对独立的发展。[①]明初，晋江沿海地区部分姓氏有宗族的观念，还有墓祭仪式，明中期则普遍修族谱、建祠堂、立祭田，整顿宗族内部关系，促进宗族组织化。此类活动与沿海地区社会变迁及国家礼制演变有关。随着正统八年（1443）浔美场和洲州场盐课折米，食盐自由运销，灶户不再是单纯的食盐生产者，他们获得通过市场自由处理食盐的权利，成为食盐运销者，并在食盐贸易及其他商贸活动中普遍兴起，具有一定的财力；与此同时，灶户注重培养子孙读书、考取科举功名，出现灶户士绅。灶户士绅在嘉靖年间大礼议之后，积极建立符合国家规范的宗族。[②]此外，也有部分灶户希望通过加强宗族建设以控制地方土地、水力等资源。

　　宗族作为在民间兴起的组织，与朝廷在地方推行里甲户籍及相应的里甲组织有着密切的关系。在许多地区，一个宗族往往只有一种户籍，与之不同，晋江沿海地区明代形成的宗族普遍登记了军、民、灶等多种户籍。明代的里甲户籍登记了各户的户类、丁口及事产等方面的内容，决定了一户之赋役种类和数量，是官府征调赋役的依据，因而，分析黄册登记的"户"所对应的现实生活中的群体，是我们了解作为国策的户籍赋役制度以何种方式在地方上运作及地方人户应役方法的关键。那么晋江沿海地区多籍宗族户籍如何支配呢？当地户籍的支配情况，具体而言极为复杂，各宗族互有不同，需结合个案分析，但大致说来，可以归纳出三种主要形式。一是宗族内部不同支派支配不同的户籍，此类宗族族人基本具有单一户籍身份。二是宗族作为一个单位登记了多个户头，

① 郑振满：《明清福建家族组织与社会变迁》，中国人民大学出版社，2009，第119~120页。

② 嘉靖十五年（1536）家庙及祭祖制度的改革，特别是允许庶民祭祀始祖，更在客观上为宗祠的普及提供了契机。参见常建华《明代宗族祠庙祭祖礼制及其演变》，《南开学报》2001年第3期。

此类宗族族人同时拥有军、民、灶等多重户籍身份。三是宗族与其他势力共享一个或多个户头，亦即宗族自身并不作为户头的完全占有者。多籍宗族的户籍支配情况，与构成该宗族的各支派在宗族建立之前的户籍登记状况有关，同时也受各支派势力发展的影响。兹以铺锦黄氏、大仑蔡氏和浔海施氏三宗族为例分别分析之。

类型一：宗族内各支派分别登记户籍——以铺锦黄氏为例

铺锦即今天石狮市宝盖镇铺锦村，明清时属晋江县二十四都，居民以黄姓为主，包括铺锦黄和中镇黄两大派，[①] 本节关注的是铺锦黄。据编修于康熙年间的《铺锦黄氏族谱》载，铺锦黄氏始祖廿八公于宋代迁居于此，到元末明初有黄福履、黄福庆和黄福崇（四世）三人。其中，黄福崇后裔衰微，传五世，"存旭生一人，流寓于广东黄河，其后事未有知之者"；[②] 黄福履后代兴起，在地方影响渐大，掌握了当地重要的水利工程龟湖塘的管理权；[③] 黄福庆子孙兴旺，人口众多。[④] 明中期前，该三派每年元旦都到宝光堂祭拜始祖。嘉靖十七年（1538），十世黄隆称廿八公"捐己地，率乡人建宝光堂为社会之所"，铺锦黄姓和毗邻的后宅村林姓及其他杂姓人共为一社，"凡子子孙孙每元旦必相率诣堂揖拜"。[⑤] 此共同仪式之外，该三派无其他共有之祭祖活动及祭田。与之不同，部分支派独立祭祖、立祭田。如明初时黄光荣、黄光生辈

---

① 明中后期，铺锦黄氏和中镇黄氏是共同居住在铺锦地区的两个独立的宗族，到乾隆年间联宗，形成了今天铺锦地区的紫云黄氏。参见叶锦花《明代灶户宗族生计变革与祖先故事演变——以石狮铺锦黄氏为例》，《社会科学辑刊》2013 年第 6 期。

② 黄鸿烈等修《锦黄衙内房支谱·叙世录·第四世·福崇公》。

③ 叶锦花：《明代灶户宗族生计变革与祖先故事演变——以石狮铺锦黄氏为例》，《社会科学辑刊》2013 年第 6 期。

④ 参见黄式度等修《铺锦黄氏族谱·叙世录》中关于黄福庆一派的记载，康熙二十六年刊刻，2002 年整理，石狮市博物馆藏影印本。

⑤ 黄式度等修《铺锦黄氏族谱·叙世录·第一世·廿八公》。

就立下墓祭父亲黄福履之祭田，"立祀地为子成公（福履公）墓祭，永遗子孙"。① 此祭田黄福履子孙"有份"，而黄姓其他支派"无份"。可见，虽然族谱将始祖追溯到宋代的廿八公，但明初以来铺锦黄各支派仅有在庙里拜始祖的共同仪式，关系相对松散，而个别支派内部关系较为紧密。

实际上，铺锦黄各支派间联系强化、宗族组织化是在嘉靖、万历年间逐步形成的。嘉靖以来，铺锦黄与当地其他势力竞争激烈，特别是与同村的中镇黄在土地和水力资源方面都存在紧张关系，为了占有土地、巩固龟湖塘管理权，黄福履和黄福庆后人联手整顿铺锦黄姓各支派间的松散状况，加强宗族建设。② 其中，黄福履后人黄隆、黄一槐于嘉靖十七年到嘉靖二十年首次编修了族谱，因"今吾族之平居里巷，其于支派分裂，日习见闻，尤得以相指而相稽也"，③ 建构了宗支派系。所建宗族以廿八公为始祖，包括四世祖黄福崇、黄福履、黄福庆三派。万历六年（1578），在黄福履后人黄大勋的支持下，铺锦黄氏建立了全族共有的祠堂，俗称"顶祠堂"。④ 至此，铺锦黄氏形成具有组织性的宗族，各支派关系更为密切。

在户籍方面，明初黄福崇、黄福庆和黄福履三兄弟的儿子（五世）分别登记了灶户、军户和民户户籍。其中，

（福履）长子光荣、三子光生同充浔美场盐课司，办盐以足国

---

① 黄式度等修《铺锦黄氏族谱·叙世录·第五世·友信公》。

② 叶锦花：《明代灶户宗族生计变革与祖先故事演变——以石狮铺锦黄氏为例》，《社会科学辑刊》2013 年第 6 期。

③ 黄隆：《铺锦黄氏新修族谱序》，黄式度等修《铺锦黄氏族谱》。

④ 黄鸿烈等修《锦黄衙内房支谱·本房祀业·祠堂祭田》。

课。光荣七甲秤子，光生六甲总催，俱西岑埕。①

　　"总催""秤子"是明代灶甲中的职役，类似于民户里甲之里长、甲首。②永乐年间，灶户黄光荣的三个儿子析为三户，包括一民二灶，"长子珈琏民籍"，"次子珈琲金补泏州场西新埋四甲秤子"，"三子珈玟承父友信公当浔美场西岑埕七甲秤子"。③三籍中，黄珈玟承父之职役，而黄珈琏户和黄珈琲户的赋役为新增。此后，该三户不再析户，而黄光生户不曾析户。故灶户黄光生、民户黄珈琏、灶户黄珈玟和黄珈琲户籍被子孙后代世袭。

　　与黄福履一支登记灶、民二类户籍不同，黄福庆的三个儿子原一、原二和原三明初时被垛集。明初垛集是合多个原来可能没有赋役关联的户共同垛一丁服军役。黄原一三兄弟不是与铺锦黄姓其他支派共同垛集，而是和"本县三十三都二图正军吴寿奴（吴尾英）二户，共垛充南京留守中卫军"。④到嘉靖年间，黄福履一脉仍为军户，"今子孙号为黄原军"。⑤

　　黄福崇一支的户籍族谱无载，他们可能登记了民籍，因为民籍是明代最普遍、最普通的户籍，所以一般不会特别提及。该支明中期时已不在本地繁衍，故而其户籍情况不影响此处分析。

　　黄福履、黄福庆两派于洪武、永乐年间登记的户籍由各派分别支配。嘉靖到万历年间，铺锦黄氏加强宗族建设，将原属不同户籍的各

---

① 黄鸿烈等修《锦黄衙内房支谱·叙世录·第四世·子成公》。
② 徐泓：《明代前期的食盐生产组织》，《台湾大学文史哲学报》第24期，1975年，第20页。
③ 黄式度等修《铺锦黄氏族谱·叙世录·第五世·信公》。
④ 黄式度等修《铺锦黄氏族谱·叙世录·第五世·原一》。
⑤ 黄式度等修《铺锦黄氏族谱·叙世录·第五世·原一》。

派整合进一个宗族。户籍是否随宗族建设发生变化呢？嘉靖三十一年（1552），族人黄志道试图合并黄珈玫户与黄光生户。谱载：

> （光荣公）三子珈玫承父友信公，当浔美场西岑埕七甲秤子，原在本都三图七甲下甲首。嘉靖三十一年，玄孙志道等告准归宗，与肃斋公合户，当本图十甲里长。盐各照旧随甲自当，故今子孙不得合于一。[1]

黄志道为黄珈玫玄孙，属黄珈玫户，充当浔美场西岑埕秤子及二十四都三图七甲下甲首。肃斋公即五世祖黄光生，该户承担浔美场西岑埕六甲总催及府县里甲义务。嘉靖三十一年黄志道"告准归宗，与肃斋公合户"，共同承担本图十甲里长。黄志道为何致力于与黄珈玫和黄光生二户合户？此举关乎现实利益。嘉靖四年，黄光生户黄一栋中举，是为该族第一位举人。明代，有功名者有优免赋役之特权，实际上，人们往往滥用该特权扩大优免范围，与黄光生户合户可借举人身份减轻赋役。不过，黄志道之举以失败告终，黄珈玫户与黄光生户没能合并，"子孙不得合于一"。明代，合户并非易事，朝廷为维持赋役之额，禁止民间变更户籍。就灶籍而言，嘉靖年间，浔美场和泗州场灶丁、事产没有定额，[2]但各场盐课总额固定，灶户为避免到盐政衙门当差，经常隐瞒灶丁，导致灶丁越来越少，[3]官府为遏止此类现象，不许灶户合户实属正常。两个灶户尚不能合户，遑论灶与民、灶与军等不同类户籍，因而铺

---

① 黄式度等修《铺锦黄氏族谱·叙世录·第五世·光荣》。

② 童蒙正、林大有等纂修《福建运司志》卷2《都转运使何思赞呈造盐册事宜》，《天一阁藏明代政书珍本丛刊》（10），第325页。

③ 万历《泉州府志》卷7《版籍志下·盐课》，第14页下。

锦黄氏宗族组织化后，户籍登记及其支配情况不变。

　　简言之，铺锦黄姓加强宗族建设后，军户、民户和灶户仍由原来各支派支配，此情况并非铺锦黄氏之特例，晋江沿海地区尚有其他宗族如此。明代，聚居于晋江市陈埭镇的陈埭丁氏就有军、民、灶三籍，族人丁自申称："国初更定版籍……公（四世祖仁庵）抵县，自言有三子，愿各占一籍，遂以三子名首实而鼎立受盐焉。"①三子各占一籍分别登记了军、民和灶籍，其中，丁自申的祖上观保（仁庵中子）为灶籍，其称"吾高祖之父诚斋府君者……讳曰观保，今隶盐籍即其名矣"。②

类型二：族人共同登记多种户籍——以大仑蔡氏为例

　　石狮市凤里街道大仑、树德等地方（明清时属晋江十七八都）以蔡为大姓，有"大仑蔡氏"之称。据谱载，始祖厚翁公大约于宋徽宗时迁居大仑，宋元时为地方豪族，"乡之居纯吾蔡族，余多先之供役于门下者，后以吾家中衰，耻称主仆焉"，③十世祖充耘公为"中顺大夫，官广州道"。④此类记载可能是修谱者对祖先的溢美之词，笔者所见大仑蔡氏族谱较为简单，泉州地方志亦无相关记载，因而难以将其坐实。不过可以肯定的是，明初以来大仑蔡姓分长、次二房，有共同的祭祖仪式。蔡一含曰：

　　　　吾蔡始祖翁祭田之废，不稽年世。抵今岁首，祭扫之礼，乃缘族之完娶及生男者举之。夫祭扫之礼，仅存之礼也。而其所以举者

①　庄景辉编校《陈埭丁氏回族宗谱》卷3《传记、行状·府君仁庵公传（丁自申撰）》，香港绿叶教出版社，1996，第61页。

②　庄景辉编校《陈埭丁氏回族宗谱》卷2《纪、说、表·宗族说》，第28页。

③　蔡一含：《晋江大仑蔡氏族谱序》，永和菌边修谱组编修《石狮大仑蔡氏族谱》。

④　叶向高：《晋江大仑蔡氏族谱序》，永和菌边修谱组编修《石狮大仑蔡氏族谱》。

又非出于祭田，良可惧也。始祖以下长、次二房祭田，入明以来，变弃甫尽，且田之所弃者多没自本族。其甚而昭穆者，吾长房祭田二段，坐本乡宗祠前及官塘者，其田米先时开属本房，各子孙均赔。曩虽典与宗人某，历今视为己物，仍不坐产。夫既得祭田而又不坐产，是上既获泪于先人，而下复有妨于子孙也。含近者以是为言，某约曰："将本田所该纳之产折直祭扫二墓矣。"然此要未得为至鲁也，况得为至道乎？①

虽然入明后，始祖和长、次二房分房祖的祭田无存，但他们的墓祭仪式犹存。在墓祭经费方面，前者由族人新婚者及生男者筹措，后者部分由典买祭田的族人提供。

明中期，大仑蔡氏部分族人读书、识字，如十九世蔡一含为邑庠生。② 蔡一含在嘉靖大礼议后，于嘉靖三十七年（1558）至嘉靖四十四年编修族谱，③ 声称要将大仑蔡氏建成一个符合朱子《家礼》规定的宗族，④ 所编修族谱包括了以十世复璋和充耘为分房祖的长、次二房，二房共有必端、必明、必昌、宗绍、宗嗣五宗支。

在户籍方面，必端、必明、必昌、宗绍、宗嗣五宗支自明初以来立有灶、军、民三籍，即：

吾族入明以来应当军、民、盐三户，军、民合而为一，盐则折

---

① 蔡一含：《晋江大仑蔡氏族谱附录卷全》，永和菌边修谱组编修《石狮大仑蔡氏族谱》。

② 永和菌边修谱组编修《石狮大仑蔡氏族谱·支系图·十九世·一含》。

③ 蔡一含：《晋江大仑蔡氏族谱序》，永和菌边修谱组编修《石狮大仑蔡氏族谱》。

④ 蔡一含：《晋江大仑蔡氏族谱附录卷全》，永和菌边修谱组编修《石狮大仑蔡氏族谱》。

而为四，其当之之法祖传至今不废。①

　　此处以"吾族"为叙述对象，说明所载户籍为整个宗族所有，即明代以来该族共同支配军、民、灶户。"军、民合而为一"当指族人以共同的组织承担民差和军役，而非民和军二户头合一，该族军户户名有蔡景凤、蔡习、蔡愈杰等，而"民户首名率以十年一次，随黄册改更"。②灶籍一户分为四户，即蔡温、蔡秀、蔡礼、蔡郎四户。关于族人支配四灶户的情况，蔡一含指出，"又所分盐户不随支派，盖有均亲而分者，有均亲而不分者。其一曰蔡温者，为十一世祖必端、必明公之后也；其二曰蔡秀者，为十一世祖必昌公之后也；其三曰蔡礼者，为十一世祖宗绍公之后也；其四曰蔡郎者，为十一世祖宗嗣公之后也"。③可见，必端、必明两支共享蔡温户，必昌一支为蔡秀户，宗绍一支为蔡礼户，宗嗣后代为蔡郎户。

　　除大仑蔡氏，晋江沿海地区其他宗族亦有族人共享多种户籍的情况。如据《岱阳吴氏宗谱》载，岱阳吴氏始祖观志公（1346~1430）于明初定居晋江县十七八都岱阳（今晋江市龙湖镇埭头村），洪武初年登记了灶、军、民三种户籍，"洪武三年，应诏充盐。九年，充留守南京右卫军。夫以匹夫之身，而当三事之后，可谓烈丈夫矣"。④"当三事"即承担灶、军、民三差。据此，明初观志公一人登记三籍，不过，观志公有子义、子仁和子惠三子（后发展为三房），登记户籍时是其自身一人

---

①　蔡一含:《晋江大仑蔡氏族谱附录卷全》，永和菌边修谱组编修《石狮大仑蔡氏族谱》。

②　蔡一含:《晋江大仑蔡氏族谱附录卷全》，永和菌边修谱组编修《石狮大仑蔡氏族谱》。

③　蔡一含:《晋江大仑蔡氏族谱附录卷全》，永和菌边修谱组编修《石狮大仑蔡氏族谱》。

④　黄允铭、庄征澈、吴起谤等修《岱阳吴氏宗谱》第 1 本,《岱阳吴氏大宗谱·第一世·观志公》。

登记三籍，还是三子各登一籍，由于材料阙如不得而知。但不管明初如何登记，到明中期该族族人势必共同支配军、灶、民三籍，因为生活于当时的七世孙记载本族赋役时并不区分支派，而是认为三种差役是由始祖开始承担的，九世孙亦指出"当国家定鼎之初，（观志公）卜居岱阳，充军、民、盐三籍，遂肇百千年不刊之绪"，[1] 整个宗族族人作为始祖的子孙，当继承该三籍。

类型三：与其他势力共同支配户籍——以浔海施氏为例

浔海又称浔江、南浔，即今晋江市龙湖镇衙口、南浔两村地区，[2] 明朝时，施、粘二姓同居当地，入清后，施氏因拥有收复台湾有功的施琅这样功名显赫的族人而在当地凸显。施姓于南宋初年定居于浔海，明中叶崛起，嘉靖间始修族谱，崇祯时建祠堂，至明末已形成颇具规模的聚居宗族。[3] 该族以评事公为始祖，以六世祖为分房祖的话，可分为彦仁、守忠、济民三大房。

明初施济民还被编佥为浔美场灶户，谱载"公于洪武初受朝廷冠带，为百夫长，隶盐民千余户，司浔美场国计，输课于京，卒于南直隶"。[4] 彦仁和守忠的户籍族谱无载。不过，评事公后裔三支与评事公的从弟施一哥一支及"自我四世祖已来归祖"的施四郎一支明初时共同登记了军户，承担云南屯军军役。[5] 到明中期，浔海施姓所建宗族并没有

①　黄允铭、庄征澈、吴起谤等修《岱阳吴氏宗谱》第1本，《岱阳吴氏大宗谱·第一世·观志公》。

②　蔡尔辇整理《晋江的女真满族》，中国人民政治协商会议福建省晋江县委员会文史资料工作组编《晋江文史资料选辑》第8辑，1987，第80页。

③　郑振满：《明清福建家族组织与社会变迁》，第136~137页。

④　施克达：《六世祖万安公跋》，施德馨纂辑，施世纶等补辑《浔海施氏大宗谱》卷1，《台湾关系族谱丛书》（1），第19页。

⑤　施克达：《重修一哥四郎二派实录》，施世纶等编纂《浔海施氏族谱》卷1，泉州市图书馆影印清康熙年间刊刻本。

包括施一哥和施四郎两支，因而浔海施氏作为一个宗族与族外其他势力共同支配军籍。

综上，明初以来，晋江沿海地区不同户籍人群共处一地，有诸多联系，宗族或由原本被编佥为不同户籍的人组成，或由一群登记有多种户籍的人建立；宗族形成后往往延续各支派的户籍情况，呈现出多籍的特征。族人与户籍关系复杂多样。当然，此处无意否定个别姓氏在加强宗族建设时更改户籍的现象，事实上，这种情况存在于晋江沿海地区。比如，沙堤龚氏（聚居于今石狮市永宁镇沙堤村）在万历年间重组宗族时，就撇清本族与军户的关系，且增加了灶户户头。[①] 但更改户籍并非普通百姓可为，它往往需要拥有较强实力、有高科举功名者或为官者之助才可能实现（此处不详述）。还需要特别指出，本节详细分析了晋江沿海地区三个宗族的形成和户籍支配情况，可作为当地的三种类型，但绝不能穷尽晋江沿海地区宗族与户籍之间复杂的对应关系。

二　多籍宗族的赋役承担

明中期福建、广东、鄂东地区往往形成以宗族为本位的赋役团体，家族内部共同继承里甲户籍、分摊相关义务，晋江沿海地区的多籍宗族是否也如此？多籍宗族如何应役？

晋江沿海地区亦不乏以宗族为单位的赋役团体，不过多籍宗族的族人同宗未必同籍，不一定共建赋役团体，即便如大仑蔡氏那样的族人一同支配多种户籍，宗族内部赋役承担方式也较单一户籍宗族复杂，因为

---

① 叶锦花：《明清灶户制度的运作及其调适——以福建晋江浔美盐场为例》，第125~127页。

明中后期的灶、军和民虽田赋制度及征收方式无别，[①] 但户役不同，征调机构、组织、方式和原则各异。具体而言，民户只需承担府县方面的里甲正役和杂役，而灶户需应对府县、盐场两套机构之差役，军户则承差于府县和卫所。首先，军户、灶户作为明王朝的编户齐民，与民户一同被编入里甲组织，应府县之差役，其中，灶户服里甲正役，免杂役；军户免去户下正军及相应贴军的正、杂差役，其余人丁之役则与民户无别。其次，灶户和军户另有专差。灶户需完成灶役，由浔美和氽州二场通过独立于里甲的埕甲组织征调。灶役包括两类。其一，灶户缴纳盐课。明初，浔美和氽州二场盐课为本色盐，即灶户生产食盐，以食盐为盐课缴纳官府盐仓，应纳盐课额可能受户等影响，之后摊入灶丁及事产中。其中，浔美场灶丁每丁纳盐 3100 斤，事产（包括民田、地、山、塘、海荡、蛏埕、蚝屿）每亩纳盐 102 斤 8 两 [嘉靖四十四年（1565）后每亩加 8 斤]；氽州场灶丁每丁纳盐 1850 斤，事产（民田、地、山塘）每亩纳盐 102 斤 8 两。[②] 正统八年（1443）盐课折米，每盐一引（400 斤）折米一斗。[③] 嘉靖九年、十九年盐课逐渐由米折银，米一石折银 5 钱 3 分。[④] 改折后，灶户向盐场缴纳一定数量的米粮或白银即可。其二，灶户充当总催、秤子等职役，督促普通灶户制盐，带领他们到盐政衙门当差，催征盐课。在制度上，福建各盐场总催由灶户轮流充当，"今后该司

---

① 明代田赋是向田地征收的税，根据土地的面积及土地等级课税，并受到田地的自然属性（田、地、山、塘等）及占有情况（官、民）影响。关于明代田赋的相关规定及其演变，请参见《一条鞭法》，《梁方仲文集——明代赋役制度》，第 32~33 页。田赋与户籍类别无关，不同户类下田赋规定及其演变都一样。

② 江大鲲等修《福建运司志》卷 8《课程志·额派》，《稀见明清经济史料丛刊》第 1 辑（28），第 262~265 页。

③ 江大鲲等修《福建运司志》卷 8《课程志·额派》，《稀见明清经济史料丛刊》第 1 辑（28），第 269 页。

④ 万历《泉州府志》卷 7《版籍志下·盐课》，第 12 页上。

十年攒造黄册，查将各场灶户额课丁力尽数开报，如人丁、盐额多者编为总催，五年一更"，[①]而实际运作中则逐渐由固定灶户承担。军役则包括派遣人丁到指定的卫所当兵，户下其他人共同提供所需军贴、盘缠，并随时准备被勾军。明中期，一条鞭法改革是否改变民、军、灶各役分别承担之状况？万历初年，都御使庞尚鹏在福建地区推行一条鞭法，将"通府州县十岁中，夏税、秋粮存留、起运额若干，纲、徭、兵、站加银额若干，通为一条，总征均支。异时民间征派名色一切省除"。[②]赋和役"总征"后，福建赋役统分丁银、地银二项，"通计一岁共用银若干，照依丁、粮编派"。[③]需要特别指出的是，一条鞭法中被合并的各项，不管是夏税、秋粮，还是纲银、均徭、民壮、驿传，都是州县系统征调的赋役项目，不包括由盐场征收的盐课，亦与卫所军役无涉。即便实行一条鞭法后，灶、军役与民差仍分开由不同的部门，以不同的方式、组织征调，致使多籍宗族应役情况比单一户籍宗族更为复杂。以下仍以铺锦黄氏、大仑蔡氏和浔海施氏为例进行分析。

类型一：铺锦黄氏各支派分别承担军、民、灶役

明中后期的铺锦黄氏宗族由各自登记了户籍的许多支派构成，各户籍对应的现实生活中的群体不是宗族，而是宗族内部的支派，赋役由各户亦即各支派独自承担。

灶户各支派以户为单位形成赋役团体独立承担户下灶役及民粮、民差。嘉靖三十一年（1552），黄志道试图合并黄珈玖户和黄光生户，但最终仅实现了两户向府县承担的里甲差役的合一，黄珈玖户由原来充当

---

① 江大鲲等修《福建运司志》卷 6《经制志·均定课赋》，《稀见明清经济史料丛刊》第 1 辑（28），第 131 页。

② 崇祯《闽书》卷 39《版籍志·赋役》，《四库全书存目丛书》史部（204），第 735 页上。

③ 崇祯《闽书》卷 39《版籍志·赋役》，《四库全书存目丛书》史部（204），第 734 页下。

二十四都三图七甲下甲首改成与黄光生户同当"本图十甲里长"。而两户灶役仍须分别完成，黄珈玟户充当浔美场西岑埕七甲秤子，黄光生户则依旧为浔美场西岑埕六甲总催。此外，黄珈琏户仍是汭州场西新埕秤子。

黄原军军户由黄原一等三兄弟与吴氏共立，军役由该三兄弟后代与吴氏共同承担。永乐五年（1407），该军役由南京留守中卫调云南景东卫，至明中期没再变动。明初以来，黄原一等三兄弟后人和吴氏从原籍派遣人丁到卫所充当卫军，直到弘治、正德年间仍如此。如原三后人、九世黄饶仔（镇之子，字启余）到云南承担军役，谱载"弘治十三年七月内解补云南景东卫军"。[①] 正德十六年（1521），"因景东卫军启余病故，无嗣"，[②] 黄启余的堂兄弟黄琚仔（文套之子）"方十六岁，起解补伍"，"其弟星仔随兄在卫"。[③] 黄琚仔到景东卫后在当地繁衍，"（琚仔）就卫生男三，聪、明、细三"。[④] 此后，黄原军军户在景东卫的军役当由黄琚仔、星仔及其后人承担。一方面，族谱记载了琚仔、星仔到景东卫充当卫军后，没再记录其他族人到卫所；另一方面，琚仔、星仔及其后人被排挤出原籍宗族。康熙年间编修的族谱只在琚仔、星仔父亲的"叙世录"中提及他们到卫所之事，并没有将其及其后代收入谱系。[⑤] 铺锦黄氏当发展成原籍军户与卫所军户两派，其中，卫所军户承担卫所军役，原籍军户服府县里甲差役，"当本都五图七甲里长"。[⑥]

---

① 黄式度等修《铺锦黄氏族谱·叙世录·第八世·镇》。
② 黄式度等修《铺锦黄氏族谱·叙世录·第八世·文套》。
③ 黄式度等修《铺锦黄氏族谱·叙世录·第八世·文套》。
④ 黄式度等修《铺锦黄氏族谱·叙世录·第八世·文套》。
⑤ 具体可查阅黄式度等修《铺锦黄氏族谱·叙世录·第九世》《铺锦黄氏族谱·叙世录·第十世》。
⑥ 黄式度等修《铺锦黄氏族谱·叙世录·第五世·原一》。

宗族内部应役以"户"为单位，对铺锦黄氏而言，各"户"正好与某些宗支相对应，因而形成以宗支为单位的赋役团体，宗族不是应役单位，其赋役职能似乎有限。不过，户籍支配及应役方式影响到宗族的发展及内部关系。铺锦黄氏中承担灶役的支派关系较为密切，而军户支派逐渐演变为原籍军户和卫所军户两个支派。

类型二：大仑蔡氏军、民、灶役承担办法及其演变

较之铺锦黄氏，大仑蔡氏宗族与赋役关系更为密切。明初，大仑蔡氏因承担军役而各派关系密切，明中期加强宗族建设的另外一个目的是处理族内赋役。嘉靖年间蔡一含修谱时就指出加强宗族建设以便明确族内赋役责任，避免赋役纠纷，称"区处赋役以省冗费，以节纷劳，以杜竞端。盖族众则各自为心季〔计〕，世之所不免。惟区处得宜，俾有定规，不特赋役可使于供，而亦睦族之一助也"，[①]并在族谱附录中专立"区处赋役"一条，详细记载本族户籍和应役方法。

大仑蔡氏至迟在宣德年间就以长、次二房轮流的方式承担军役。蔡氏明初充当南京守中卫，洪武十九年（1386）调凤阳卫，宣德三年（1428）调泉州卫。卫所军役地点变化与中央王朝的军政制度调整相关。明初朝廷为了战事，曾大规模、远距离调遣卫所军士，出现卫所与原籍家乡距离窎远，勾补军役困难的现象，后来的应补军士或逃亡，或留在附近卫所寄操当差。宣德年间，明廷承认边远卫所军士在原籍附近卫所寄操的事实，并尽量将卫军分配在附近卫所当差。[②]以朝廷调整卫所政策为契机，大仑蔡姓军役从凤阳卫调回离家近的泉州卫，同时，蔡氏族人商议了应对军役之法，就如何派遣军丁到泉州卫寄操及征收军贴分别

① 蔡一含：《晋江大仑蔡氏族谱附录卷全》，永和菌边修谱组编修《石狮大仑蔡氏族谱》。
② 杨培娜：《生计与制度：明清闽粤滨海社会秩序》，第44页。

做了规定。在派遣军丁方面，蔡氏协定由长、次两房的人轮流派遣人丁到泉州卫寄操，十年一轮。在轮值的十年中，若寄操军死亡、逃绝，由轮值一房派遣本房其他人丁顶役，十年役满才轮到另一房派遣人丁赴卫所。一房中如何决定谁去卫所？按协议，除宗孙、衰微者、老弱者、生员及其父等人员优免外，族内其他成丁都有到泉州卫寄操的责任，具体谁去则由轮值该房抓阄儿决定。与两房轮值选派寄操军丁不同，军贴不是按房轮流征收，而是由户长向通族成丁（痼疾、生员等特殊人员除外）科派。①

　　宣德三年始行的两房轮值军役法大概实行了六次，到成化二十年（1484）发生变化。是年，大仑蔡氏军户在泉州卫服役人员死亡或逃绝，官府前来"勾丁"。族人重新商议轮值方案，"以十年交代为太聚者，于是易以一世三十年之说"，②即改十年一轮为三十年一轮。商议之时正值长房承担卫所军役，因而"特推长房丁蔡进应役，进即愈杰"。③按三十年一轮计算，长房军役到正德九年（1514）结束，此后至嘉靖二十三年（1544）由次房顶替。不过，新方案没被执行。蔡愈杰充当泉州卫寄操军后，在泉州卫定居、发展，并挑起了该族充当寄操军丁的重担，嘉靖九年，其长子蔡椿就顶补了军役，④直至嘉靖四十四年，居住在大仑的族人不曾派遣人丁到卫所当兵。此为大仑蔡氏宗族及军役应役方式一大转变，该族衍派出居住在泉州卫的一个支派（卫所军户），而原乡族人（原籍军户）逐渐脱离卫军之责。可以推断，成化至嘉靖期间，居住在大仑的族人与蔡愈杰一支曾协商过，约定由蔡愈杰子孙专门承担卫所军

---

① 蔡一含：《晋江大仑蔡氏族谱附录卷全》，永和菌边修谱组编修《石狮大仑蔡氏族谱》。

② 蔡一含：《晋江大仑蔡氏族谱附录卷全》，永和菌边修谱组编修《石狮大仑蔡氏族谱》。

③ 蔡一含：《晋江大仑蔡氏族谱附录卷全》，永和菌边修谱组编修《石狮大仑蔡氏族谱》。

④ 永和菌边修谱组编修《石狮大仑蔡氏族谱·支系图·第十七世·椿》。

之责任，原籍族人提供军贴，因而嘉靖九年，原籍族人"装贴依旧"。①不过，该协议不久便被破坏，在嘉靖九年到嘉靖四十四年的35年间，居住在大仑的族人没再支付任何装贴费用，"后并其贴而亡之，抵今役尚未有代也"。②不仅如此，在泉州卫的人和在大仑的族人之间断绝了联系，"盖自愈杰出徙应役后，彼此久不相闻八十余年，间扫吊贺之礼废，而相资助、相纠正之义亦固以不举"。③可见，嘉靖年间，大仑蔡氏原籍宗族逐渐脱离军役。

大仑蔡氏长、次二房轮流承担军役外，还应民、灶二役。嘉靖九年后，卫所军由在营蔡愈杰一派独自充当，蔡一含称一派专应军役甚为方便，"一派专应军役，不与民、盐，或亦一便，可相安无事，长久行之耳"。④此语透露了此前盐、民二役与军役一样都由族人共同应对的信息。其中，民差与军役一样由长、次二房轮流承担，"十年之内依长、次房分轮直"。⑤虽然方式一样，但因军役、民差内容互异，蔡氏做出了不同的规定。民户设户长，户长负责登记族内田地业买卖、策应官府催征人役之事，严革子孙转受诡寄等。⑥民差长、次二房轮当之法，当受到军役影响，因为明初以来军户须共同提供军贴，户内人员较早即须协商、组织起来。

明中期，灶户亦有户长之设，"盐随户亦有户长之设，但不如民司之详耳"。⑦蔡氏应对灶役手段与民、军不同，不是长、次二房轮值，而

---

① 蔡一含：《晋江大仑蔡氏族谱附录卷全》，永和菌边修谱组编修《石狮大仑蔡氏族谱》。
② 蔡一含：《晋江大仑蔡氏族谱附录卷全》，永和菌边修谱组编修《石狮大仑蔡氏族谱》。
③ 蔡一含：《晋江大仑蔡氏族谱附录卷全》，永和菌边修谱组编修《石狮大仑蔡氏族谱》。
④ 蔡一含：《晋江大仑蔡氏族谱附录卷全》，永和菌边修谱组编修《石狮大仑蔡氏族谱》。
⑤ 蔡一含：《晋江大仑蔡氏族谱附录卷全》，永和菌边修谱组编修《石狮大仑蔡氏族谱》。
⑥ 蔡一含：《晋江大仑蔡氏族谱附录卷全》，永和菌边修谱组编修《石狮大仑蔡氏族谱》。
⑦ 蔡一含：《晋江大仑蔡氏族谱附录卷全》，永和菌边修谱组编修《石狮大仑蔡氏族谱》。

是四户分别承担。四户各设户长,由户长协调户下人群之灶役责任。灶户户长与民、军户长不同。

共同应对军役无疑加强了蔡氏一族的凝聚力,早在宣德年间他们就以长、次二房的形式应役,以共同应役的两房为主体,嘉靖年间蔡一含构建蔡氏宗族的目的之一也是为了更好处理各种赋役。而军役承担方式的变更则改变了宗族内部结构。

类型三: 赋役转移及施姓三派共当军、灶役

编户齐民的赋役责任以黄册登记为依据,在实际运作中,不乏遵守规定者,但地方豪强将本户赋役强加给弱小者的情况也司空见惯。晋江地区多籍共存,且不同户籍所对应的群体部分交叉,为赋役的转移提供了条件。浔海施氏军、灶赋役承担及演变很好地反映了此种情况。

在军役方面,明初以来,浔海施评事一派与一哥公和四郎公支派共担军役,最初,云南屯军由一哥公的六世孙天乞承担。施姓在云南的屯军军役早在明初就交由天乞在云南的后代承担,"自天乞乏而云南军皆施氏云南赘婿承当,约十年一回祖家取贴,而我施三派共抵还军装",[1]评事、一哥、四郎三派只提供军贴,到万历年间仍如此。

灶役方面,浔海评事公后人施济民在明初成为浔美场百夫长,而施济民兄弟彦仁公、守忠公的后代并没有被佥为灶户,理论上讲,他们无须服灶役。一哥公和四郎公两派是否登记灶籍无从知道,不过,即便有,他们的灶役也与施济民户无关。但到明中期,施济民、施彦仁、施守忠的后人及一哥公派和四郎公派都须服灶役,施克达称"军、盐户役三派悉共应之"。[2]"共应之"排除了三派分立多个灶籍、分别承担灶役

---

① 施克达:《重修一哥四郎二派实录》,施世纶等编纂《浔海施氏族谱》卷1。

② 施克达:《重修一哥四郎二派实录》,施世纶等编纂《浔海施氏族谱》卷1。

的可能,说明三派只承担一个灶户的灶役,而该户当是明初施济民所立之户。换言之,承担施济民户灶役的主体范围扩大,原本与其无关之人也要应役。

为何明中期与施济民共担军役的施姓各派都有灶役责任?这与各相关势力发展失衡有关。明中期,施济民派逐渐发展成上述施氏各派中势力最强的。首先,在评事公后裔中,施济民派人口最多。谱载,施济民生九子,传二十五个孙子,到曾孙硕德时所建屋方一里,子孙合爨者七十多人。[①] 在传统中国,人多往往势众。其次,早在弘治年间,施济民后人、九世祖硕德公在当地势力强大。硕德公被称为该支派的"中兴之祖",他拥有大量财产,在地方上有重要影响力,谱载其"抗制土豪不吝千金之费,周恤穷困恍乎同体之视。岁值大饥,尝赈粥活人;疫疠盛行,多业棺恤葬。由是强者服其义,乏者怀其恩。自此家势日盛而家声益张矣"。[②] 再次,虽然守忠公支派有庠生,但施济民派庠生修族谱,在宗族内部具有较高威望。明中期以来,施济民派是评事公后代中势力最为强大的一脉,且积极加强浔海施氏宗族建设,在地方上树立威望。一哥公支派到明中期势单力薄,"所传兹十四世矣,丁且无几"。[③] 四郎公后裔中旺盛的一支则居住于安溪,而留在本都的人较少,"比来亦惜其乏者甚众"。[④] 总之,浔海施氏是三个支派中实力较强者,而浔海施氏中,施济民一支最强,他们足够强势将原本由本支承担的灶役摊给其他支派共同承担。而三派共担军役,明初以来就必须为如何派遣军丁、筹措军

---

① 施克达:《六世祖万安公跋》,施德馨纂辑,施世纶等补辑《浔海施氏大宗谱》卷1,《台湾关系族谱丛书》(1),第19页。

② 施克达:《曾祖父硕德公志》,施德馨纂辑,施世纶等补辑《浔海施氏大宗谱》卷1,《台湾关系族谱丛书》(1),第27~28页。

③ 施克达:《重修一哥四郎二派实录》,施世纶等编纂《浔海施氏族谱》卷1。

④ 施克达:《重修一哥四郎二派实录》,施世纶等编纂《浔海施氏族谱》卷1。

贴进行各种商量，组成军役、赋役团体，这为施济民支派将灶役强加给他们提供了条件。

虽评事公、一哥公和四郎公三支派共同承担军役，但军役早在明初就由赴卫所的天乞一脉承担，因而该三派没有形成严密的赋役组织，且此后一哥公、四郎公两支派在本地的繁衍不顺，因而虽然浔海施氏修谱时把二派的谱系附在族谱中，但没有把他们纳入宗族。

综合上述，铺锦黄氏、大仑蔡氏和浔海施氏这三个宗族的户役承担办法各异，说明了多籍宗族与赋役的关系复杂，宗族内部应役方式多样。既有类似大仑蔡氏这样全族人都需要应军、民各役，即便二役由同一群人承担，但宗族内部须形成不同的规定分别应对各役，而无法将各役叠加起来共同处理的情况；又有如铺锦黄氏这样的一个宗族内部各支派拥有不同户籍，各派独立应役，不存在以宗族为单位的赋役团体的情况；还有像浔海施氏一个宗族与其他支派共担军役，而势力强大者将灶役摊入军役共同体中的情况。宗族以哪种方式应役，最为关键的因素是宗族内部户籍登记情况，宗族的建立虽然可能调整赋役承担方式，但不同户类的户役难以合并，实际中也不普遍。赋役的承担也可能受地方势力影响而偏离户籍登记。

户籍制度是明朝的基本制度，是赋役征派的依据，明初官府整顿晋江沿海地区的户籍时，地理空间上的模糊界定导致当地军户、民户、灶户等户类人群杂居共处。在制度上，军户和灶户除受府县管辖外，还拥有独立于民户的户籍管理和徭役征调系统，在实际运作中，杂居共处的不同户类人群有诸多联系。由原属不同户籍的多群人或拥有多个户籍的同一群人构成的宗族，与许多地区不同，不是一个里甲户籍发展成为一个宗族，亦非一个宗族占据一个里甲户籍，而是同时拥有军、民、灶等多种户籍。由于明代民间不能随便更改户籍，且不同户类的户籍管理和赋役征调体系互异，各役无法合并，因而多籍宗族往往需要多个赋役团体，以多种方式应对各役。多籍宗族户役的承担办法，一方面受族内户籍支配情况影响，大体而言，由分别登记不同户籍的人群组成的宗族赋役仍由各支派独自承担，由一群共同登记了灶、军、民多种户籍的人组成的宗族，族人共同承担各役；另一方面，也不能排除势力强大者将自己的户役摊到弱小者身上。上述情况都使多籍宗族赋役负担变得极为复杂。

　　晋江沿海地区多籍宗族的应役情况说明了明中后期地方百姓的应役方式复杂多样，可以以宗族为单位组成赋役共同体，也可以以宗族内部的某些支派为赋役团体，甚至在一个宗族内部形成多个不同层次的组织应对不同的役。影响应役具体办法的最为关键的因素是户的支配范围及支配形式，它决定了承担赋役的主体。在明初，支配户的主体较为简单，一般认为以单个家庭为主，明中后期，户从人丁事产相互结合的登记单位逐渐演变为田地与赋税登记单位，所对应的主体逐渐复杂化。[①]晋江沿海地区明中期以来宗族发展，一个户对应的主体往往以宗族或宗支方式呈现，而一个宗族内拥有不同的户使得户与宗族或宗支的对应关系较复杂化。户籍制度作为中央王朝在地方推行的基本制度，是官府征调赋役的依据，而宗族是地方兴起的组织，分析二者的具体结合情况是探讨中央王朝户籍制度在地方上具体落实、运行情况的关键。

　　户籍支配情况及赋役承担方式则在一定程度上影响到宗族结构及凝聚力。一般而言，一族内，共享户头的支派因需要一起应对赋役而更具组织性和凝聚力，而分属不同户头的支派之间关系则相对松散。户役，特别是军役的承担方式，在很大程度上影响着宗族的建设及内部结构。

---

① 刘志伟：《明清珠江三角洲地区里甲制中"户"的衍变》，《中山大学学报（哲学社会科学版）》1988 年第 3 期。

事实上，多籍宗族的应役可以视为属地管理体制的一种延伸，是一种国家在场的表现。宗族应役虽然有多种灵活的方式，与社会权力的组织方式切合，但也具有一定的约束力，在各类家规之中，常常有应役优先的说法。

第三节　盐场秩序中的栅甲与宗族

广东盐场的情况与福建既类似又有差异。本书第一、第二章已经指出，景泰以来国家在广东采取了栅甲制作为盐场编户和征收赋役的方式。本节要探讨的问题是广东盐场与福建盐场编户与赋役征收征发方式的异同。显然，栅甲制名义上仍然维持着轮役与管理的结构，但在灶户户役变迁的潮流中，亦逐步与盐场自身的人群、家族等组织融合，其推行的实况，取决于国家的利益与地方社会的利益在哪一点上可以达成一致。

对于清代盐场的基层运作状况，不仅典章、盐法志、方志等记载语焉不详，今人的研究也常常因为清前期文献的阙如而浅尝辄止。所幸广东东莞县靖康盐场《凤冈陈氏族谱》是一部反映清前期盐场家族日常状况的文献，其中保存了大量与盐场相关的重要记载。现存的《凤冈陈氏族谱》虽是同治八年（1869）的刻本，但其底本主要依据乾隆十九年（1754）编修本的内容而有所增益，由此保留了大量广东发帑收盐时期盐场的相关信息。通过解读《凤冈陈氏族谱》的相关记载，可以厘清清代广东发帑收盐时期盐场宗族和发帑收盐的基层运作之间的复杂联系，由此在此前关于盐场户籍和管理模式的基础上，进一步深化对清代盐场社会的了解。

一　课盐分离与清代盐场宗族的赋役完纳

发帑收盐的实施基础是盐场的课盐分离。课盐分离是明清之际盐场制度最大的变化。李三谋指出，由于明中后期盐场盐田等的兼并、私有严重化，官府不得不将本色灶课（盐）改为折色征银，使盐与课分离。清代普遍实行全面的盐田纳银税，食盐和灶课的分离程度更为彻底，盐与课完全成为两个范畴。为了加强专卖的管理，在整个盐业经济活动中，国家力图把食盐的流通限制在官商（包括引商和场商）活动的渠道之内。[①] 盐场的课盐分离不仅影响了盐场的社会结构，而且必然造就一套新的盐场管理方式。

广东盐场的课盐分离在明中叶就已经发生。[②] 据称，明代隆庆年间广东盐场"丁缺，按丁加派犹不足额，将各灶丁名下所有在县编征银米之田地山塘各税亩，派征抵补"。[③] 盐场民户有"愿归灶籍"者编归灶户，以民田"照盐田例，每三人为一丁，纳丁盐银"，"自此苗田遂与盐田比例纳盐饷丁饷于场，无所分别矣"。[④] 这意味着盐场民、灶之间的户籍界限被打乱。明代设立灶籍的本意就是通过对人丁的人身控制，掌控盐业的生产动态。但自明初以后，盐场"丁"的性质逐渐发生改变，不再是具体的人。加之清代广东盐场由于近海海洋环境变迁，盐田常被改为稻田，或新开垦荒田为盐田，盐户的田不再一定是盐田，而民户也可以获

---

① 李三谋：《清代灶户、场商及其相互关系》，《盐业史研究》2000 年第 2 期；并参见何炳棣《扬州盐商：十八世纪中国商业资本的研究》，巫仁恕译，《中国社会经济史研究》1999 年第 2 期。

② 李晓龙：《明代中后期广东盐场的地方治理与赋役制度变迁》，《史学月刊》2018 年第 2 期。

③ 乾隆二年二月初九日鄂弥达题，内阁户科题本，02-01-04-12950-004。

④ 陈锡：《复邑侯沈公书》，《凤冈陈氏族谱》卷 11，第 55 页。

得盐田的经营权。盐场产盐的人群结构发生变动，存在某些灶户只纳丁课而不再从事食盐生产，①"民户煎盐，民户承贩，灶户止办纳丁课"②的局面。

广东的某些盐场还出现了以田税抵补丁课的做法。乾隆四十七年（1782），海晏场灶户罗成章等垦筑灶税三十三顷八十亩六分，"将缺征未复银一十三两七钱二分零全数征复外，尚余税一十顷七十七亩二分零"。因该场还有迁逃灶丁804丁，缺征银六百五十五两五钱五分三厘，新宁县知县钟光哲、海𥔲场大使漆浥美于是题请"将前项余税移抵丁课，照海晏场丁课则例，每丁征复课银八钱一分五厘零，计抵缺丁八丁三分"。③这种做法此后逐渐被援为成例，在丁课缺征严重的盐场展开。未进行田税抵补丁课的盐场，又或将丁课归县征收。如乾隆二十一年总督杨应琚以香山、归靖等场收盐无多，"委员尽堪经理，无容专设场员"，请求将"香山场原额丁课仍归香山县征解，归德场原额丁课仍归新安县暨东莞场大使征收，靖康场丁课归东莞县征解"。④其他如双恩场则"原额丁课仍归阳江县征解"，⑤墩白、电茂、博茂、大洲、小靖等场"改为程船配盐时代缴"，并"仍于埠户应对得盐价内照数扣还，名为程船代缴丁课"。⑥盐场的场课承纳者与盐田的作业者发生了分离。

东莞靖康盐场《凤冈陈氏族谱》中就记载了这种课盐分离后的盐场赋役状况。结合族谱整体的内容记载，卷2《尝产》所反映的应该是乾

① 李晓龙：《盐政运作与户籍制度的演变——以清代广东盐场灶户为中心》，《广东社会科学》2013年第2期。
② 乾隆《香山县志》卷3，《广东历代方志集成·广州府部》（35），第77页。
③ 张茂炯编《清盐法志》卷233，第4b页。
④ 乾隆《广州府志》卷15，《广东历代方志集成·广州府部》（5），第336页。
⑤ 民国《阳江志》卷14《盐课》，第30页。
⑥ 邹琳：《粤鹾纪要》第5编，第46页。

隆三年至乾隆十九年间的宗族情况。该卷登载凤冈陈氏历代各祖尝产税亩的明细、分寄各户情形等，给我们提供了解当时盐场宗族运作和赋役承纳的重要史料。据该族谱《七世祖琴乐公尝产》开列如下：

县粮：七都十三图九甲户长陈嗣昌。

税四顷六十九亩五分二厘三毫，沙坦税不入内；民米五斗四升三合五勺六抄六撮；灶米一十石零四斗六升七合九勺；征银八两零七分；色米五石七斗九升九合七勺；盐（饷）八分。

计开的名：

琴祖供银四两九钱五分九厘，内扣灶丁一丁，银一钱三分六厘，盐（饷）一分；色米三石五斗九合，盐（饷）一分；

南祖供银二两零四分三厘，色米一石五斗七升八合；

拙祖供银一两零四分，色米六斗七升，盐（饷）七分；

美忠，（由）渭贤支理，供银二分八厘，色米二升一合。

场课：龙眼栅十甲陈嗣昌的名琴乐，丁盐一十九丁，征银九两四钱零五厘八毫。①

上引材料表明，县粮登记在州县的图甲户中，包括了民米、灶米、色米。民米即对盐户耕作民田所科的田税，灶米即对盐户灶田所科的田税，色米是对苗田科的田税。据北栅人陈锡称："其高坨可耕种者为苗田，则供正供色米，当差于县。"②盐饷银是雍正年间东莞县"盐入粮丁"之后在民粮派征的饷银。③场课即盐场灶户计丁办课所交纳的盐课，又

① 《凤冈陈氏族谱》卷2，第32~34页。

② 陈锡：《复邑侯沈公书》，《凤冈陈氏族谱》卷11，第54页。

③ 参见李晓龙《康乾时期东莞县"盐入粮丁"与州县盐政的运作》，《清史研究》2015年第3期。

称为丁盐、正丁盐课，登记在盐场的栅甲户下。这种情况被称为一身两役——“在县照民籍轮充值年，有田始有役；场役则按丁按粮，无田亦须干办”。[①]

表 3-1 整理的是《凤冈陈氏族谱》中涉及的家族户籍登记信息。编于州县和编于盐场的“户”使用的是同一个“户名”。该表也说明了虽然同一个户名既编盐场又编州县，但在图甲中户的编次并不一定与盐场栅甲完全对应。州县的甲户长与盐场的甲户长往往也不会由同一户担任，如七都十三图九甲户长陈嗣昌担任的是龙眼栅十甲户长，又七都十三图十甲户长陈祚昌同时担任龙眼栅九甲户长，七都十三图六甲户长陈科只是龙眼栅十甲中的一户。

表 3-1　凤冈陈氏的县、场户籍登记对照情况

县粮	户名（七都十三图）	场课	户名（龙眼栅）
一甲	陈白云户、陈蜚声户、陈士驹户、陈浩襄户（户长）、陈祚昌户	一甲	陈祚昌户
二甲	陈儹明户	二甲	陈儹明户
三甲	陈秋宴户	三甲	
四甲		四甲	
五甲		五甲	
六甲	陈科户（户长）、陈实卿户、陈尧户	六甲	陈成户、陈尧户、陈壮立户
七甲		七甲	

① 陈之遇：《邑志靖康场加增议》，《凤冈陈氏族谱》卷 11，第 47 页。

续表

县粮	户名（七都十三图）	场课	户名（龙眼栅）
八甲	陈成户、陈豪若户、陈壮立户、的名学宾	八甲	陈实卿户、的名学宾
九甲	陈超凡户、陈嗣昌户（户长）	九甲	陈祚昌户（户长）
十甲	陈荆玉户、陈茂申户、陈梅赏户、陈全锡户、陈仲震户、陈祚昌户（户长）ª	十甲	陈白云户、陈超凡户、陈蜚声户、陈豪若户、陈荆玉户、陈科户、陈茂申户、陈梅赏户、陈秋宴户、陈全锡户、陈士驹户、陈嗣昌户（户长）、陈仲震户、陈祚昌户

注：a. 前引文献中陈祚昌户编入县一甲场一甲，而此处则为县十甲场十甲。其中是否由笔误造成，不得而知。

资料来源：《凤冈陈氏族谱》卷2。

"一身两役"使凤冈陈氏家族祭产的赋税缴纳被分成两部分：县粮和场课。清初的广东，灶户仍然是盐场盐课的承担者，其赋役包括对灶户所有田土征收的灶税、对灶户盐田办盐征收的税盐（即田课），以及对灶丁征收的丁盐（即丁课）三部分。据吴震方《岭南杂记》记载，靖康场灶户"灶税"征收的对象不仅包括所居房屋、种禾之田、种树之山，还包括耙煎盐斤的盐田。灶税之外，盐田还要与苗田一起输纳杂项、公务、丁差等。盐田按亩办盐，"每亩办盐二斤八两"，灶户则要计丁办引，"计三人共纳一引，课银四钱六分五厘"，并需轮当场役。[①]

尽管凤冈陈氏在州县图甲和盐场栅甲的登记上有一身两役的情况，但实际上，并非所有登记在栅甲中的户均需要承担盐场场课。在凤冈陈

---

① 吴震方：《岭南杂记》卷上，《丛书集成初编》（1257），第28~29页。

氏的族产登载中，与民户"户"内承纳县粮，会从房的祭产分出一部分用于承担户下的赋役不同，盐场场课不是每个"户"（房）都需要承担。即县粮一般会分寄到该族派下的房支分担，场课则不同，仅由宗族中的某些房支包纳。凤冈陈氏的场课主要集中在陈祚昌户和陈嗣昌户这两户。

除了上引的《七世祖琴乐公尝产》，另据族谱《七世祖兰轩公尝产、八世祖仰兰公尝产》记载：

> 兰、仰二祖县米寄各户列后：
> 一寄七都十三图十甲户长陈祚昌，灶米二石八斗，新收土名花栽田下税四亩在内；
> 一寄七都十三图一甲户长陈浩裏，灶米一石四斗。
> 兰、仰二祖场盐寄各户列后：
> 一寄龙眼栅九甲户长陈祚昌长房，该税盐二钱零五厘；
> 一寄龙眼栅九甲户长陈祚昌二房，该税盐二钱零五厘；
> 一寄龙眼栅九甲户长陈祚昌三房，该税盐二钱零五厘。①

陈祚昌户是兰轩公派下三房共同使用的户名。兰轩公即陈璋。陈璋本生四子，其中有一子仰兰公陈纹无后，故只分成三房，即药圃公房、贞轩公房、乐潮公房。场盐银的办纳，便是分由这三房承担。原本编排到户是州县和盐场官员为了保证场课征收而推行的制度，而实际运作中，盐场各"户"自有一套应对的策略。前引《七世祖琴乐公尝产》开列，陈嗣昌户内赋税的承担，分成琴祖、南祖、拙祖、美忠四份。陈嗣

---

① 《凤冈陈氏族谱》卷2，第39页。

昌即琴乐公房的户名。琴乐公即陈珪，生有四子，唯陈绍无后，故分三房。南祖即南园陈缙，拙祖即拙庵陈绚，而由渭贤支理的美忠，疑为南池陈的后人。该材料提到的"的名"应该是清代赋役分寄承纳制度的新产物。据嘉庆《新安县志》称："查新邑钱粮，向系按户征收。户内株累，疲敝难堪。迨康熙四十六年，县令金（启贞）设法编立各人的名，俾户内兄弟叔侄，无相混累，至今民称尽善焉。"①金启贞"编定甲户，分立的名"的做法，②更表明"户"已经不再代表某一家庭，而是家族或者家族的某个分支，为了应对"户"内赋役分担不清的情况而出现的一种应对办法。有意思的是，陈嗣昌户下有四个"的名"，不仅每房都设有"的名"，作为"户主"的琴乐也同样设立"的名"，而且承担额明显较三个房更多。不过，与县粮分由四个"的名"分摊不同，陈嗣昌户的场课则独由"的名琴乐"承纳。

除了以上陈嗣昌、陈祚昌二户外，还有一户是陈科，其县粮场课情形如下：

县粮：七都十三图六甲户长陈科。

民米三斗三升。灶米二石零二升，征银一两五钱六分，内扣灶丁一丁，银一钱三分六厘。色米一石二斗三升九合。盐（饷）三分。

场课：盐银七分。③

陈科户除了民米、灶米、色米外，还承担了场课盐银七分。该户

①　嘉庆《新安县志》卷8，《广东历代方志集成·广州府部》（26），第318页。

②　嘉庆《新安县志》卷14，《广东历代方志集成·广州府部》（26），第365~366页。

③　《凤冈陈氏族谱》卷2，第26页。

是六世祖养浩公房的户名，被编在县六甲场十甲。养浩公即琴乐公和兰
轩公的父亲。换句话说，凤冈陈氏中承纳场课的户，主要是养浩公及其
两个儿子这一房支。关于这几房的关系，在《凤冈陈氏族谱》"七世祖
琴、兰二公祠"中有这样的说法："琴乐公四子，长南园公缙，次缩，
公早卒，附祀，次拙庵公绚，次南池公，是为长三房。兰轩公四子，长
药圃公经，次贞轩公绖，次仰兰公纹，亦早卒，附祀，次乐潮公绣，是
为次三房。又称六房祠云。"① 养浩公的两个儿子，琴乐和兰轩的后代
中，形成了长三房和次三房，即南园公房、拙庵公房、南池公房、药圃
公房、贞轩公房、乐潮公房。联结长三房和次三房的，在谱系上是养浩
公，在实体上即"六房祠"。

　　《凤冈陈氏族谱》所反映的正是清代课盐分离之后盐场赋役的情况。
清代盐生产者已经不受灶籍身份的限制，由此也导致了制度上盐生产者
和盐销售者的分离。换句话说，盐场既然节制不了生产者，则需通过控
制销售者来管理盐的流通。清代广东盐场从场商养灶到发箓收盐便是在
这一逻辑下展开的。清初，两广盐区的盐产运销制度基本继承了晚明的
办法："大抵灶丁卖盐于水客，水客卖盐于商人，商人散盐于各埠。"② 康
熙二十一年（1682），广东巡抚李士桢首次建议仿照淮浙，不分水客埠
商，改排商为长商，但未得到朝廷的允许。直到康熙三十一年，广东设
立盐政之后，首任盐政沙拜推行系列改革，才将排商除去，用殷实之户
充为长商，并"裁去水客，设场商出资本养灶"。③ 场商的出现，改变了
广东盐场原有的经营模式。场商成为清代官府借以控制盐场生产环节的
重要角色。盐场的收盐和场课都被场商一手包办，场商制度实际上成为

---

①　《凤冈陈氏族谱》卷1，第60页。

②　道光《两广盐法志》卷3，《稀见明清经济史料丛刊》第1辑（39），第441页。

③　道光《广东通志》卷165，《续修四库全书》（672），第538页。

清代盐、课分离状态下的一种新的盐场管理办法。在全国很多盐区，场商和灶户是分离的，他们之间更像是雇佣或者借贷关系。朱轼称："凡灶户资本，多称贷于商人，至买盐给价，则权衡子母，加倍扣除，又勒令短价。"[①] 这样导致的结果是"灶户之盐，不乐售于商，而售于私"。[②] 灶户雇用煎丁煎晒盐斤，经灶户卖于场商，故有"灶户苦于场商，煎丁又苦于灶户"的说法。[③]

二　发帑收盐与清代的盐场栅甲

与全国大部分盐区不同，场商制度在广东并没有维持多久。康熙五十七年（1718）两广总督杨琳等关于发帑收盐、裁撤场商的建议，得到朝廷的允许。自此，广东"裁撤场商，发帑委员收买场盐"。[④] 由运库出帑本银交给场员，发给灶户，灶户产盐均由官府收买并雇用船户运送，只留埠商完课运盐。广东裁撤场商，据说是因为"场商无力养灶"。[⑤] 这种说法值得我们再去深究，不过从场商到官为发帑的转变，不仅仅是官商之间的资本或者利益问题，还在于这种变化带来的是官府被迫需要更多地掌握盐场地方的情况。本节在这里想要讨论的是，这一运作是如何在盐场上实现的。

①　朱轼:《请定盐法疏》,《皇朝经世文编》卷50,《近代中国史料丛刊》第731册,文海出版社，1972，第1801页。

②　王赠芳:《谨陈补救淮盐积弊疏》,《皇朝经世文续编》卷51,《近代中国史料丛刊》第831册,文海出版社，1973，第5550页。

③　张茂炯编《清盐法志》卷107，第9页。

④　张茂炯编《清盐法志》卷216，第1页。

⑤　《两广总督杨琳奏报接管盐务设法整顿并请展限奏销折》（康熙五十七年六月二十八日），中国第一历史档案馆编《康熙朝汉文朱批奏折汇编》（8），档案出版社，1985，第200页。

发帑收盐强调盐场盐斤"颗粒皆官为收买"。[①] 雍正二年（1724），两广总督孔毓珣表述了具体的操作，即"广东发帑收盐，俱按照场地产盐多寡、工本轻重，定为等次，给发灶丁每包自七分六厘零以至二钱九分七厘零不等"。[②] 在这一改革下，制度上，广东盐场出产的食盐，只能通过官府收买的形式进入盐业运销体系，而不能再自行交易。

盐斤"颗粒官为收买"看似简单，但在上述所呈现的盐场社会状况下并不容易落实。清代盐场课盐分离之下，产盐者不再受盐场管理和食盐生产的束缚。新垦的盐田也只须"俟垦成之日，官给执照，计田纳课，永为世业"。[③] 在这种情况下，乾隆三十七年（1772），朝廷甚至停止灶丁的编审，"归原籍州县汇入民数案内开报"。[④] 也就是说，灶户灶丁并不能成为盐场官员实现"官为收买"的依据对象。换句话说，清代并不存在一群以灶户为户籍的专业产盐人群。

另一方面，盐场并不具备管束盐场产盐者的人力和行政能力。广东沿海盐场历来由于地缘辽阔，海边尽可制盐，加上盐场员弁数量极其有限，在生产管理上常常顾此失彼。场员和帑本不足困扰着广东盐场管理，二者都导致"近场私壅，官引阻滞，有碍引课"。究其原因，妨碍食盐专卖制度实施的是私盐的存在，而场私更是专卖制度最大的隐患。[⑤] 康熙三十五年东莞县知县杜珣一针见血地指出了盐场的问题："莞邑乃

---

① 邹琳:《粤鹾纪要》第 1 编，第 5 页。

② 乾隆《两广盐法志》卷 4，《稀见明清经济史料丛刊》第 1 辑（35），第 330 页。

③ 张茂炯编《清盐法志》卷 215，第 3 页。

④ 周庆云:《盐法通志》卷 42，第 4b 页。

⑤ 关于两广私盐问题，参见王小荷《清代两广盐区私盐初探》，《历史档案》1986 年第 4 期；黄启臣、黄国信《清代两广盐区私盐贩运方式及其特点》，《盐业史研究》1994 年第 1 期；黄国信《清代两广盐区私盐盛行现象初探》，《盐业史研究》1995 年第 2 期；黄国信《乾嘉时期珠江三角洲的私盐问题——中国第一历史档案馆一则关于东莞盐务档案的解读》，《盐业史研究》2010 年第 4 期。

产盐之地，……虽有巡丁之设，而巡丁止能巡于水陆之外，而不能巡于家户之内。"① 盐场之地，缉私最大的阻难在家户内的私盐流通。官府一直致力于在生产源头遏制走私，这也是明王朝置盐场、设灶籍的初衷。乾隆元年，署理两广总督庆复概括广东盐场面临的问题，称"东粤沿海各场地方辽阔，灶丁耙塭淋卤，煎晒生熟盐斤，每遇秋冬晴汛，出产甚广。发帑收盐必须场员实心经理，平日巡查周到，约束有方"，"若稍有疏忽及发价稽延，则灶丁待哺情殷，势必偷卖私枭"，需要场大使、场员殷实能干，"始能用心整饬"。②

在场商养灶的时期，盐场尚能依赖场商自行筹划管理组织。据称"惠州淡、石二场，向系商人安设司事、巡丁协收，每包场配给该商工火银二分八厘，运省给工火五分，浮冒甚多，急宜裁革。请专归大使督收管理，听该员妥设人役，每包给工火银一分五厘"。③ 但显然这种盐场"妥设人役"的效果并不理想。据乾隆十年那苏图的奏报，"广东一省地处海滨，逼近场灶，自发帑收盐以来，官商运销者不过十之一二，奸徒兴贩者约计十之七八。且贩私不止枭徒，凡商人船户俱夹带余盐沿途发卖，偷漏者亦不止灶丁，在场委员弁皆密地售私，其赃入己"。④ 由此可见，广东改场商养灶为发帑收盐，显然是在基层实践上给地方盐场出了一道难题。

随着清代广东盐政对盐场的管理重心由灶丁转移到盐田，在盐场的实际运作中，盐灶、盐塭等作为盐场的生产场所，由于和食盐生产直接相关，又便于官府对盐斤产量的掌控，所以逐渐变成估算盐场产量和

---

① 嘉庆《东莞县志》卷12，《广东历代方志集成·广州府部》（23），第462页。

② 乾隆元年十一月十一日庆复奏，宫中档朱批奏折，04-01-35-0446-038。

③ 乾隆《两广盐法志》卷4，《稀见明清经济史料丛刊》第1辑（35），第337~338页。

④ 乾隆十年三月十二日那苏图奏，宫中档朱批奏折，04-01-35-0449-043。

实现盐场管理的基层单位。[1] 不过，这尚未解决保证盐斤颗粒归官的制度要求。明初以来，广东盐场设置了一套称为栅甲的组织制度来进行管理。而在雍正四年（1726），作为栅甲制重要角色的栅长则被革除。据雍正《东莞县志》载：

> 靖康场分设六栅，每栅各分十甲，既又立有栅长、灶甲名役，得因缘为奸。雍正四年，督、抚两台暨转运使可邑侯请饬照民粮事例，一体均粮均役，革除栅长名色及场内各陋规，剔厘一清，弊无所滋，灶丁大安赖之。勒石县、场为记。[2]

栅长、灶甲本来是在栅甲制之下盐场催征盐课的主要人员，虽然后来演化成出钱雇场当代役，但仍一直存在，直到康熙中期，归德、东莞等场的场当才"奉革"。[3] 靖康场的栅长、灶甲名役则于雍正四年经过两广总督、广东巡抚批准，"照民粮事例，一体均粮均役"。

栅甲制作为实现场课完纳税收的工具，[4] 在清代已经不复存在，但乾隆十九年编修的《凤冈陈氏族谱》依然明确记载了该族在盐场栅甲的编户情况。除表3-1所示外，据凤冈陈氏"四世祖永从公尝产分寄各户"记载：

四世祖永从公尝产分寄各户

陈　尧户：县六甲场六甲

---

[1]　李晓龙：《从生产场所到基层单位：清代广东盐场基层管理探析》，《盐业史研究》2016年第1期。

[2]　雍正《东莞县志》卷6，《广东历代方志集成·广州府部》（23），第96页。

[3]　康熙《新安县志》卷6，《广东历代方志集成·广州府部》（26），第73、79页。

[4]　李晓龙：《生产组织还是税收工具：明中期广东盐场的盐册与栅甲制新论》，《盐业史研究》2018年第4期。

陈嗣昌户：县九甲场十甲

陈超凡户：县九甲场十甲

陈偾明户：县二甲场二甲

陈祚昌户：县一甲场一甲

陈全锡户：县十甲场十甲

陈仲震户：县十甲场十甲

陈豪若户：县八甲场十甲

陈　科户：县六甲场十甲

陈蜚声户：县一甲场十甲

陈梅赏户：县十甲场十甲 [1]

　　上述材料所反映的户籍登记说明，盐场的一个户名同时被编入州县。如其中的陈尧户既编入东莞县七都十三图六甲，也编入靖康盐场龙眼栅六甲。盐场栅甲的编户状况依然清晰。

　　我们知道，清代的"户"一般不再代表生活中的个别家庭，而是作为一定的田产税额的登记单位，有权支配和使用某个"户"的必须是特定的社会集团中的成员，因而"户"通常被用于指称某一宗族或族内的房系，族内各房也多分别有自己的户籍。[2] 在清代的盐场户籍登记中，同样也是此"身"非彼"身"，即户不是指向具体的人，而更多地由某个房支所支配。凤冈陈氏大部分的房支都有自己的户。"尝米分寄各户"，就是将祖先的祭产所要承担的县粮场课等赋税分别由派下的房支来分担。如三世祖祖舜公尝米分寄"壮立（户）米八斗八升二合四勺，

① 《凤冈陈氏族谱》卷2，第20~21页。
② 刘志伟：《明清珠江三角洲地区里甲制中"户"的衍变》，《中山大学学报（社会科学版）》1988年第3期。

县八甲场六甲"即意味着编入县八甲场六甲的陈壮立户要承担八斗八升二合四勺的县米赋税。这里的陈壮立户不是指具体的人，而是凤冈陈氏上椰房所使用的户，即上椰房要承担八斗多的祖舜公尝的赋税缴纳。

更有意思的是，凤冈陈氏的族规里明确禁止族人充任场役："其已经充县差场役者，宜即禀辞，庶免革祚。如敢藐族，并其子孙永远不得入祠。"① 所以，这里登记的栅甲情况显然不是承担场役的需要。这是在盐场革除栅长等役，即栅甲制度已经失去明代管理盐场地方赋税征收职能之后的情况。这说明了栅甲制度在清代仍然有存在的必要性。

对这一时期栅甲制的理解，需要回到广东盐政由场商养灶向发帑收盐的制度变化过程中。在场商制度下，"广东生、熟各盐场，向系场商自备资本，雇养灶晒各丁，所收盐斤交与场商"，"倘遇阴雨不能收盐，或风潮冲决围茔，亦系场商发银培养、修筑"。② 场商在场收盐之外，有些盐场还由场商认增场课，如新安县归德场场商认增课银五百两零，费银一十八两零，归善县淡水场场商认增课银一千五百两零，费银五十五两零。③ 可见场商是在清初代替盐场官员管理盐场生产和运销的重要角色。但实行发帑收盐之后，官府明令取消场商。在这样的状况下，如果不借助场商来管理盐场，那么盐场基层管理又如何维系呢？是场商制度发生了变形，还是出现新的制度来代替？

盐场家族与"水客""场商"有着极深的渊源。盐场家族在其中扮演重要的角色，甚至直接担任水客、场商。水客运盐的传统由来已

---

① 《凤冈陈氏族谱》卷 2，第 11 页。
② 《乾隆元年八月户部议准两广总督鄂弥达题为遵旨密议具奏一疏》，乾隆《两广盐法志》卷 4，《稀见明清经济史料丛刊》第 1 辑（35），第 367~368 页。
③ 乾隆《两广盐法志》卷 17，《稀见明清经济史料丛刊》第 1 辑（37），第 490~491 页。

久。明中后期，广东盐业运销的途径是先由水客赴场买盐，商人接买水客之盐转售盐埠。^①水客是哪些人？万历年间淮盐夺取粤盐市场后，陈一教曾称："臣见载盐之船千艘，若无用而停泊于内河，驾船之夫数万人，皆无靠而流离于外海。其势必聚众而出海盗珠，则乌合而奔投番舶，将有啸众聚党，据险弄兵。"^②这帮载盐、驾船的水客、船户，因为运盐事业的终结，竟至"聚众而出海盗珠"。同时期的靖康场灶户陈履也称："某与海滨之民，乐观升平，讴歌鼓舞"，"奈何去年以来，民情大变，鸠集党口，造为舟船，倡言盗珠，公行无忌，有司知而不一禁，乡里惧而不敢言"。^③综合二者，运盐之人可能就是海滨之民、盐场乡邻。

发帑官收的本意是希望由官府代替资本微薄的场商，但在实际运作中并不可能仅仅依赖盐场盐丁的自觉而将盐交给官府换取工本。当时的官员实际上也认识到这一点。据称："查盐场各灶额价原轻，今虽准部咨行，每包加价一分五厘，亦仅足敷灶晒工本，灶丁偷盐私卖尚可多得价值。即以廉场而论，官价不过一厘六毫零，若以私卖，每斤可得银三厘，至官埠引盐则将课饷运脚各费并入定价，虽近场至贱之埠，亦系每斤五厘。晒丁若偷盐私卖，每斤可多得一厘三四毫。"^④

发帑收盐中如何发放帑本、帑本发给谁、依据是什么，这些都是发帑收盐在实际运作中碰到的难题。同时，盐司衙门出于缉私，需要监察盐斤的来源，这就要求盐场盐斤输出要追究到户。《两广盐法志》明

---

① 参见黄国信《明清两广盐区的食盐专卖与盐商》，《盐业史研究》1999 年第 4 期。

② 陈一教：《复通盐路疏》，崇祯《东莞县志》卷 6，《广东历代方志集成·广州府部》（22），第 271 页。

③ 陈履：《悬榻斋集》卷 3，第 504～505 页。

④ 乾隆《两广盐法志》卷 4，《稀见明清经济史料丛刊》第 1 辑（35），第 345～346 页。

确规定："凡拿获私贩，务须逐加究寻，买自何地，卖自何人，严缉窝顿之家，将该犯及窝顿之人，一并照兴贩私盐例治罪。若私盐买自场灶，即将该管场使并沿途失察各官题参议处。其不行首报之灶丁，均照贩私例治罪。"[1] 为了实现这种追责的目的，盐场就必须由特定的户来承担供应盐斤的职责，他们同时也因此需要承担部分打击场私的责任。

由以上论述，我们就会明白，课盐分离之后的广东盐场依然保留并不需要承担场课的栅甲，根本的原因在于发帑收盐下需要盐场继续保持落实到户的政策。笔者在讨论盐场基层管理转向以生产场所为单位的过程中，曾指出盐灶是其中一种重要的方式。据乾隆《两广盐法志》所绘制的归靖盐场图所示，原来归德场的十六社，并不用从前名称，而改称盐灶，如田乡盐灶、西联乡盐灶、大步涌乡盐灶、涌村盐灶、衙边乡盐灶、邓家蓢盐灶、沙园乡盐灶、岗村盐灶、茔乡盐灶、上乡盐灶、茅洲村盐灶、莆尾乡盐灶、新村乡盐灶。我们通过实地调查和访谈，还原从明代的归德场十三栅到后来的十六社，乃至乾隆朝的十三乡盐灶的关系，可以发现，大部分的盐灶都是从原来的十三栅、十六社演变而来的。也就是说，至少归德场的盐灶在很大程度上是继承了明代栅甲制的框架。这也就可以理解为何在明代栅甲制度崩溃之后，凤冈陈氏的家族记载中却依然保留着栅甲制的登记方式了。

综合以上对靖康盐场凤冈陈氏个案的讨论，我们可以看到盐场的组织实态和运作状况。王朝实行食盐专卖，历来对食盐的产运销制定了严密的管理制度，其中最基础的食盐生产和管理便是通过盐场这一组织来实现控制。以往的研究强调王朝国家对制度创建和运行的重要性，强调

---

[1]　乾隆《两广盐法志》卷2，《稀见明清经济史料丛刊》第1辑（35），第197页。

一种自上而下的贯彻过程，但通过对凤冈陈氏个案的研究，我们发现，在盐场制度、盐场运作的过程中，灶户家族往往发挥着重要的作用。王朝制度的制定与地方家族之间是通过彼此的互动而形成一种相对稳定的盐场运作机制。尽管广东发帑收盐的目的是试图用官府代替场商的角色，但在基层运作中，实际上不过是地方官府另外寻找特定的代理人来代替场商的角色。而在水客和场商经营的时期都起着重要作用的盐场家族成了最佳选择。盐场宗族不仅承担着盐场主要的场课，而且维系着盐场栅甲制的运作。而栅甲制的继续保留，正是确保发帑收盐基层运作的需求。这种看似稳定的盐场制度的背后，是地方社会的各种利益斗争，是王朝与地方妥协的产物。

另一方面，这并不是说王朝国家对东南沿海盐场的控制就受到了挑战。明清两代朝廷一直竭力维持着盐场运作的稳定，它的目的归根结底还是在于用较低的行政成本来保证食盐的生产。[①] 所以，当盐场制度阻碍盐场大族的发展时，灶户家族才能在制度允许的范围内寻找可以和王朝制度相互妥协的合作点，既保证王朝盐政政策的贯彻、施行，又不至于过度损害盐场灶户家族的利益。盐场的运作是建立在王朝盐场制度的基础上，灶户家族影响盐场运作的根本目的，也是在努力维系盐场和国家之间的一种平衡关系上寻求自身的利益庇护。正因为如此，明清盐政的运作才能在多变的社会中维持一个相对稳定的状态。

---

① 杨久谊指出，从15世纪起，明政府即逐渐地抛弃它在盐生产上的财政责任。到了明末，国家在盐生产中的角色基本上已被场商取代。清代在盐生产上则更加依赖场商，某种程度上认可了场商对灶户的剥削，而使自己免除了历朝政府在盐生产上的财政负担。清政府之所以如此做，是因为对场商与灶户既存关系的认可，让清政府能够在财政上和行政上，以最小的付出即可达到财政上的需要。见杨久谊《清代盐专卖制之特点——一个制度面的剖析》，《中央研究院近代史研究所集刊》第47期，2005年。

第四节　场商与盐场基层组织的变化

在两淮盐场，清代商业资本大量进入食盐生产的环节，[①] 引起了朝廷对盐场荡地管理的系列调整。[②] 清廷采取了"盐斤入垣"的管理制度，揽收盐场盐斤，"凡灶户煎烧之盐，俱令堆积垣中与商交易"。[③] 官方也不再铸造盘铁，"惟锅镦则众商自出资本鼓铸"。[④] 商人在盐务管理方面尤其是生产环节承担了更多的职能，[⑤] 灶户向商人领取工本和生产工具，煎烧出的食盐卖给挂搭的商人。[⑥] 徐泓将商业资本进入盐场生产的模式称为"场商散做制"。[⑦]

随着场商资本进入盐场，沿海土地被大量开发出来，依据距离海洋的远近，形成了不同的土地利用形式。最为靠近海岸线、土地盐度最高的区域为盐作区，稍远一点，土地盐度稍低的为草荡区域，提供柴薪供煎烧所用，最西靠近范公堤的土地则已经淡化为农业区，垦熟为农田。盐场沿海土地由于海岸线东移处在不断淤涨的状态中，同时不断经历从盐到草最后到田的利用方式变化。从明到清，在不同的赋役制度叠加之下，不同的土地利用区域中留下了灶课赋役组织的痕迹，在清代灶课已经摊入田地，与灶户的户籍以及煎盐的职业脱钩以后，这些组织仍然在地域社会的基础运作方面发挥着作用。

---

① 徐泓：《清代两淮盐场的研究》，第 17 页。

② 李晓龙、徐靖捷：《清代盐政的"节源开流"与盐场管理制度演变》，《清史研究》2019 年第 4 期。

③ 康熙《两淮盐法志》卷 11《奏议二》，第 863~864 页。

④ 雍正《两淮盐法志》卷 5《煎造》，《稀见明清经济史料丛刊》第 1 辑（2），第 35 页。

⑤ 倪玉平：《博弈与均衡：清代两淮盐政改革》，福建人民出版社，2006，第 19~20 页。

⑥ 乾隆《小海场新志》卷 5《户役》，《中国地方志集成·乡镇志专辑》（17），第 214 页。

⑦ 徐泓：《清代两淮盐场的研究》，第 56 页。

一　乾隆年间荡地管理方式的调整

清代灶课的"原额"具有了赋税化的意义，该数字并非盐场草荡真正的面积，而是朝廷确定草荡原有赋税、进行土地登记造册的基础。实际上，由于明代以来淮南盐场海岸线淤涨，[①]清初各盐场的草荡数量都远超原额。因此，清初在确定灶课额数以后，重要的工作就是对新涨荡地进行赋役登记。顺治十四年（1657）起，两淮盐场开始草荡清查工作，并在顺治十六年确定了各个盐场"新涨沙荡"的报升。新涨荡地的控制者以"折价银""新涨荡地折价"等名目向场大使申报后，通过缴纳田赋来获得官府对于新涨荡地所有权的认可。如伍佑场灶户陈元绘，在乾隆元年六月报升淤荡，"照依该场则例，每亩征银五厘……自乾隆元年始"，[②]明确按亩征收。在这样的情况下，灶课征收不再与灶户的食盐生产挂钩，而成为摊入荡地的"田赋"。荡地也不再是"官产"，而可以通过缴纳赋税被私有化。

荡地私有化造成了两个结果，一是煎丁为了获得煎盐柴薪，必然会出现市场交易。清初盐民诗人吴嘉纪就曾"贩薪白驹场"。[③]乾隆六年（1741）规定，"灶户赴邻场买草，必须本场填给印票，酌定限期，沿途照验"。[④]乾隆十九年七月，吉庆奏言"禁止荡草出境贩卖"。[⑤]以上这些均说明荡草交易需求旺盛。与此同时，商人也设法通过典买等手段占

---

① 张忍顺：《苏北黄河三角洲及滨海平原的成陆过程》，《地理学报》1984 年第 2 期。

② 光绪《两淮盐法志》卷 97《征榷门》，《续修四库全书》（844），第 576 页。

③ 吴嘉纪著，杨积庆笺校《吴嘉纪诗笺校》，第 50 页。

④ 光绪《重修两淮盐法志》卷 26《场灶门·草荡》，《续修四库全书》（843），第 227 页。

⑤ 光绪《重修两淮盐法志》卷 26《场灶门·草荡》，《续修四库全书》（843），第 225 页。

有荡地，甚至导致了地价上涨。乾隆四年，任通州运判的张廷璇的墓志铭中提到，"海滨以灶户煮盐，旧给之田，灶户辄卖之民。且百年田价增八九倍，而田数易主"。① 足见盐场中草荡交易之活跃。

二是土地和灶籍分离。乾隆十年，盐场大使向两淮盐政吉庆反映了荡地流转到民户、商人手中所造成的混乱。运使朱续晫认为："灶丁脱漏版籍，灶荡垦熟为田。"② 伍佑场大使丁灿建议："各场引荡在本总租典，应听自便，其从前隔总卖绝与灶者，仍听买者执业，未卖绝者，许其回赎。若典卖与民者，悉令回赎，如本户无力，许其另觅本总照依时价三面会赎煎办。"③ 之所以强调"本总""隔总"，实际上与灶课推收相关。"总"是一个灶课清审的单位，在本总之内转卖荡地，不涉及灶课推收问题，但跨越了"本总"，则会出现"民灶互相涉讼"的现象。吉庆在接纳这个意见的同时，指出商人典买荡地与民不同，商人"募丁煎樵，于煎务无害"。④ 因此，吉庆以乾隆十一年为界，乾隆十一年以前，商灶交易的荡地，仍然任由商人管业；乾隆十一年以后，不许灶户将荡地典卖给商人。⑤ 这一规定打破了"未许场商兼并草荡"的先例，⑥ 是对商业资本进入食盐生产的承认。

乾隆二十年，淮南盐场再次进行荡地清查，清查出被开垦成熟的荡地已达六千余顷，新涨未升课荡地多达八千余顷。⑦ 这次清查成为乾隆年间盐场荡地管理制度调整的一个重大契机，即草荡分配制度改革和

①　姚鼐：《惜抱轩诗文集》，世界书局，1936，第 136 页。
②　光绪《重修两淮盐法志》卷 26《场灶门·草荡》，《续修四库全书》（843），第 224 页。
③　光绪《重修两淮盐法志》卷 26《场灶门·草荡》，《续修四库全书》（843），第 223 页。
④　光绪《重修两淮盐法志》卷 26《场灶门·草荡》，《续修四库全书》（843），第 224 页。
⑤　光绪《重修两淮盐法志》卷 26《场灶门·草荡》，《续修四库全书》（843），第 224 页。
⑥　光绪《重修两淮盐法志》卷 26《场灶门·草荡》，《续修四库全书》（843），第 224 页。
⑦　光绪《重修两淮盐法志》卷 26《场灶门·草荡》，《续修四库全书》（843），第 226 页。

"古熟地"的升课。庄有恭奏曰:

　　泰分司所属十一场丈出新淤八千六十一顷八十一亩零,原应给各灶户报升,但版籍灶户并不尽业煎盐,见在煎盐亭场,亦不尽皆灶业,自应分别给升。查富安、安丰、梁垛、东台、丁溪、刘庄、伍佑等七场亭场俱系灶业,所有新淤沙荡自应按各本场灶户见在亭池面口匀派给升。至草堰、小海、新兴三场,灶户亭镬十不及一,余皆场商价置,自行招丁办煎。庙湾一场灶户止有一亭,亦未开煎,专以贩草渔利,亭池全属商置。该场灶户既不业煎,场商自我朝顺治初纪既已建亭招丁,办盐供引,百年以来,世业相承,即与本地灶籍无殊。此四场所有新淤,应请无论为商为灶,俱按见在煎办亭镬,均匀酌配管业,无亭镬者,虽系灶籍,不准给升。如有借灶强占者,按律治罪。则场商之自置亭镬者,俱各有草可刈,不须重价购买。倘恐日久商占灶业,则令地随亭镬转移。如该商亭镬歇闭,即将原给荡地另给接开亭镬之人。①

　　针对商人资本进入盐场生产的问题,庄有恭清晰地认识到,煎盐亭场"不尽皆灶业"。新淤荡地如果继续由灶户报升,则实际经营盐业的场商只能向灶户买草煎烧,或者盗卖荡地,导致草价上涨或灶课推收无门。因此,庄有恭提出草堰、小海、新兴、庙湾四个商亭为主的盐场实行按镬分拨新涨荡地的方式:(1)每副亭灶拨给供煎荡地200~400亩;(2)灶课的缴纳也由实际控制亭镬的场商完成。如大使郝月桂于乾隆二十二年将草堰社学改为正心书院,拨给书院新涨荡地以资膏火,使草

①　光绪《重修两淮盐法志》卷26《场灶门·草荡》,《续修四库全书》(843),第226页。

堰场留下了"每年现租玖拾千文折课,租商自完"的规定。① 新兴场则留下了乾隆二十四年"亭多商置,即有灶置之亭,亦皆附寄商垣,故分淤原册,皆列商名,新淤之课,以惟商是征"的记载,② 即商人成为草荡折价的实际承担者。自此之后,淮南盐场有了所谓"商亭、灶亭、半商半灶之别"。③

至于荡地开垦,也在此次清荡中被提出。清初,并没有特别规定荡地禁垦。乾隆十年,运使朱续晫奏报"腹内荡地土性渐淡,是以率多改荡为田,垦种杂粮"。④ 两淮盐政吉庆提出,堤内开垦之田,听其播种。乾隆二十年清荡之时,有官员认为,新淤沙荡已经足够给灶户提供柴薪,而范堤之外六千多顷的熟田不升课长达十余年,实为不妥。乾隆二十三年,江宁巡抚陈弘谋再次指出已经垦熟的田地即使放荒,也不便长草,还是应该继续给灶户耕种。⑤ 但是户部的回复是:"各场荡地原令放荒蓄草以供煎,毋许私垦。今既垦成熟地,自应照膏腴一例起科,何得止征折价?况荡地为蓄草煎盐之本,若□已成膏腴,仍纳荡地之税,非特避重就轻,渐起奸灶私垦之端?"⑥ 于是陈弘谋又提出草荡应该照田亩升课,最终在泰州分司各场"灶荡以引化亩,以亩征银,自二厘三毫起至二分四五厘不等"。⑦ 其中,梁垛场最重,每亩科银二分五厘。经过调查,陈弘谋得知泰州水田每亩科则仅一分八厘,于是规定泰州分

---

① 民国《续修兴化县志》卷5《学校志》。

② 吴鸿壁、沈云瑞、刘障东编《淮南新兴场北七灶商灶剧争之索引》,1918,盐城市图书馆藏,第11页。

③ 《古微堂外集》卷7《筹鹾》,《魏源全集》第13册,岳麓书社,2011,第358页。

④ 乾隆《两淮盐法志》卷16《场灶》,《稀见明清经济史料丛刊》第1辑(6),第557页。

⑤ 乾隆二十三年十二月二十日陈弘谋题,内阁户科题本,02-01-04-15133-017。

⑥ 乾隆二十六年九月二十二日陈弘谋题,内阁户科题本,02-01-04-15349-020。

⑦ 乾隆二十六年九月二十二日陈弘谋题,内阁户科题本,02-01-04-15349-020。

司所属十一盐场，"除伍佑一场全行放荒，仍照本额报完折价外，其余熟地悉照梁垛场折价起科，每亩征银二分五厘"。① 陈弘谋强调："荡即产金，金不能烧灰淋卤；租即充帑，帑不能煎卤成盐。"订立如此高的税则，显然并不鼓励开垦，而是希望草荡重新抛荒，"如遇有潮涨卤浸之年，不堪耕种，仍准报明委勘，放荒除粮，仍照各本场科则，以完折价"。②

实际的效果也如陈弘谋所愿。乾隆二十九年七月，盐政高恒奏："丁溪、庙湾二场自开征以后，灶户竟至完纳不前。"经过重新丈量，两场"呈报荒地三千六十三顷七亩零"。乾隆三十年五月，户部尚书傅恒同意"以上二场荒地共应减除银四千六百九十两二钱九分零"。③ 高税则让部分草地的"古熟地"重新抛荒，说明朝廷可以通过税率调整盐场土地的利用方式。在荡地征收"折价"时期，由于税率非常低，荡地开垦种豆、麦以及木棉都有利可图，而在税率调整之后，荡地税率过高导致农户纷纷放弃垦种。

"按亭分荡"和"古熟地征课"是乾隆年间针对淮南盐场荡地管理的两项重要改革，分别对应从事食盐生产的"新涨荡地"和已经"卤气日淡"的旧有荡地。针对淮南盐场不断扩大的土地资源，朝廷打破户籍限制，分配新涨荡地，以及打破产业限制，允许开垦旧有荡地，都体现了盐场这一原本特殊的生产单位，在土地管理方式方面愈来愈灵活。

---

① 梁垛场照引给荡则例为"每草荡八亩供办盐一引"，每引折价二钱，可计算得每亩草荡征银二分五厘。此时泰州分司十一场为：富安、安丰、梁垛、东台、何垛、丁溪、小海、草堰、刘庄、新兴、庙湾。

② 以上参见乾隆二十六年九月二十二日陈弘谋题，内阁户科题本，02-01-04-15349-020；亦见光绪《两淮盐法志》卷97《征榷门·灶课上》，《续修四库全书》(844)，第580页。

③ 乾隆三十年五月十三日傅恒题，内阁户科题本，02-01-04-15719-012。

二　"总""灶"地理分层

清代淮南盐场荡地赋役的变革，一方面是为适应地理环境变化而改变盐场荡地的利用方式；另一方面也是盐场区域社会经济发展的结果。清代两淮地区的盐业活动，对苏北地方社会的组织形式、城镇发展都造成了深刻影响。[①] 有学者从地名角度分析了盐场地区与盐业生产有关的场、团、灶、锅、丿、仓等地名的具体含义。[②] 也有学者从海岸线与亭灶分布的变化分析了明代中期以后淮南盐场盐作活动逐卤而进、不断东移的动态演变过程。[③] 笔者认为，这些地名在空间上的分布规律不仅与盐作经济活动有关，更是由明至清接续涨出的草荡在不同的土地利用方式和赋役征派方式下形成不同的赋役组织反映在地名上的结果。

民国《续修盐城县志》对盐城的土地格局有以下说明：

> 凡明以前之灶地，多在范堤以西。今日农灶，亦曰引田，其地在明之季世，已多垦辟。其范堤以东，与引地毗连者，曰樵地，为古昔灶民公共樵牧之所，例禁私人垦占，至清光绪间，始由官变价召领。樵地以东，是为煎灶，亦曰额荡，又曰新淤，其地涨于明季清初，产草已旺，先为场商私占，建置亭场，办煎供引，至乾隆间，江苏巡抚庄有恭奏明丈升，按亭分荡。[④]

① 　王振忠：《清代两淮盐业盛衰与苏北区域之变迁》，《盐业史研究》1992 年第 4 期。

② 　许其宽、丁成刚：《从地名看东台堤东的地域变迁》，《江苏地方志》2015 年第 1 期。

③ 　鲍俊林：《明清两淮盐场"移亭就卤"与淮盐兴衰研究》，《中国经济史研究》2016 年第 1 期。

④ 　民国《续修盐城县志》卷 5《赋税》。

这段材料把盐城县盐场的土地利用方式在空间上做了三个层次的区分：一是范公堤以西的灶地，在明代已经开垦，称为"引田"，也称"农灶"；二是"樵地"，是过渡区，主要出产柴薪，"灶民公共樵牧之所"；①三是"煎灶"，在公樵地以东，仍然是进行生产的荡地和亭场。笔者认为，这三个层次不仅反映了苏北平原从范公堤向黄海延伸地带在土地利用方式上的过渡，更反映出了地方赋役组织的三种形式。

在上述三个土地利用层次中，"引田"（农灶）即上文已讨论的照引输纳灶课的草荡。白驹场的诚意书院田产捐款中，就有"某总若干引"的土地捐献记录："乾隆五年，盐政厅刘灏倡捐，有颜茗等二十四人，计三总六引五分、七总一引五分、九总三引七分五厘、十二总五引、二十七总二引五分、瓜篓团泰粮十六亩……"②此后，嘉庆六年（1801）、咸丰九年（1859）、同治六年（1867）、同治八年等历次捐款，亦有"某总某引"的登记。③上文已述，草荡的计算有"折引"的现象，即以税粮来反映草荡面积。"三总六引五分"这种表达，是对所捐赠草荡的位置以及所承担税粮的一种描述，结合"照引给荡"则例则可以指草荡的面积。颜茗等人捐赠的善田，为白驹场的三总、七总、九总等地的草荡，"总"后面的数字既是草荡税粮，也是草荡的面积，白驹场"草荡六亩五分办盐一引"，④因此"六引五分"指的是草荡42.25亩，折灶课6引5分。不过，从上述表述看，当地人显然更习惯于用"引"作为计算草荡面积的单位，因而被称为"引田"。

"引田"被登记在相应的"总"中。团总制度在明初是一个以灶户

---

① 　民国《续修盐城县志》卷5《赋税》。
② 　民国《续修兴化县志》卷5《学校》。
③ 　民国《续修兴化县志》卷5《学校》。
④ 　雍正《两淮盐法志》卷4《场灶》，《稀见明清经济史料丛刊》第1辑（1），第582页。

人丁为中心的生产组织。① 明代中期以后，随着王朝对荡地的登记和控制，"总"作为生产单位的性质被削弱，成为盐场中以田土赋役为核心的社会组织。② 徐泓认为清代的"总"演变为"以草荡为中心的灶户互助团体"，与灶户草荡的买卖相关。③ 也有学者认为"总"为长条状地块，租给灶民生产。④ 笔者则希望更为精确地指出清代的"总"指的是盐场中已经不再进行食盐生产的区域中赋役登记和缴纳的单位。"总"这个名词出现于明初，使用这一名称的草荡成陆较早。入清以后成了"原额"草荡，与"新淤"有所区别。康熙十七年（1678），两淮盐场刊刻易知由单，⑤ 以"总"为单位进行登记。"总"中土地由于被垦熟，也是民灶交易频繁之处，"本总"草荡可以任意典卖，"隔总"由于涉及税粮过割而被禁止。⑥ 乾隆二十七年（1762），盐政官员对已经垦熟的"古熟地"加高税则，清查出的"古熟地"均在"总"的范围内。⑦"总"的名称虽然一直沿用，但土地利用方式已经从业盐转化为农垦，其性质从控制人丁的食盐生产单位转变为以土地登记为核心的赋役单位。

"总"的东边是"公樵"区，乃乾隆年间江南总督尹继善划出允许民户进入樵采的区域，这一区域主要出产柴薪。由于苏北平原地势低平缺乏林木，草是最为重要的柴薪来源。乾隆二十六年，因民户与灶户在荡地樵采，导致纷争，江南总督尹继善划出了"公樵区"：

---

① 徐泓：《明代前期的食盐生产组织》，《台湾大学文史哲学报》第 24 期，1975 年。
② 徐靖捷：《从"计丁办课"到"课从荡出"——明代淮南盐场海岸线东迁与灶课制度的演变》，《中山大学学报（社会科学版）》2020 年第 5 期。
③ 徐泓：《清代两淮盐场的研究》，第 34 页。
④ 傅义春、吴晓静：《盐城地名的语言文化意蕴———以"某场"、"某总"、"某荡"为例》，《盐城工学院学报（社会科学版）》2013 年第 4 期。
⑤ 《皇朝文献通考》卷 28《征榷考》，《景印文渊阁四库全书》（632），第 566 页。
⑥ 光绪《重修两淮盐法志》卷 26《场灶门·草荡》，《续修四库全书》（843），第 223 页。
⑦ 民国《续修盐城县志》卷 5《赋税》。

> 盐城县范公堤外初有草滩七百五十六顷，民灶公樵，自万历年间已载碑文。因民灶不分，彼此争夺，今请将此地全给民樵，令于伍佑、新兴两场淤滩内，丈给伍佑场灶樵地五百六十七顷，丈给新兴场灶樵地一百八十九顷，亦共符七百五十六顷，俾其分樵。仍饬令开港立界，各不相混，具请免其升课。①

按照尹继善的说法，原来范公堤之外的 756 顷草滩，在万历年间就已经立碑供给民灶公樵。但是到了乾隆年间，民灶之间再次因为樵采而产生矛盾。尹继善原来的草滩全部划给了民户樵采，另外寻觅新涨沙滩给灶户樵采。而万历年间的"海滩"② 则成为盐场中的第二个土地利用层次——给民户和灶户提供柴薪的荡地。盐场还出现了专门经营柴草之人，称为"草户"。草户由灶户演化而来，专向他人卖草，形成"草价"。③ 清人评价"灶户变成草户，与煎丁分而为二，而丁始困矣"。④

"公樵区"以东，是"煎灶"，也是盐场中真正进行食盐生产的区域。上述"按亭分荡"制度，针对的就是这部分荡地镦。清代"场商散做制"的发展，亭镦集中在场商手中，荡地分拨也出现了集中趋势。有学者曾在调查中发现了乾隆到嘉庆年间草堰场新淤勘察分派记录。资料显示，乾隆二十一年，草堰场查勘土地三段，共计 13989 亩，⑤ 这与嘉

---

① 乾隆二十六年九月二十八日尹继善题，内阁户科题本，02-01-04-15365-004。

② 光绪《盐城县志》卷 15《艺文》。

③ 汪崇筼：《明清徽商经营淮盐考略》，巴蜀书社，2008，第 189~190 页。

④ 周济：《淮鹾问答》，《清代诗文集汇编》编纂委员会编《清代诗文集汇编》（535），上海古籍出版社，2010，第 296 页。

⑤ 姚恩荣：《清朝中期草堰场土地勘察和利用的情况、原因及其影响——兼论大丰垦区各公司开发历史》，全国政协大丰县委员会文史资料研究委员会编《大丰县文史资料》第 1~2 辑，1982，第 98 页。

庆《两淮盐法志》中"又续升沙荡一百三十九顷八十九亩"的记载完全吻合。① 具体来说，在应分派的淤荡中，已建有程广益亭场 24 面、江立初亭场 30 面、吴世庆亭场 30 面、金恒源亭场 28 面、鲍宏远亭场 30 面、陈溯星亭场 20 面。② 这些镪商正式获得了新淤荡地的所有权，剩下部分继续分派。上述草堰场大使郝月桂拨给草堰场社学正心书院的膏火荡地三段也在其中。③ 嘉庆七年，草堰场再次勘察出五段淤沙，至嘉庆二十三年分段剔除各种废地后，确定升科新淤草荡 150882 亩，④ 此记录亦与光绪《重修两淮盐法志》记录相符。⑤ 这些土地被分配给李集庆、柴怡泰、洪修德、罗荣泰、洪豫立、鲍履顺、江立初、江荆发、洪泰来、陈谦质、胡和茂等商人"配煎纳课"。⑥ 其中，李集庆、罗荣泰两户为最，每户都有 33000 亩以上。⑦ 嘉庆二十四年，新淤草荡 15588 亩，⑧ 与光绪《重修两淮盐法志》记载吻合，⑨ 继续分给上述镪商。由此，盐场荡地大面积集中在镪商手中。王方中认为商亭以土地集中作为基本前提，而场商兼并灶地现象相当普遍。⑩ 需要注意的是，场商获得盐场土地的方式实际和"计镪给荡"这一荡地管理制度的变化密切相关。盐场

① 嘉庆《两淮盐法志》卷 27《场灶一》，同治九年扬州书局重刊版，第 20 页。
② 姚恩荣：《清朝中期草堰场土地勘察和利用的情况、原因及其影响——兼论大丰垦区各公司开发历史》，《大丰县文史资料》第 1~2 辑。
③ 民国《续修兴化县志》卷 5《学校》。
④ 嘉庆《两淮盐法志》卷 27《场灶一》，第 20 页。
⑤ 光绪《重修两淮盐法志》卷 26《场灶门·草荡》，《续修四库全书》（843），第 233 页。
⑥ 嘉庆《两淮盐法志》卷 27《场灶一》，第 20 页。
⑦ 仓显：《话说西团六百年》，《大丰县文史资料》第 14 辑，2000，第 28~32 页。
⑧ 姚恩荣：《清朝中期草堰场土地勘察和利用的情况、原因及其影响——兼论大丰垦区各公司开发历史》，《大丰县文史资料》第 1~2 辑。
⑨ 光绪《重修两淮盐法志》卷 26《场灶门·草荡》，《续修四库全书》（843），第 233 页。
⑩ 王方中：《清代前期的盐法、盐商与盐业生产》，中国社会科学院历史研究所清史研究室编《清史论丛》第 4 辑，中华书局，1982，第 34~35 页。

最东边的荡地掌握在实际控制食盐生产的镦商手中，他们雇用煎烧，完纳灶课，成为包税商。

最后，我们再以民国时期盐场调查报告来说明在赋税登记和生产组织分离的情况下，盐场不同社会组织在空间位置上的区分：

> 伍佑场所辖有堤西三十总，番号由一至三十；堤东三大甲，正仓十五甲、便仓十一甲、洋岸十五甲，核计四十一小甲之地。
>
> 新兴场辖有十七灶、十八总，即今县治行政区第三区之全部及第四区、第十四区之大部分，灶为煎灶，总为农灶。[1]

该调查报告指出："灶地地籍之名称，有总与甲与灶之别，总为农灶，系早年垦熟之田地，甲与灶同为煎地，或尚在垦植之地，使用者尽属灶民……此种冠以'总'名之田地，系前清开垦成熟，收益颇丰，此外各甲及煎灶中，亦有不少成熟田地，其土质大多宜于植棉，收益亦优。"[2]在伍佑、新兴两个盐场，地名为"总"的区域，指清代前期便已垦殖成熟的灶地，而"甲""灶"为名的区域，则指清代新涨沙荡分拨给商镦的区域。"总""灶"区别不仅在于生产组织方式的不同，也伴随着土地淤涨和灶课征收机制的变迁，范公堤以东盐场在"农灶—草荡—煎灶"三个区域分层中显现出了赋役组织方式的差异。最靠近范公堤的是已经改作农耕的"总"的区域，其灶课系向荡地按亩征收，在"总"的范围内缴纳；产草的区域或为公樵地，或为草户控制的荡地，仍登记在"总"这一赋役组织中；产草区域向东延伸是真正进行食盐生产的"煎灶"，"灶"

---

[1]　何新铭:《盐城田赋及灶课之研究》，成文出版社、(美国)中文数据中心，1977，第6009~6011页。

[2]　何新铭:《盐城田赋及灶课之研究》，第6009~6011页。

既是生产组织，也是承担灶课的组织，镦由经营食盐生产的盐商按镦缴纳。

三　盐场职能的降低

清代盐场制度，在生产与户籍、灶课脱钩的前提下，与明代相比更具市场性，食盐的生产、征收，乃至生产者的招募、生产的组织和盐场缉私工作都交给了场商。[①] 由于国家财政对盐税有着极高的依赖，政府加大力量投入食盐运销环节中的盐价和盐税管理。[②] 作为灶户户役负担的灶课，随着户籍与食盐生产者的分离，在清代成为摊入荡地征收的土地税，尤其在踏勘新涨荡地升课方面表现明显。灶课的实际承担者，也从拥有灶户户籍的人，转变为荡地的实际所有者。因此，盐场场大使的职能在清代是不断下降的，生产方面委任商人处理，在灶课征收方面也不需要多费力气。由于灶课额数较少且定额化，大多数盐场能够足额缴纳，个别如徐渎场等几乎没有食盐生产的盐场，则采取由其他盐场"带征"的方式解决灶课，后来在乾隆年间清丈盐场荡地的时候，这些缺额的荡地被摊入新涨荡地中征收。

不过，面对不断淤涨的盐场土地，场大使通过不断清丈和报升，来控制新涨荡地的分配，继而达到控制食盐生产的目的。土地的管理方式随土地利用方式的改变而做出调整。在范公堤以东，土地随着利用方式自西向东呈现出"农灶—草荡—煎灶"三个层次的空间分布。在农灶区，王朝国家对"古熟地"征收田赋；在产草区，设置"公樵区"，限

---

① 徐泓：《清代两淮盐场的研究》，第34~66页。
② 陈锋：《清代的盐政与盐税》第2版，第169~213页。

制荡草的买卖和土地流转；在"煎灶"区，对盐碱的土地实行"计镦分拨"，保证食盐生产所需。这些灵活的土地管理政策，对淮南盐场在乾隆、嘉庆年间黄金时代①的到来，有一定的促进作用。

最后，不同的赋役单位也反映在淮南盐场不同空间的基层组织上。康熙二十年孔尚任在西团就观察到："海上之村大曰场，次曰团，外曰灶，荒寂旷邈曰草荡。比之郡，治场则府也，团与灶则州若县，而草荡则其田畴耳。"②以田赋比喻草荡，这些文字反映了当时人对盐场聚落形态的理解。嘉庆《东台县志》也称"县之村庄称名，曰场、曰团、曰灶、曰镇、曰庄、曰堡……"③这些村名反映了在不同的土地利用空间中，最基本的赋役单位所留下的痕迹。

小　结

从明初到清中叶，国家的盐场管理体系，从垂直管理逐渐演变到属地管理。这一转变，不仅是国家控制盐场方式的转变，也是国家对灶户和食盐这两种资源管理思路的整体转变。伴随着这一转变，盐场管理系统在职业管制、盐业生产、灶户人身控制方面退让，而聚焦于征收盐课、维持专卖等问题，由此一来，灶户和民户一样，均逐步变成一个纳税的账户名。这一管理转变，给盐场社会组织与运作多样化留下了空间。本章讨论的，就是在国家管理制度转变的前提之下，"盐场管理"如何"延伸"到民间社会，即民间的社会组织如何将国家的管理体制"内

---

① 徐泓：《清代两淮盐场的研究》，第104~105页。

② 孔尚任：《湖海集》卷8《文》，古典文学出版社，1957，第182页。

③ 嘉庆《东台县志》卷8《都里》，《中国地方志集成·江苏府县志辑》(60)，第400页。

化"到社会固有或者渐渐形成的结构中去，实现王朝赋役的正常征调，以及盐场社会的正常运作。

研究结果显示，随着盐课征收、灶户管理责任归州县，盐场管理的重点仅限于协助州县催收盐课和保护专卖。盐场管理逐渐不是中央户部需要过于考虑的问题了。盐场自身多籍宗族的社会组织，以及场商管理的盐灶组织，渐次被纳入赋役系统及编户系统之中，形成一套完整且新颖的"盐场管理"系统。这是一套由盐场社会所形成的宗族组织系统（在广东、福建）和场商的生产组织系统（在两淮）构建起来的、自明中叶以来由"中间人"来代理的、较为彻底地贯穿盐场的国家管理体系变革。

这种管理体制变革的方式，促使我们反思明中叶以来盐场意涵的转变。盐场管理变革促使盐场渐渐从一个具体盐业生产的空间，转化为一套与盐业生产脱离、单纯管理赋税的机制。在这种机制下，盐场及其管理有以下几点值得注意。第一，从事盐业生产的人群未必聚集，例如福建盐场的盐业生产群体遍布于海岸线，超出了盐场的界限。第二，盐场管理的机构，可能并不作用于盐业生产的人群，而是分布在更广泛的地域社会。例如福建沿海的多籍宗族，并不完全在盐场管理之下，而是与其他的管理体系交织，更具有自身的运作逻辑。又如两淮盐场的场商乃至运商，普遍地被盐场的土地管理制度所约束，在自由地从事生产和王朝国家对产量的控制之间寻找平衡。第三，可以推断，国家放弃了对于盐业生产的直接管理以及盐源的直接垄断，而盐法的重心也从产运销统管渐渐趋于"着重运销、放任生产"。

第四章

宗族控制盐场

——从社会角度看盐场秩序的演变

明初以降，随着国家管理灶场、控制食盐生产方式转变，盐场地区多籍宗族等社会组织出现，并在应役等方面成为国家行政管理**制度**的延伸。同时，盐场家族在地域社会的势力，也积极寻求与**盐场制度**（例如栅甲制）之间的对话和协调。国家对盐场的管理，除利用行政系统来完成，还借用民间社会因应国家制度变化而形成的社会**组织**系统。这些社会组织以类似代理人的模式与国家行政系统来共同实现对盐场的管理。这样一种独特的盐场管理体系，显然不是单方面**起作**用，它同样强化了社会组织的力量。本章的目的，就是从社会如何适应和利用盐场制度的变化、如何组织盐业生产、如何在国家政治变迁中寻找自身发展空间等角度，来探讨明中叶以降盐场社会的内在**运作**逻辑。

　　本书第二章关于盐场赋役的研究显示，盐场自明代中叶以后不再是一个食盐生产（或者仅限于食盐生产）的空间，而主要是一套基于**赋役**规则的制度体系。故而盐场社会的问题，一方面是盐场的制度体系给予民间社会的发展怎样的空间与限制；另一方面则是民间社会如何利用制度进行盐业生产、土地经营，寻求生存和发展空间。因此，"盐场社会"研究的视野就不能仅限于盐业生产和盐场赋役，而要重视民间社会**如何**看待、应对经济生产和制度。

　　本章从两个角度来讨论盐场社会的问题。第一个角度是，经历元明变革和朱元璋的"画地为牢"的体制之后，乡豪势力已经不再可能获得类似的政治空间，在新的社会秩序趋于稳定之际，民间社会如何构建祖先记忆，把生计模式的变迁以及外在的盐场制度，内化为民间组织逻辑的表达。第二个角度是，在社会失序的情况下，民间社会既有的宗族组织，如何应对清初迁海令带来的沿海社会的危机。

　　这两个角度的组合，显示了我们对于盐场社会观察的主张，即"跳出盐场"看盐场社会。回到社会自身的逻辑，我们便要重视盐业生产以外的诸项经济活动，重视"灶户"以外的各类人群，重视盐场管理组织以外的各种社会组织。只有这些因素互动起来，我们才有可能看到盐场制度的逻辑是如何内化到社会运作逻辑中去的。

第一节　从灶户生计到祖先故事——地域社会中盐场记忆的权力表征

　　明初建立起来的脱离乡豪、由国家直接掌控的盐场制度，发展到明中叶，因为属地管理和赋役征派等种种因素，再度从国家行政系统对最基层灶户的直接掌控之下走出来，宗族崛起成为重要的社会管理力量。那么，明清以来，珠江三角洲和福建地区的盐场宗族是如何建立起来的呢？这是个值得重视的问题。一般认为，加强宗族建设，塑造祖先故事是敬宗收族的重要举措。近年来的研究成果显示，宗族历史记述的叙事结构、祖先故事演变具有特殊的文化、社会意义和现实的目的。① 而明代按照职业将地方人户分为军、民、灶、匠等不同户类，现有关于祖先故事演变的研究基本集中于民户和军户宗族，对于同样是东南沿海地区最为重要的户籍之一的灶户建立的宗族，却少有关注。那么，灶户宗族情况是否一致呢？由于现在研究对灶户宗族几乎不涉及，我们尚不得而知，本节即希望详细探讨灶户宗族建构中的个案，以解答此类问题。其实，明中期以来，灶户与民户、军户等户籍人群一样，也有一个建立宗族、建构祖先故事的历史过程，但由于灶户职业具有独特性，及被编入独立于州县的盐政赋役体系，其生计和宗族发展的轨迹，与盐政制度变革、盐场运作的具体情况密切相关，这便和民户、军户大不相同。本节拟以今石狮市宝盖镇铺锦村（明清时属晋江县二十四都）铺锦黄氏祖先故事演变为例，分析明初以来灶户宗族建设过程中祖先故事演变，及其与灶户生计变革、盐政制度改变和地方权力格局变动的相关性。

今天铺锦村村民基本姓黄，其中很大一部分人自称为"铺锦黄氏"。明代，铺锦黄氏宗族包括灶户、军户和民户等不同户籍的支派，明中叶以降，灶户成为各支派中最有势力的群体，主导着铺锦黄姓的宗族建立及地方事务建设。考察明清时期铺锦黄氏不同时期的族谱，可发现该族

---

① 刘志伟：《祖先谱系的重构及其意义——珠江三角洲一个宗族的个案分析》，《中国社会经济史研究》1992 年第 4 期；刘志伟：《附会、传说与历史真实——珠江三角洲族谱中宗族历史的叙事结构及其意义》，上海图书馆编《中国谱牒研究——全国谱牒开发与利用学术研讨会论文集》，上海古籍出版社，1999；刘志伟：《女性形象的重塑："姑嫂坟"及其传说》，苑利主编《二十世纪中国民俗学经典·传说故事卷》，社会科学文献出版社，2002，第 357~378 页；Michael Szonyi, *Practicing Kinship: Lineage and Descent in Late Imperial China*, Stanford: Stanford University Press, 2002；陈春声、陈树良：《乡村故事与社区历史的建构——以东凤村陈氏为例兼论传统乡村社会的"历史记忆"》，《历史研究》2003 年第 5 期；黄国信、温春来：《新安程氏统宗谱重构祖先谱系现象考》，《史学月刊》2006 年第 7 期；刘永华：《道教传统、士大夫文化与地方社会：宋明以来闽西四保邹公崇拜研究》，《历史研究》2007 年第 3 期；杜树海：《钦州西部的地方历史与都峒之民祖先记忆的创制》，《民族研究》2009 年第 2 期。

始祖故事有一个明显的变化过程：嘉靖二十一年（1542），该族定始祖为有功于当地庙宇建设的"廿八公"；万历二十九年（1601），此说被修正，廿八公被附会为曾经捐资修缮龟湖塘的铺锦里黄里正。然而在康熙二十六年（1687）、乾隆五十八年（1793）铺锦黄氏两次续修族谱中，黄里正却逐渐被从族谱世系和记载历代祖先生平事迹的叙世录（相当于其他族谱的祖先"传记"）中剔除。本节将此过程置于具体时空中考察，分析始祖故事出现及演变的具体社会背景，探讨始祖故事演变背后的逻辑，以此来展现明清东南沿海地区灶户的发展轨迹。

一　铺锦黄姓灶户兴起与廿八公故事

关于铺锦黄氏始祖，存在于族谱记载和今日族人口中最广泛的说法，是有功于宝光堂的"廿八公"。据康熙二十四年至二十六年编撰的《铺锦黄氏族谱·叙世录》记载：

> （廿八公）率乡人构堂宝光为社会之所，人咸德之，尊公为檀樾主，尊吴为都官娘，立主以祀。凡子子孙孙每元旦必相率诣堂揖拜。近以集英精舍成，斯礼虽废，而祠堂之祀，世不失典云。①

引文提及的"堂宝光"和"集英精舍"目前仍保存在铺锦地区。"堂宝光"即"宝光堂"，是一座以玄天上帝为主神，同时供奉"境主公""本宫公"等神的庙宇，坐落于今铺锦村邻村后宅村，为后宅村村庙。"集英精舍"亦称"集英堂""集英古地"，当地俗称"观音宫"，位于今铺锦村中

---

① 黄式度等修《铺锦黄氏族谱·叙世录·第一世·廿八公》。

部，庙内有观音、玄天上帝、境主公等神明，是铺锦村最大、最主要的庙。而"社会之所"即"社庙"。明初，朱元璋制定专门的制度规范民间神祇祭祀，实行与里甲制度相结合的里社制度，规定乡村各里都要立社坛一所，"祀五土五谷之神"，立厉坛一所，"祀无祀鬼神"。到明中期，里社祭礼日益废弛，社坛演变为"杂祀他神"的神庙，且祭社与祭厉合二为一。① 部分庙宇称"社庙"。引文有两点值得注意：其一，黄姓始祖廿八公有功于宝光堂之建设，因而被供奉于宝光堂；其二，铺锦黄姓的"社会之所"，由早先的宝光堂移至集英精舍。可见，廿八公故事始终强调的是廿八公与地方庙宇的关系。康熙谱之后，铺锦黄氏族人多次重修族谱，所修族谱对始祖的记载基本抄自康熙谱，虽在传抄过程中难免出现错误、加减字，但故事叙事结构完全一致，故事情节大体一样。②

康熙谱的文字既可能形成于该次修谱，也可能渊源有自，因而只能说明廿八公故事至迟出现于康熙二十六年（1687），那么最早可以追溯到何时呢？揆诸史料，大约可定在铺锦黄氏第一次修谱的嘉靖十七年（1538）到二十一年。在此期间，族人黄隆（1492~1541）及其子黄一槐（1520~1561）首次编撰族谱。该谱今日散佚无存，所幸黄隆、黄一槐所撰谱序完整保留在康熙谱中，使我们能大略了解是次修谱的一些情况。黄隆自称是他将廿八公定为始祖，其文曰：

> 黄氏之族世居龟水铺锦，旧谱掌于长房氏，落莫失守，至今始迁之祖已无所于稽，而侨寓族属又散无统纪，以故欲作者实难

---

① 郑振满：《神庙祭典与社区发展模式——莆田江口平原的例证》，《乡族与国家：多元视野中的闽台传统社会》，第223~224页。

② 黄式度等修《铺锦黄氏族谱·叙世录·第一世·廿八公》；黄鸿烈等修《锦黄衙内房支谱·叙世录·第一世·廿八公》。

之……况今吾族之平居里巷, 其于支派分裂, 日习见闻, 尤得以相指而相稽也, 宁知再世之后, 人易世疏, 能不如彼路人乎? 幸今未至于路人也。吾人其弗思乎? 吾窃有志矣……于是, 穷本索原, 其祖则断自前坡廿八公始也, 其谱则窃取近世洪大理君……而作也。①

黄隆所言透露出以下两个信息: 其一, 他修谱时该族旧谱已经散佚, 亦即他没有本族族谱或其他文字材料可做参考; 其二, 始祖无从稽查, 他只能根据民间传说定始祖为 "前坡廿八公"。可惜序中无廿八公的详细事迹, 所以无法断定康熙谱所载廿八公的故事, 究竟是嘉靖谱所载, 还是后世续修者的添加。嘉靖以后, 铺锦黄氏族谱又经历了万历二十九年 (1601)、顺治四年 (1647) 两次续修。本书认为康熙谱中关于廿八公的记载当源自嘉靖谱, 因为康熙谱关于廿八公的记载与铺锦黄氏族人黄淳于嘉靖二十年代所作的《祭始祖宝光檀越文》不仅叙述结构一致, 而且内容大体相同。该文载:

（廿八公）捐己地, 率乡人建宝光堂, 为社会之所。乡人尊公为檀越主, 妣吴氏为都管娘, 立主以祀。又题其堂之梁云: "铺锦缘家添寿域, 砂碉境众上云梯。" 是时, 二乡共为一社也。后铺锦集英堂成, 始分为二。自是吾族子孙□宝光谒祖日疏, 而祖之木主委弃于僧□。嘉靖壬寅岁, 僧瀛溪走……置二主于……②

---

① 黄隆:《铺锦黄氏新修族谱序》, 黄式度等修《铺锦黄氏族谱》。
② 黄淳:《祭始祖宝光檀越文》, 黄式度等修《铺锦黄氏族谱》。

　　比较檀越文与叙世录所载，二者叙事结构一致，且都涵盖三方面内容：一是廿八公有功于宝光堂；二是廿八公和吴氏都被供奉在宝光堂中；三是铺锦黄氏原来在宝光堂祭拜，集英精舍建立后就不再去宝光堂祭拜。而檀越文所述为作者亲身经历，因而可以推断，康熙谱所载的廿八公故事，当始撰于明嘉靖年间。

　　由上文可知，所有关于廿八公的故事都强调其有功于宝光堂，但故事背后也隐含矛盾之处，即铺锦黄氏始祖若真有功于宝光堂，那么他们在宝光堂应享有较大权力，即便不能垄断宝光堂的管理权，至少也能分享若干。然而，最终结果却是明中期铺锦黄氏从宝光堂中退出，建立了自己的庙宇"集英精舍"。对于这个矛盾，或许只能从以下事实解释。

　　据康熙谱所言，宋时廿八公已迁居铺锦，但嘉靖年间的族谱编撰者已坦言不知从何追究始祖，二世祖、三世祖则连姓名、继嗣关系等都是一笔糊涂账。然而可以确定的是，铺锦黄氏祖先定居于该地，最迟当不晚于五世祖。五世祖生活于元末明初，在朱元璋平定福建后，登记了户籍。谱载四世祖福履"长子光荣、三子光生同充浔美场盐课司，办盐以足国课。光荣七甲秤子、光生六甲总催，俱西岑埕"。[①]四世祖福庆公有三子原一、原二和原三，"原一兄弟洪武九年抽与本县三十三都二图正军吴寿奴（尾英）二户共垛充南京留守中卫军"。[②]光荣等至迟在明初充当浔美场灶户后定居于铺锦。

　　明初以来，铺锦黄氏各支派分别登记了军、民、灶等户籍，分别承担赋役。明代，灶户有缴纳盐课之义务。明初，铺锦黄姓灶户所

---

① 黄鸿烈等修《锦黄衙内房支谱·叙世录·第四世·子成公》。

② 黄式度等修《铺锦黄氏族谱·叙世录·第五世·原一》。

在浔美场盐课为本色盐，即灶户生产食盐，以所产食盐作为盐课缴纳盐场官仓。盐场发放工本米给灶户，满足其生活所需，并通过计口给盐法和开中法将灶户所纳食盐销售给百姓。此外，灶户还须亲身到盐政衙门应役，承担盐政官员各种需求，及应里甲正役，因而灶户户役与军役一样极为沉重。与铺锦黄姓同为浔美场灶户的吴成缵于嘉靖三十八年（1559）撰写洛溪吴氏《始祖考》就指出，因役重，明初当地人不愿充当军、灶，其文载："国初编户，定户籍以军、盐灶、匠率，而军、盐之赋独繁……洪武初以边饷计，时议开中，尤注意盐利，有诏遗民充盐，人多乐实为民，而惮实为盐者。"①在明初的盐政制度下，灶户必须生产食盐，却无权通过市场销售食盐，因而难以积累财富。而灶户逃亡、盐课销蚀等原因，造成晋江地区灶役更加沉重，导致许多灶户因承担灶役而破产，比如，原晋江二十都沙堤（今石狮市永宁镇沙堤村）龚氏六世祖用植就"永乐十三年为总催事，资产稍倾"。②铺锦黄姓灶户也大体如此，福履公支派即疲于应役，势力始终得不到发展。

正统年间，灶户生活发生了较大改变。正统八年（1443），晋江浔美场盐课七分折米，正统十三年全部折米。盐课折米后，灶役由原来的生产食盐缴纳盐场，变为以米粮输官。与此同时，盐课改折后，泉州食盐也由盐场征收改为灶户支配，灶户获得通过市场自由处理食盐的权利，成为食盐运销者。而明中期盐利极为丰厚，灶户普遍开始贩卖食盐。在积累财富的同时，灶户与民户一样，积极培养子弟读书，考取科举功名。比如，铺锦黄姓灶户支派八世祖黄密（1443~1491）"业儒

---

① 吴九美等编修《洛溪吴氏宗谱·始祖考》，晋江市图书馆藏雍正年间重修本之影印本。
② 翁益强等编《龚氏族谱·晋江县石狮乡西偏乡西房龚氏族谱世系支图·第六世·用植》，1936年修，石狮市博物馆藏影印本。

生"，^①其长孙黄隆（1492~1541）亦"业儒生"。^②具有文化知识的黄隆，在当地享有威望，得到泉州知府王宜南的重视，"（王宜南）高其义举，为约史，凡所动止，世奉为龟鉴"。^③

至明中期，有一定势力且又获得知府青睐文人的铺锦黄姓灶户，便积极建构新的地域社会秩序，以提高其在地方社会中的地位。主要措施有二：建庙与加强宗族建设。建庙，即修建集英精舍。明初以来，铺锦黄姓和后宅林姓都以宝光堂为"社会之所"，所谓"二乡共为一社也"。根据族谱记载，廿八公是宝光堂的檀越主，黄姓在该堂中本应拥有特权，实际上，铺锦黄姓各支派明初时势力弱小，在宝光堂的祭拜体系中其实处于不利地位，而廿八公有功于宝光堂的故事大约也经过粉饰，当地一个广为人知的民间传说就反映了此点。铺锦黄氏族人黄其新告诉我们：

现在看到的宝光堂的天井不是露天的，是有屋顶的，为什么呢？因为以前在宝光堂祭拜的时候，先迁居当地的姓氏先选择祭拜的位置。黄氏是比较迟定居在这一带的姓氏，到宝光堂祭拜的时候，好的位置都被先来的姓氏选走了，姓黄的人只能站在天井祭拜。因此，祭拜时，或被雨淋，或被烈日暴晒。所以，我们祖先有钱了就把天井盖掉。^④

村里老人所讲这一故事的叙事结构与上述族谱记载一致——强调

① 黄式度等修《铺锦黄氏族谱·叙世录·第八世·密》。

② 黄式度等修《铺锦黄氏族谱·叙世录·第十世·省吾公》。

③ 黄式度等修《铺锦黄氏族谱·叙世录·第十世·省吾公》。

④ 黄其新口述，作者于 2011 年 1 月 29 日在石狮市宝盖镇铺锦村采访。

宝光堂铺锦黄氏有份，且其祖先曾经有功于宝光堂。但这个传说也蕴含了两处与族谱记载不一致的信息：一是宝光堂在黄氏迁居铺锦前就已存在，并非黄氏祖先建立或购买；二是黄氏迁居铺锦之初，在当地处于弱势地位，虽然有权到宝光堂祭拜，但只能跪在较差的位置。传统中国，神明崇拜在地方社会占有重要位置，在建立地方社会秩序过程中发挥作用，是强烈地表达地域社会权力秩序的意象。① 铺锦黄姓被迫在庙内较差的位置祭拜，从侧面反映了其在地方社会秩序中无法占据主导位置的情况。因为在原有信仰体系中处于不利地位，并且这种不利难以扭转，所以铺锦黄氏灶户势力强大之后，选择了另立门户，在距宝光堂不远的地方建立集英精舍，奉观音为保护神，即"后铺锦集英堂成，始分为二"。建立自己的"社庙"，实为铺锦黄姓灶户提高其社会地位、建构地域社会新秩序的一个重要途径。

　　除建立庙宇，铺锦黄姓灶户另一重要措施就是整合铺锦黄姓各支派。嘉靖年间大礼议之后，国家意识形态转变，福建及珠江三角洲一带许多姓氏纷纷修族谱、建祠堂。铺锦黄氏亦在这样的背景之下敬宗收族，首次编修族谱的黄隆就称担心铺锦黄姓各派"夫世祀日湮，强弱相凌，陵夷而下，至若路人，不免也"，"于是念于族曰：尊祖敬宗收族，礼也"，② 表明修谱的目的是加强黄姓内部各派之间的联系。是次修谱，福履公、福庆公和福崇公三大支派都被纳入族谱中。建立宗族、编修族谱的首要任务是确立共同的始祖，构建具有"血缘"象征的世系，以加强族内各支派之间的情感和凝聚力。正是因为祖先故事叙述极为重要，所以明清时期，许多宗族在修纂族谱时，都尽可能地把本族的祖先与中

---

① 刘志伟：《地域社会与文化的结构过程——珠江三角洲研究的历史学与人类学对话》，《历史研究》2003 年第 1 期。

② 黄隆：《铺锦黄氏新修族谱序》，黄式度等修《铺锦黄氏族谱》。

国先朝的名门望族联系起来。① 通过追远溯源，攀附名门，既可以提高宗族的声誉和地位，形成宗族的精神支柱，也能培养宗族成员的荣誉感和认同感，丰富宗族发展的价值资源，增强宗族群体的凝聚力。② 黄隆等并未将祖先故事附会到先代名贤，但同样注意通过始祖故事提高宗族的声誉和地位。与建立庙宇的事情相结合，黄隆等选择了与宝光堂有关的廿八公为始祖，并在始祖故事中极力强调廿八公捐资购买宝光堂或捐资建立宝光堂，是宝光堂的檀越主等，以此彰显祖先功德。这个始祖故事具有非常现实的社会意义，它重构了本族在地域社会的威望，并制造了一个关于黄氏与宝光堂关系的新记忆。

二　里正公之说与龟湖塘水利

嘉靖年间，铺锦黄氏灶户以一个有功于宝光堂的廿八公作为始祖，有趣的是，到了万历年间，始祖廿八公又被附会为宋代有功于维修当地重要水利龟湖塘的黄里正，即里正公。在万历二十九年（1601）续修的族谱中，族谱编撰者黄大勋（1523~1609，铺锦黄氏十一世祖灶户黄珈璡的后代，号锦湖）继承了嘉靖谱的叙述，以廿八公为始祖，但同时进一步认为廿八公就是有功于龟湖塘维修的黄里正。黄里正何许人也？据黄大勋所撰《里正公辨》称，"公（里正公）即廿八公"，"尾闾有海岸，数被潮崩，卤水入淹田禾，世为农患。公捐己财，伐石砌筑，其患乃消。人思其恩，不忍呼其名，持尊呼为'里正'云"。③ 里正公捐资建筑

① 陈支平：《近 500 年来福建的家族社会与文化》，三联书店上海分店，1991，第 45 页。

② 刘志伟：《祖先谱系的重构及其意义——珠江三角洲一个宗族的个案分析》，《中国社会经济史研究》1992 年第 4 期。

③ 黄式度等修《铺锦黄氏族谱·杂录·里正公辨》。

的海岸，正是铺锦地区最为重要的水利工程——龟湖塘的一部分。这段
文字可以和首刊于嘉靖三十二年（1553）的《龟湖塘规簿》①相互印证，
《龟湖塘规簿》载：

> 　　查得宋淳熙癸卯年，海岸被潮冲崩，咸水入侵田禾，甚为农
> 患。有鳌峰保吴秀才，铺锦里黄里正，桃林保林细孙，福安蔡时
> 望、苏景福、郑钦叟共捐己财，买石砌筑。②

　　《龟湖塘规簿》是一本记录龟湖塘管理制度的地方文献，据载，铺
锦里黄里正在宋淳熙癸卯年（1183）与吴秀才、林细孙、蔡时望、苏景
福、郑钦叟共同买石修筑海岸。

　　黄里正既为铺锦里人，又姓黄，与明中期铺锦黄氏居住地相同，姓
氏一致，那么是否就是铺锦黄氏的始祖？答案是否定的。首先《龟湖塘
规簿》并未提及黄里正与铺锦黄氏之关系，更为重要的是，嘉靖十七年
到二十一年铺锦黄氏族谱编撰者黄隆叙述始祖时未提及黄里正，可见嘉
靖年间的铺锦黄氏族人从未把黄里正视为始祖。然而万历二十九年，黄
大勋却将黄里正事迹载入族谱，认为黄里正就是廿八公，即铺锦黄氏的
始祖。明清时期，许多宗族在编修族谱时，把本族祖先与先朝名门望族

---

① 据《龟湖塘规簿》载，"本塘自宋淳熙丁未年本府议立塘规，开载印信文簿，付与管水陂
首递官，至今数百余年，时事变更不同，规约兴革自异，所有合行时宜，并先宋塘规，开
具书册具呈，伏乞参酌，刊成书册，给与陂首轮流收掌，逐款奉行，庶几可垂永久"。（第
17 页）由此可知，该簿始刊于嘉靖三十二年，此后康熙三十五年、1925 年两度重刊。笔
者所见为黄江海藏 1925 年重刊本，该版本的《龟湖塘规簿》原有 30 本，存在充当陂首的
黄、林、苏、郑四族族人家中。笔者所见到的为铺锦黄氏族人黄江海所藏原本（今石狮市
博物馆藏有该版本之影印本）。需要指出的是，规簿中非常清楚地注明哪些条规是宋朝旧
规，哪些为后来新定条规，因而，即便经过多次重刊，我们仍可以从中看到不同年代的
规定。

② 《龟湖塘规簿》，第 34 页上。

联系起来，以攀附名门。① 黄大勋此举，显然不能如此解释，因为黄里正名不见经传，亦非名贤名人，并无攀附价值。然而当我们将目光转移至黄大勋生活所在地域的社会环境，便能大略明白他要尊黄里正为始祖的原因。那就是随着明中期的盐法改革，铺锦黄氏灶户生计改变，更为注重粮食生产，关注当地重要水资源龟湖塘的管理权。铺锦黄氏之所以攀附有功于龟湖塘的黄里正，正是在此社会环境之下维护龟湖塘管理权的策略需要。

从地理上看，铺锦地区距晋江流域较远，无大河流过，农田灌溉只能依靠池塘蓄水，龟湖塘就是当地最为重要的蓄水池。龟湖塘位于今石狮市龟湖公园一带，塘水来自石狮宝盖、金鞍、玉屏诸山山涧流水，该塘至迟在明中叶已经存在，并作为泉州南关外重要池塘之一而被记载于万历《泉州府志》中。② 龟湖塘规模较大，"长一千八百余丈，阔八十二丈，深一丈"，③ 塘大水多，灌溉面积亦大。明中期，王慎中称"濑湖仰水之田度万余亩"，④ 就龟湖乡一乡而言，有"洋田土一千七百余石"。⑤至迟到清道光年间"灌田三千八百余亩"。⑥

据《龟湖塘规簿》载，龟湖塘早在南宋就定下塘规，"本塘自宋淳熙丁未年，本府议立塘规，开载印信文簿，付与管水陂首，递官至今数百余年"。⑦ 据旧规，龟湖塘由陂首和得利农户共同管理。"旧例，系塘

①　参见陈支平《近 500 年来福建的家族社会与文化》，第 45 页。

②　万历《泉州府志》卷 3《舆地志下・湖塘陂隶・晋江县》，第 8 页。

③　万历《泉州府志》卷 3《舆地志下・湖塘陂隶・晋江县》，第 8 页下。

④　王慎中：《遵岩集》卷 14《志铭・附碑・湖水利颂德碑》，《景印文渊阁四库全书》（1274）集部 213，第 413 页上。

⑤　《龟湖塘规簿》，第 15 页下。

⑥　道光《晋江县志》卷 8《水利志・龟湖塘》，《中国地方志集成・福建府县志辑》（25），第 96 页下。

⑦　《龟湖塘规簿》，第 17 页下。

下都份有产之家，充为陂首。农众告官，佥举二十四都，近于紧要海潮宫斗门乡吴、黄、林、蔡、苏、郑六族内，选举德行淳朴、识达时务者，轮为陂首。"① "又将本都得利农户议举一十一名，巡视管顾，修筑堤防。"② 此外，旧规还就该塘管理方法和用水、分水办法及禁止泄水等做了具体规定。③ 嘉靖年间，当地人在某种程度上依然遵守着这一"旧规"。从《龟湖塘规簿》中的记载可知弘治以后充当陂首之人都是出自吴、黄、林、蔡、苏、郑六姓中的黄、林、苏、郑四姓。吴、蔡二姓之所以没有轮流当陂首，据嘉靖三十二年（1553）黄伟称，是因为该二族已"绝亡"。④ 不过，随着明中期以来晋江土地和水资源紧张，旧规所载用水办法和禁令屡遭地方势力破坏，而陂首似乎无力妥善管理，龟湖塘经营不力。与铺锦黄氏同住一村的中镇黄氏族谱详细记载了明中期龟湖塘管理及用水情况，其云：

> 其（龟湖塘）开闭防于界限，役掌官为之规，世相传守。予童犹及见其人心一而令行。时一年之水可足二年之耕，以赋公赡私，尝称饶足，盖为一方之利，农人所仰以终其身，而世其子孙者也。历年久，涯湄水落，淤积日就，高阜附豪侵而田之，不贽而耕，不赋而获，争食水利，而力不贵于修筑。陂人既讼诸有司，台察而复之矣，无何而又侵焉，则莫之敢御也。正德、嘉靖以来效尤日益，而湄皆新田，则争食水利十倍于往时矣。自是陂人畏缩，令不得行，农不务修筑，而塘岸、海岸若蠹然，是故淫雨则塘岸坍，海啸

---

① 《龟湖塘规簿》，第 24 页下 ~25 页上。
② 《龟湖塘规簿》，第 15 页下。
③ 《龟湖塘规簿》，第 18 页上 ~25 页上。
④ 《龟湖塘规簿》，第 25 页上。

则海岸坍，是方之田不秋者累年，而农告病矣。^①

　　据上引文献可知，在撰写者年幼之际，龟湖塘塘规得到较好遵守，一年之塘水可供两年之用。明中期以来，龟湖塘虽有陂人（陂首）管理，但管理不善，塘湄败坏而乏人维修，泥土淤积于塘而成田，富豪侵占之而耕种，用水争夺激烈。陂首虽然告官，但效果并不理想。到了正德、嘉靖年间，争夺水资源的问题愈加突出。中镇黄氏族谱中关于龟湖塘的叙述，在铺锦黄氏族谱和《龟湖塘规簿》中也得到了佐证。按《龟湖塘规簿》，早在弘治七年（1494），围绕龟湖塘资源即有争夺：

　　本塘（龟湖塘）周围处所，弘治七年，十九都民林嗣六等填塞为田。陂首黄甫湜院司告，行本府委典史杨仙搬掘改正。^②

　　晋江县十九都位于龟湖塘西边，当地有龟湖塘深涵一口，深涵外有水圳一条，直抵十九都厦渎地方。^③黄甫湜是铺锦黄氏八世祖、灶户黄珈琏后代，除制止十九都民填塞龟湖塘造田外，族谱还载其"尝费己财以复官塘（龟湖塘），捐己田以疏沟洺"。^④弘治七年，黄甫湜之举获得官府支持，但此后十九都人"仍复填塞"，嘉靖二十年（1541），陂首林原宪、黄怀雅、苏以洪、郑邦瑞等上告官府。泉州府推官叶遇春^⑤和晋江县县丞罗汝灿亲自踏勘丈量，最后以向所填造田地征收银两告终，"每

① 　雷泽、洪顺正修《江夏铺锦黄氏宗谱·叶公塘田》，1990年修，石狮市博物馆藏影印本。
② 　《龟湖塘规簿》，第28页上。
③ 　《龟湖塘规簿》，第19页下。
④ 　黄式度等修《铺锦黄氏族谱·叙世录·第八世·遗安公》。
⑤ 　万历《泉州府志》卷9《官守志上·古今郡守·泉州府推官·叶遇春》第19页下：太仓人，由进士十九年任。

年种一斗，照依原议止追银五分"。①此项银两由陂首征收、管理，"以
充修理斗门及补纳鱼课等用。递年陂首务要置簿一扇，将该年收过田银
若干，何项支用若干，逐一登记。若用有余则存留以为下年之用，不足
则会议处补。三年满日通计明白递付接管之人"。②铺锦黄姓陂首除与
晋江十九都人填湖造田有多次交涉外，还制止其违禁用水。据《龟湖塘
规簿》载，十九都农民参与修筑龟湖塘上岸有功，洪武十六年（1383），
陂首黄福与十九都人议分地界管理，划定中涵往西三十三丈归十九都人
管理。③上岸西涵外水圳直抵十九都厦渎，该地"灌田土系塘西、厦渎
乡民耕种"。④十九都农民通过修筑塘岸获得管理该段塘岸的权力，但必
须服从塘规及二十四都陂首的管辖，"（塘西、厦渎）每乡就于农户内选
举质实之人，充为涵首，隶于陂首所属"。十九都农民使用龟湖塘水资
源需要获得陂首的允许，放水的时间亦有明确限制，"如遇放水灌田，当
于陂首处请给木牌，辰开酉塞，不许擅开，致令走泄水利，违者听陂首
呈举"。⑤不过，嘉靖二十一年，"十九都民下〔厦〕渎乡人许澄等故违
此规"，适逢铺锦十世黄雅盛（1495~1551，讳昊，灶户黄珈琏后代）⑥、
十世黄雅祐（1505~1551，讳天惠，灶户黄珈琏后代）⑦等人轮值陂首，
他们将十九都人违规之事"呈府问罪，行县立石，永为遵守"，⑧维护了
龟湖塘水规。

---

① 《龟湖塘规簿》，第 28 页下。
② 《龟湖塘规簿》，第 28 页下~29 页上。
③ 《龟湖塘规簿》，第 21 页。
④ 《龟湖塘规簿》，第 19 页下。
⑤ 《龟湖塘规簿》，第 19 页下~20 页上。
⑥ 黄式度等修《铺锦黄氏族谱·叙世录·第十世·雅盛》。
⑦ 黄式度等修《铺锦黄氏族谱·叙世录·第十世·雅祐》。
⑧ 《龟湖塘规簿》，第 21 页下。

除十九都民填塘为田争夺水力外，龟湖塘上游水力亦曾被"旧奸宿猾"占据，直到黄甫混的儿子黄建晖（南湖公）掌管陂务时才将其制止。嘉靖三十八年（1559），黄一栋（黄建晖的族孙）邀请泉州府南安县士绅傅夏器为黄建晖写墓志铭。[1] 傅夏器详叙该事，称：

> 乡有溉田湖水，往陂长常以水利扞罔于官，嗣之者率以为戒，苟且仍事。已而次及公，公命诸子若侄受事焉。其旧奸宿猾仍恃据上流如前武不即工，潴泄不以时也。公随持塘规闻于官，官为监筑立石禁。至今堤赖无圮，水得所汇，春作秋继，荷插醹辊，交潅互澍，垅田之间，迩延野绿，远际云黄，实惟公功。[2]

可见，明中期晋江地区土地资源紧张，且二十四都、十九都水资源紧缺，因而，填塘为田及争夺水力的纠纷不断。就龟湖塘而言，弘治以来，特别是正德、嘉靖年间，存在填塘筑田和盗水、泄水等问题。陂首与非陂首的地方豪族就此进行反复较量。

上述案例说明了明中期充当龟湖塘陂首不易，陂首必须有一定的财力和势力。康熙《铺锦黄氏族谱》载九世佛保 (1470~1512，字建恩) 承担陂首之役时，甚至"里难于陂役，则承直三年，不惜费以堤防"。[3]"难于陂役""不惜费以堤防"说明，在当时陂首之位不易充当且需要一定财力。陂首之难，除与其他地方势力争夺水利外，还体现在需要巩固海

① 傅夏器《锦泉先生文集》卷4《处士黄南湖墓志铭》载"孺人生于成化甲午，至今寿八十有六"（明万历刻本，第36页上），由此可知，"今"是嘉靖三十八年，即傅夏器撰写该墓志铭于嘉靖三十八年。
② 傅夏器：《锦泉先生文集》卷4《处士黄南湖墓志铭》，第35页下~36页上。
③ 黄式度等修《铺锦黄氏族谱·叙世录·第九世·佛保》。

岸、维修堤岸等上，但陂务不仅无固定经费可用，且无人愿意充当陂夫，不仅如此，陂首甚至须承担因渔户逃亡而留下的渔课等。《龟湖塘规簿》载，因塘海两岸正当潮浪冲激，随筑随崩，陂首自备酒食，募众修筑，"加以赔纳本塘无征鱼课一十二石，费银莫计，困苦无奈。陂夫出没波涛，冲冒风雨，昼夜不休，终岁勤勤，多因丧身，相鉴覆辙，死莫敢赴，以致独累陂首，力不能支"。[1]当然，作为陂首，特别是有势力的陂首，这些事务依然会通过种种手段转嫁到地方普通农户，但毕竟缺乏直接的制度保障。

在弘治年间以后禁止居民筑塘为田及其他地方势力盗水的龟湖塘陂首中，铺锦黄氏灶户是主要力量，这说明弘治年间，黄姓灶户始终活跃于龟湖塘陂务，及至正德、嘉靖年间愈加频繁。弘治以后，铺锦黄姓灶户之所以开始关注龟湖塘，是因为随着浔美场盐政制度变革，灶户生计开始转变。从正统八年（1443）到十三年，晋江浔美场盐课全部折米。折米后，灶户的盐课责任从向盐场官仓输纳本色食盐，改为向永宁卫、福全所和金门所官仓缴纳米粮。经过此一转折，灶户可以不生产食盐，但必须获得米粮以作为盐课纳官。晋江浔美场地区土地贫瘠，大部分地方无法种植水稻，许多灶户只能通过市场购买米粮以完成盐课。不过，铺锦地区离盐场稍远，[2]其地可植水稻，当地灶户主要通过种植水稻满足盐课之需。因而，明中期铺锦黄姓灶户将更多时间和精力投入米粮种植，由此引发控制地方水力的需求，并至迟在弘治年间开始充任龟湖塘陂首。

铺锦黄姓灶户之所以能够掌握陂首之位，部分是因为他们符合塘规

规定，属于"海潮宫斗门乡"的"黄族"，对此《龟湖塘规簿》有如下规定：

> 旧例，系塘下都份有产之家，充为陂首。农众告官，金举二十四都，近于紧要海潮宫斗门乡吴、黄、林、蔡、苏、郑六族内，选举德行淳朴、识达时务者，轮为陂首。[①]

海潮宫斗门乡在何处？该地点不见于明代中期之文献，不过，从海潮宫斗门是龟湖塘的一部分可以判断其在龟湖塘边。因而，居住于铺锦的黄氏显然符合条件。[②] 当然，有资格并不代表就能够充当陂首。嘉靖朝之前，居住在铺锦的黄姓有好几个支派，至少包括了在嘉靖年间被纳入铺锦黄氏宗族的福崇公、福庆公、福履公三大支派，以及没被纳入铺锦黄氏宗族的中镇派。这么多个黄姓支派中，只有铺锦黄姓灶户支派成为陂首，而其他支派默默无闻，这是因为正统以后，随着盐政运作的改变，灶户势力逐渐壮大。与之相反，福庆公及中镇黄为军户，军役较重，从族谱中看不到他们的发达。此外，福崇公支派则逐渐衰微，其子光孙，"传四世仅存旭生一人，流寓于广东黄河，其后事未有知之者"。[③] 最早得到发展的铺锦黄氏灶户支派，借助勃兴的实力，谋取了龟湖塘陂首之位。可见，是否为塘规簿所规定的黄、林等六姓后裔，仅能说明其是否有充当陂首的资格，最终能否成为陂首则取决于自身的实力。铺锦黄姓灶户在地方上独当一面，掌握了龟湖塘管理权，在首次编修的族谱中并未提及始祖与龟湖塘水利的关系，因为那时尚未产生对于龟湖塘管

---

① 《龟湖塘规簿》，第 24 页下 ~25 页上。

② 作者 2011 年 8 月在铺锦、后宅等村田野考察。上述材料为当地老人口述。

③ 黄鸿烈等修《锦黄衙内房支谱·叙世录·第四世·福崇公》。

理权的危机感。

然而，嘉靖中期以后，龟湖塘管理制度的重新议定及当地权力格局转变，都给铺锦黄氏龟湖塘陂首之位造成一定的压力，而这些都与中镇黄氏兴起相关。中镇黄氏在铺锦村，嘉靖年间并未被纳入铺锦黄氏宗族，直到乾隆朝前，铺锦与中镇黄氏依然分属两个宗族。根据铺锦黄氏族谱记载，中镇黄氏的始祖不是廿八公，而是福寿公。"福寿公洪武年间犹居象镇头，而充镇东军，由即称铺锦里人"，正统年间，"福寿公曾孙和靖公始移中镇"。[1] 中镇就在铺锦村，中镇族人盖山公清初修谱时指出"本族与铺锦比屋连居"。[2] 中镇黄氏定居中镇以后，在科举上获得极大的成功，"时和靖公仅一子，而孙支五举一成进士，荣赠先世垂裕后鲲"。[3] 和靖公孙子中五个成举人，其中一个是进士。进士者，黄鳌也。中镇派黄鳌（1487~1553，字时镇，号三峰）嘉靖十年（1531）中举，嘉靖十四年中进士，授刑部主事，任湖广布政参议。[4] 铺锦黄氏虽然也有读书考取科举功名者，但嘉靖、万历年间无人中进士，无法与中镇黄氏相比。

中镇黄氏兴起之后，以黄鳌为首，积极涉足龟湖塘水利管理。嘉靖十六年，黄鳌请知县宋大匀追塘田银重修龟湖塘塘尾冲要之地海潮宫斗门。是年，黄鳌率领四姓陂首呈请晋江县知县宋大匀及县丞罗汝烁"清丈、追押塘湄税银，重修本塘，其丘段亩数开载再〔在〕册，定为值年董陂之费"。事成，而该项银两到康熙年间被干没。[5] 嘉靖三十二年（1553），黄伟等就龟湖塘无人愿意充当陂夫、陂首独累一事，向福建地

---

① 黄鸿烈等修《锦黄衙内房支谱·列传·宗谱附纪》。

② 黄端烽：《盖山公族谱序》，《江夏铺锦黄氏宗谱》。

③ 黄端烽：《盖山公族谱序》，《江夏铺锦黄氏宗谱》。

④ 万历《泉州府志》卷15《人物志·国朝科目志·进士·黄鳌》，第29页。

⑤ 《龟湖塘规簿》，第10页上。

方官府要求仿照晋江二十七都西南斗门和二十九都六里塘"于该都年应差均徭人户编金应役"充当陂夫的做法，最后获得福建各级官府批准，"将二十四都龟湖塘陂夫就于本都该年该差均徭人户编金八名应役"，均徭编金的陂夫每名公食银一两二钱，递年编金。① 上述二举，解决了修筑龟湖塘的经费问题，也解决了无人充当陂夫的问题。

经过一系列改革，龟湖塘的管理纳入正轨，在此基础上，黄伟进一步要求将写在印信文簿上的龟湖塘旧规与"及续议塘规，参详明白，开列条款，立案备照外，今将塘规刊刻书册，仰管水陂首轮流收掌，永为遵守，毋得紊乱，违犯取究不便"，② 刊刻成《龟湖塘规簿》。嘉靖三十二年刊刻的《龟湖塘规簿》经过福建最高官府认同，具有法律效应。新的规定使龟湖塘管理有章可循，保证陂首可以管理和控制龟湖塘水的利用、控告不遵守规矩者，而且增加了陂夫管理具体陂务的规定，还给予龟湖塘经费支持。陂首遂成为美差。改革之后，铺锦黄氏对陂首之位愈加重视，直到顺治四年（1647）黄位都指出："自吾祖先卜居于此，当宋元之交，虽戢鳞自晦，然世世以陂务为急，其闳谋远虑，无非为子孙根本之计。"③

如前所述，弘治年间以后，铺锦黄氏虽然掌握了陂首之位，但有两点值得注意。

其一，《龟湖塘规簿》中关于陂首的来源记载不明确。塘规簿载："旧例，系塘下都份有产之家，充为陂首。农众告官，金举二十四都，近于紧要海潮宫斗门乡吴、黄、林、蔡、苏、郑六族内，选举德行淳

① 《龟湖塘规簿》，第16页下~17页上。
② 《龟湖塘规簿》，第18页上。
③ 黄位都：《重修族谱序》，黄式度等修《铺锦黄氏族谱·顺治丁亥年重修族谱后序（十四世位都）》。

朴、识达时务者，轮为陂首。"① 到明中期，龟湖塘陂首改由原来六姓中的四姓轮当，"今查吴、蔡二族绝亡，止定林、黄、苏、郑四姓轮佥，三年一替"，②"就本都林、黄、苏、郑四姓，轮佥陂首一名掌管"。③ 上引文献都只提姓氏，对于这六个姓氏或四个姓氏只有"海潮宫""本都"等居住地的限制，再无具体明确规定。那么，与铺锦黄氏同村的中镇黄氏，甚至龟湖塘周围的其他黄姓，是不是也有成为陂首的资格？其实，虽塘规簿记载吴、黄、林、蔡、苏、郑"六族"是"塘下都份有产之家"，由"农众告官"所佥举而出，但仔细比较该六族姓氏与上引宋淳熙癸卯年捐资修筑龟湖塘海岸的吴秀才、黄里正、林细孙、蔡时望、苏景福、郑钦叟，不难发现其姓氏完全一致，即陂首资格当来源于宋淳熙癸卯年有功于龟湖塘的六姓。换句话说，若能成为宋淳熙癸卯年有功于龟湖塘六姓的后代，无疑就获得了充当龟湖塘陂首资格的"正统性"。

其二，嘉靖中期以来，铺锦黄姓灶户独当一面的局面被中镇黄氏的兴起打破。围绕地方资源，铺锦黄姓与中镇黄氏展开争夺，关系紧张。此处略举一例。铺锦地区有一块地俗称"高岑上地"，明中期，该地被中镇黄氏占有，而铺锦黄姓灶户黄大勋看中该地，想占有，但凭自身实力无法获取，最终只能以在该地建祠堂的方式获得铺锦黄氏族人支持，于隆庆六年（1572）才花重金买得该地。乾隆二十九年黄鸿烈修铺锦衙内房房谱记载："烈闻前辈故老相传云：三峰公因争高岑上地而失众望，此一说可为万目纲领，继而锦湖公力敌不支，借建大宗名色挟众心而复之，后自营私室，中地付族人改建祠堂，又注云此地为吾族故地，夺于

---

① 《龟湖塘规簿》，第 24 页下 ~25 页上。

② 《龟湖塘规簿》，第 25 页上。

③ 《龟湖塘规簿》，第 15 页下。

势豪等语，则锦湖公所自述之意可知矣。"①关于建祠堂之前"高岑上地"究竟属谁所有，族谱和民间传说说法不一，目前已难判断，但不管是文献记载，还是口头传说，都一致反映出明中期，一同生活于铺锦的两支黄氏争夺地方资源的问题。②锦湖公单独的势力无法战胜黄鳌，只有联合族人的势力才能最终获胜，这从侧面说明了当时被铺锦黄氏视为"势豪"的中镇黄氏势力确实不小。除土地资源外，如引文所见，中镇黄氏也积极插手对龟湖塘的控制和管理。出身于中镇黄氏的黄鳌率领陂首与官府往来，力图改变龟湖塘旧有的秩序，无疑会给铺锦黄氏族人造成强烈的危机感。

面对中镇黄氏兴起而引发的龟湖塘危机，铺锦黄氏采取了种种措施巩固陂首之位。

措施之一，即建立龟湖塘功德祠。铺锦黄氏十世祖、灶户光生支派黄瑗（1502~1564，字雅玉，号石冈）就主持建立了龟湖塘功德祠。族谱载：

> 公仁孝彝秉，见义勇为，尝自捐资以修改祖茔及诸弟求葬者葬之。又尝率乡人建祠湖西，以祠先世名宦之有功于水利者。③

灶户黄瑗捐钱修祖墓，自然可以凝聚宗族力量，提升自身威望，此外他还率领乡人建"祠"于"湖西"。所谓的湖西之祠实为龟湖塘水利功德祠，④用来供奉有功于水利的先世名宦。此举中，黄瑗是作为地方领

---

① 黄鸿烈等修《锦黄衙内房支谱·列传·宗谱附纪》。

② 叶锦花：《明清灶户制度的运作及其调适——以福建晋江浔美盐场为例》。

③ 黄式度等修《铺锦黄氏族谱·叙世录·第十世·石冈公》。

④ 今铺锦村老人仍可指出该祠所在位置。

袖的身份出现，带领"乡人"建祠，其领导水利事务之目的极为明显。

措施之二，是铺锦黄氏灶户将视线转向《龟湖塘规簿》，认定本族为宋淳熙癸卯年有功于龟湖塘六姓之一"黄里正"的后代。这个转变颇为有趣，如前文所言，在嘉靖二十一年所修的族谱中，铺锦黄氏族人认定始祖为"廿八公"，而万历二十九年（1601）的谱中，黄里正忽然就成为铺锦黄氏的始祖。此转变，显然具有强烈的策略意味。因为正如上文所述，宣称自己是六姓之一黄里正的后代，可以证明本族拥有陂首之位的正统性和优先权。之所以将黄里正登记入族谱，是因为族谱在当时是地方解决纠纷的重要证据。嘉庆十四年（1809）铺锦黄氏黄清英就指出"按谱牒以锓板为最要，锓板则可印成多付〔副〕，不致有失，有故出以示人，更足取信……虽官长亦以刻本为可据。如祭费少赢余，子孙寡财力，则当雇善书人抄誊数付，各支分藏之，倘仅一付，则当严立禁约，虽为祖宗大故，与人构争，宁多费，切勿缴官，待完案取领。盖居官人多不恕，只知自利，视此物为无关，不念为人孙子者固以斯为宝重也。即幸而了案，可领，承胥又以此为奇货已"。[①]可见，为巩固龟湖塘利权，铺锦黄氏证明自己是黄里正之后，而将黄里正作为始祖载入族谱，无疑为以后的纠纷提供一份非常有利的、获得官府认定的重要证据。

由此可见，将黄里正附会为廿八公进入族谱，成为本族始祖，应该是铺锦黄氏的一种策略。之所以采用这种策略，是因为明中期以来盐政运作的改变，导致铺锦黄姓灶户生计的变革，在以农业生产为经济来源的前提下，铺锦黄氏需要控制和掌握与此相关的地方资源，尤其是水力资源龟湖塘。在缺乏强有力的挑战者的情况下，铺锦黄氏并不需要证明

---

① 黄清英纂，雷泽等重修《锦黄新厝房支谱·杂说》（该谱旁白处写《江夏黄氏宗谱》），石狮市博物馆藏 1990 年重刊本之影印本。

自身对龟湖塘有着优先的控制权，但当中镇黄氏兴起、铺锦黄氏产生强烈的危机感之后，他们便需要进一步论证对龟湖塘控制权的正统性与合法性，在这个复杂的过程中，黄里正为始祖之说便诞生了。

三　灶户经商闽台与里正公的"消失"

如前所述，万历年间以黄大勋为代表的铺锦黄氏努力将黄里正等同于廿八公，然而至清康熙、乾隆年间，铺锦黄氏族人却否定黄里正是其始祖，在乾隆五十八年（1793）编修的族谱中，黄里正从世系中被删除，这个变化，其实也有着深刻的现实背景。

顺治四年（1647）铺锦黄氏续修族谱，仍将黄里正视为始祖。然而康熙二十四年（1685）至二十六年续修族谱时，编修者明确指出里正公并非廿八公，称"前谱以公（里正公）即廿八公，误也。说见什录"。[①]因康熙谱年久侵蚀，"什录"早已残缺，"说见什录"之"说"，也不得其详。康熙谱的编纂者认为黄里正虽并非廿八公，但谨慎起见，还是将黄里正纳入"叙世录"，置于廿八公之后，"编为附"，[②]并特意注明黄里正不是始祖。乾隆五十八年，铺锦黄氏衙内房（灶户光生支派）再次修谱，此时的编者就不再把黄里正"编为附"，而是直接将其从"叙世录"中删除。之所以如此，按《铺锦黄氏宗谱·杂说》，理由如下：

> **烈按：**龟湖塘水利簿开载海潮世为农患，宋淳熙癸卯有铺锦堡黄里正暨吴、林、蔡、苏、郑等六族之人共捐己财，买石砌筑，其

---

① 黄式度等修《铺锦黄氏族谱·叙世录·第一世·廿八公》。

② 黄鸿烈：《杂说》，雷泽、洪顺正修《铺锦黄氏宗谱》，1988 年重修，铺锦村黄江海藏。

患乃消。前谱以里正公即廿八公，后谱则曰误也，编为附。夫淳熙
癸卯系宋孝宗二十一年，廿八公生卒虽莫详，就三世祖君弼公生于
元世祖丁亥二十四年考之，相去百有三十余载，则里正公乃锦黄前
代之德人，非廿八公也明矣。毋庸附载。①

该文的作者黄鸿烈，考证了里正公的生活年代，发现黄里正生活的
南宋淳熙年与族谱所载黄氏三世祖竟然相差 130 余年，按常理推断，黄
里正不可能是始祖（一般而言，两代人间隔约二十五年，始祖与第三代
人之间间隔约 50 年）。由此，里正公被从乾隆谱"叙世录"中彻底删除，
甚至连"编为附"的资格也被剥夺。

里正公的消失，直接原因是黄鸿烈发现了时间上的矛盾，而为了保
证族谱的"可信度"和世系的合理化，此种情况在族谱编撰过程中本为
普遍现象。不过，里正公原是作为巩固龟湖塘陂首之位的权威符号而进
入铺锦黄氏族谱，其退出则直接透露了铺锦黄氏对龟湖塘管理权态度的
变化。这个变化的背后，依然是铺锦地区铺锦黄氏和中镇黄氏生计及关
系的改变。

从规制看，入清以来，铺锦黄姓灶户仍是陂首。明清鼎革，龟湖
塘的管理仍遵照嘉靖三十二年刊刻的《龟湖塘规簿》，铺锦黄氏和苏、
林、郑共四姓仍轮流承担龟湖塘陂首。康熙三十六年（1697），陂首林
季升等重新翻刻原有塘规。而明中期以来，铺锦黄姓灶户许多族人充当
陂首，为维修堤岸、禁止地方豪族填塘成田、泄水等做出了贡献，这些
都被载入新刻的《龟湖塘规簿》中。康熙三十六年《重镌二十四都龟湖
塘规序》就直言"其有功于斯塘者……正德年间则有黄建猷，嘉靖间则

---

① 黄鸿烈：《杂说》，雷泽、洪顺正修《铺锦黄氏宗谱》。

有黄雅盛、黄雅祐、黄甫湜、苏德修、林原宪、黄怀雅、苏以洪、郑邦瑞"。[①] 上文已提及，黄建猷、黄雅盛、黄雅祐、黄甫湜、黄怀雅等都为铺锦黄氏灶户支派人，这些人不仅在族谱中有明文记载，且都被登记在塘规簿中，所以铺锦黄氏灶户支派享有对龟湖塘的管理权，已经成为一个形成自明中期的传统，因而无须通过一个南宋的故事来证明铺锦黄氏灶户支派对龟湖塘享有权威。

不过，正如上文所言，塘规簿的记载仅是一个资格，铺锦黄氏放弃里正公之说，还与龟湖塘在当地生计中地位下降及中镇黄氏衰落有关。

首先，随着铺锦黄氏与中镇黄氏将更多精力和时间投入闽台贸易中，农业在当地的经济生活中不再那么重要，龟湖塘对他们而言，地位亦相对下降。

明中期以来，铺锦黄姓灶户和中镇黄氏虽有族人经商，但毕竟占少数，农业仍是当地重要经济来源，郑成功收复台湾后，台湾被纳入清廷版图，清廷对台政策的改变，使得铺锦黄姓灶户和中镇黄氏谋生方式发生转变，大量族人移居台湾，开发台湾，经营闽台贸易。

泉州与台湾一衣带水，但历史上联系较少，直到明末清初，在动乱中，两地的关系越来越紧密。[②] 有学者指出，明末清初，东南沿海地区的人大量移居台湾。迁台之人，以福建人居多，在福建内部，则以泉州和漳州为多。庄为玑等根据 1926 年的调查，指出"全台湾汉族居民共三百七十五万一千人，祖籍福建者达三百一十余万，占百分之八十三强。其中，泉州府各县占百分之四十四点八，漳州府各县占百分之

---

① 《龟湖塘规簿》，第 9 页。

② 庄为玑、王连茂编《闽台关系族谱资料选编》，福建人民出版社，1984，第 5~9 页。

三十五点一"。①泉州中, 晋江县许多人迁居台湾,②铺锦黄氏和中镇黄
氏都如此。据乾隆五十八年《锦黄衙内房支谱》载, 康熙到乾隆年间,
铺锦黄氏衙内房十六世有 2 人到台湾; 十七世 12 人到台湾; 十八世 79
人到台湾, 其中 10 人葬台湾或居台湾。③中镇房迁居台湾者更多, "康
熙年间该房迁往台湾的族人有黄缙锦等 13 人, 乾隆年间迁往台湾的族
人有黄源京等 46 人, 嘉庆年间及其以后迁往台湾的有黄培纪等 38 人"。④
两派黄姓到台湾后, 繁衍很快, 及至民国, 仅鹿港一地, 就有 1000 多
人, 他们自称"铺锦派", 在台北专门设有铺锦黄氏同乡会。⑤

　　铺锦黄氏族人到台湾之后, 大部分利用当地条件及政策从事闽台贸
易。经过明末清初的开发, 到清康熙、乾隆年间, 台湾已大量种植水稻
等粮食作物, 若能运到泉州, 则可解泉州缺米之状况。陈万策云: "泉、
漳户口蕃滋, 田畴所出, 虽丰岁不供。台湾垦辟日广, 稻谷丛生, 地多
雾露, 不忧旱潦, 岁岁大稔, 内地大资其益, 所谓民到于今受其赐者
与。"⑥同时, 康乾年间朝廷开放闽台交易。康熙二十三年 (1684), 清
廷开放厦门与台湾凤山县安平镇鹿耳门单口对渡, 为了管理大陆与台湾
的交易, 在厦门设立闽海关。清廷规定只有从厦门出洋、在厦门接受闽
海关盘验、在澎湖接受查验的船只才能到台湾, 且只能在台湾鹿耳门停
泊。乾隆四十九年 (1784), 福建水师提督永庆要求增设晋江县蚶江港
与台湾鹿港对渡。乾隆五十七年, 清政府开放蚶江与台湾淡水河南岸八

① 庄为玑、王连茂编《闽台关系族谱资料选编》, 第 4 页。
② 陈支平: 《民间文书与明清东南族商研究》, 中华书局, 2009, 第 113~114 页。
③ 黄鸿烈等修《锦黄衙内房支谱·叙世录》。
④ 陈支平: 《清代泉州黄氏郊商与乡族特征》, 《中国经济史研究》2004 年第 2 期。
⑤ 林国平主编《文化台湾》, 九州出版社, 2007, 第 78 页。
⑥ 陈万策: 《施襄壮公家传》, 《涵芬楼古今文钞》卷 61《传状类·家传》, 商务印书馆, 1911,
　第 74 页。

里岔的航线。此后，从晋江蚶江出发的船只可以到达台湾鹿港与八里岔两个港口。①在上述政策下，清中期，从事东南沿海地区与台湾贸易最多的即是漳、泉二府人。曾任福建台湾兵备道的姚莹曰："台湾商船皆漳、泉富民所制。"②铺锦黄氏和中镇黄氏亦是泉州商人的重要构成。二派除少部分居住在淡水、凤山外，大部分聚居于彰化县鹿港，主要从事商贸、航运、码头搬运等行业。中镇房黄汝涛于康熙后期到台湾经商后，在鹿港开办"锦镇"商行，随着族人来台经商人数增多，商行规模也不断扩大。乾隆十年前后，族人们又在鹿港开设了新的商行"新锦镇"，此后，该房还在鹿港开设郊行"锦源号""锦丰号"等，主要经营泉州与鹿港两地的生意。此外，还有部分黄氏族人到厦门开办商贸业务，逐渐形成了泉州蚶江—台湾鹿港—厦门多角商贸往来的关系。他们通过泉州、鹿港、厦门三地的郊行，把台湾的米粮、食糖、海货等产品运到大陆销售；而内地则从北方牛庄、青岛、大连、天津等地（俗称北郊）将黄豆、麦粉、细布，以及从镇江、南通、温州、福州等地（俗称南郊）将食品、红料杉木、用具等运到台湾销售。③可以推断，铺锦黄氏和中镇黄氏都将绝大部分精力和时间投入闽台贸易，农业及与之相关的龟湖塘水利，对其生计的重要性遂逐渐下降。

其次，经过明末清初的动乱，中镇黄氏衰落，并通过与铺锦黄氏联宗寻求庇护，遑论与铺锦黄氏争夺龟湖塘水利管理权。

---

① 李文杰：《浅谈清代闽台商业贸易》，《福建省社会主义学院学报》2010年第3期；丁玲玲：《清代前期泉州湾蚶江口岸初探》，《泉州师范学院学报（社会科学版）》2002年第5期；祁开龙、庄林丽：《清前期鹿港与蚶江口的设置及其影响》，《濮阳职业技术学院学报》2010年第5期；叶真铭：《郊商与清代闽台贸易》，《炎黄纵横》2008年第10期。

② 姚莹：《东溟文集·筹议商运台谷》，丁日健：《治台必告录》卷2，清乾隆知足园刻本，第86页下。

③ 陈支平：《清代泉州黄氏郊商与乡族特征》，《中国经济史研究》2004年第2期。

经过明末清初的动乱，中镇黄氏失去了往日权势，如该派盖山公所言，“今吾宗式微，时丁乱离”。[①]而铺锦黄氏则族大人多，势力较大。在动乱中，二派的紧张关系也因共同面对危机、共同保卫乡土得到缓和。如中镇派士绅盖山公与铺锦黄氏士绅南宫公，在政局鼎革、仕途转变的时局之下，就互相勉励，关系甚为密切，他们联合招募乡勇，建立了寨堡。在动乱中，中镇盖山公希望与族大人多、势力较大的铺锦黄氏联宗。他在康熙二十四年修谱时就说：

> 本族与铺锦比屋连居，尤亲厚至渥焉。考我祖福寿公军徭其籍，为铺锦村人。后百有六十余岁，三峰公为东野行状，及石峰公墓志，俱称世居铺锦里，则前此未有中镇之名也。念八公四传为福崇公、福庆公、福履公与我福寿公，号同行，稽其生卒年月又相先后，宜与铺锦为一宗矣。[②]

盖山公从中镇与铺锦两支黄氏的居住地、祖先号与生卒年等方面论述二支联宗的合理性。他对于黄鳌家居二十余年，有机会与铺锦黄氏联宗却并未联宗，以及黄祚编修中镇黄氏谱时将始祖定为福寿公却没有提及中镇黄氏与铺锦黄氏之关系，表示遗憾与不解：“今考宗孙祚谱中止称始祖福寿公，至三峰公之子谊斋公滢有谱稿，亦与同称前乎此者概置不录，殊堪扼腕。”[③]并称：

> 至于联族属、与铺锦合建祠宇，以敦一本之谊，是所谓报本之

① 黄端熢：《盖山公族谱序》，雷泽、洪顺正修《江夏铺锦黄氏宗谱》，1990 年重修，石狮市博物馆藏影印本。

② 黄端熢：《盖山公族谱序》，雷泽、洪顺正修《江夏铺锦黄氏宗谱》。

③ 黄端熢：《盖山公族谱序》，雷泽、洪顺正修《江夏铺锦黄氏宗谱》。

中又报本，追远之中又追远，则煊也有志而未逮焉。后之贤子孙能
亢吾宗昌而大之，其亦志吾之所志欤。①

　　盖山公联宗的愿望，直到康熙末年才达成。康熙末年，铺锦黄氏和
中镇黄氏共同建立了共有祠堂。乾隆五十八年（1793）所修《锦黄衙内
房支谱·祠堂祭田》载：

　　　　盖万历壬辰迄康熙之季，百有三十余年，族盛人繁数倍于昔，
　　子姓弗克容展谒。于是，本房秉正公倡，始谋之各房长暨中镇合
　　族，建地金厝庭，与本衙毗连。先大父坦轩公复舍地六尺许，以成
　　其局。族众鲜有知之者。使他人于此若不索价，亦必揭扬词色，而
　　先大父总欲追宗报本，不计自己发肤。毅绳伯亦惟命是听，方有雍
　　正癸卯元年之肯堂。②

　　据此可知，康熙末年衙内派族人秉正公倡议在金厝庭建立宗祠（今
铺锦村下祠堂）。上引文献来自《锦黄衙内房支谱》，因而会强调该房族
人在建祠中的功劳，实际上，中镇黄氏族人对金厝庭祠堂建立的贡献亦
不可忽视。据乾隆二十三年中镇黄氏族谱记载，建立金厝庭祠堂的厝地
是中镇黄氏族人"镇伯"所有，"我盖山公之序谱也，谆谆以合建祠宇为
念。迨后我柱镇伯谋得地于金厝庭，遂与通族倡议兴筑。凡两次构造而
成"。③ 结合两宗派族谱可知，金厝庭祠堂由中镇和铺锦共同出地建成，
其中中镇房提供的地较多，而铺锦衙内仅出六尺地。在两派联宗的过程

①　黄煊烽：《盖山公族谱序》，雷泽、洪顺正修《江夏铺锦黄氏宗谱·盖山公族谱序》。
②　黄鸿烈等修《锦黄衙内房支谱·本房祀业·祠堂祭田》。
③　黄春林：《重修族谱序》，雷泽、洪顺正修《江夏铺锦黄氏宗谱》。

中，人口少、势力弱的中镇黄氏比较积极，他们主动提出联宗，又供地建祠堂，目的或许是寻求铺锦黄氏的庇护。直到今天，中镇黄氏的势力仍然微弱，因此，铺锦黄氏各支派具有强烈的优越感，铺锦村的老人告诉笔者："中镇黄和铺锦黄不是同宗，不过他们觉得自己人口少，我们人口多，势力大，所以要和我们联宗。我们的祖先也觉得这对我们没有什么坏处，所以就答应他们了。"①

金厝庭祠堂自康熙末年开始筹建，但中镇派祖先到乾隆八年（1743）才进主，"于乾隆癸亥年，则跻我福寿公及本派数世神主祔焉，而岁时拜祭以与族人序昭穆，一团和气，无间信乎"。②乾隆八年，铺锦黄氏和中镇黄氏合为一族，统称"紫云黄氏"，直到今天仍然如此。金厝庭祠堂（俗称"下祠堂"）为铺锦黄和中镇黄两支派共有，至今全铺锦村黄氏都有份。换句话说，今天所见到的铺锦村黄氏宗族其实是乾隆年间铺锦黄氏和中镇黄氏联宗后的宗族，原来的中镇黄氏现在成为紫云黄氏第八房内的一支。③

明末以来，中镇黄氏势力衰微，甚至希望通过与铺锦黄氏联宗以得到庇护，其对地方资源的控制力自然无法与铺锦黄氏相较量，龟湖塘利权的归属，对于铺锦黄氏而言，也不再是一个充满竞争和挑战的事情。因而，他们没有必要证明始祖就是在宋朝修筑龟湖塘的黄里正了。

综上，随着明中期龟湖塘管理办法的定型，铺锦黄氏和中镇黄氏将精力转向闽台贸易，龟湖塘地位下降；此前与铺锦黄氏争夺龟湖塘管理权的中镇黄氏，势力渐微，且两派联宗后关系缓和，铺锦黄氏牢牢掌握了对龟湖塘的控制权。与此相关，用来强调对龟湖塘利权正统性和优先

---

① 黄旭东口述，作者 2010 年 1 月 24 日于石狮市宝盖镇铺锦村采访。

② 黄春林：《重修族谱序》，雷泽、洪顺正修《江夏铺锦黄氏宗谱》。

③ 该村老人所言，作者于 2011 年 1 月 29 日在石狮市宝盖镇铺锦村采访。

权来源的里正公，在铺锦黄氏的谱系中，也就变得不再重要。里正公成为始祖，再由始祖被剔除出祖先谱系的过程，与其说是历史考据的胜利，毋宁说是在现实环境变迁的前提下，当事者有意或无意对历史的改建与重构。

综观不同时期铺锦黄氏灶户宗族祖先故事，其故事塑造及调整与宗族的现实目的相关联，而灶户生计转变及其在地方秩序中的地位变化是灶户宗族始祖故事演变的主导因素。不管是嘉靖二十一年（1542）将始祖叙述成有功于宝光堂的廿八公，还是万历二十九年（1601）将修筑龟湖塘水利的里正公附会为廿八公，都是铺锦黄氏灶户为了实现某种现实目的的有意叙述。认始祖为廿八公是为了提高其在本地的威望，而说里正公就是廿八公是为了巩固本族拥有的龟湖塘陂首之位。里正公之所以被视为始祖，是因为铺锦黄氏灶户的需求及其所面临的社会环境发生变化，即盐课折米之后，他们关注龟湖塘的管理权，但中镇黄氏兴起对此构成威胁，因而他们宣称里正为始祖，以此证明其龟湖塘陂首之位来源具有正统性。到康熙、乾隆年间，黄里正从族谱中消失，其背后亦是铺锦黄氏面临的社会现实发生了变化，即中镇黄氏在明末清初地方动荡中势力转微，铺锦黄氏灶户龟湖塘陂首之位失去了外在的挑战者，且随着台湾开发，王朝政策倾斜，铺锦黄氏灶户将眼光与精力投向闽台贸易，农业生产与龟湖塘水利的重要性逐渐下降。新的环境下，黄里正失去作为铺锦黄氏始祖的价值与意义，因而被从族谱中剔除。

第二节 迁界与东南盐场家族的命运

明中叶以后东南沿海灶户家族构建宗族的过程，在明清之交受到政局改变的影响，其中，尤以迁界等重大政治事件与宗族关系至深。清初，朝廷为断绝东南沿海民众与郑成功等海上抗清势力沟通，解决明中期以后东南沿海地区长期动乱的问题及加强对当地的控制，实行坚壁清野的迁界禁海政策。[①] 迁界欲令"海滨居民尽迁于内地，设界防守"，[②] 其首要问题是划界，即划定迁界线，明文规定了内迁里数。不过，既有研究已指出，东南沿海各地迁界并不总以朝廷规定的三十里为界，负责迁界的具体官员、沿海各地地形地势、风俗习惯及传教士等某些因素都可能影响各地内迁的实际距离。[③] 其实，迁界线的划定，不仅仅与上述因素相关，而且受东南沿海民众左右，因为迁界线决定了哪些人须内迁、哪些无须内迁，他们的生死存亡与此相关。鲍炜对清初广东迁界的研究指出，在某些情况下，有些有权势的人操纵了界线的划定，在广东便有不少买通划界官员而改变界线的记载。[④] 此外，福建、广东地区明中期以后普遍兴起并成为地方重要组织的宗族在迁界中也发挥着不可忽视的作用，宗族势力及其与清王朝之关系往往影响族人是否内迁，左右迁界线的划定。本节拟以福建漳州、泉州地区为中心，考察地方势力特别是居住于迁界线附近的盐场宗族在迁界中的不同命运，分析宗族与族人内迁与否之关系，探讨盐场社会如何对迁界令做出反应。

---

① 陈春声:《从"倭乱"到"迁海"——明末清初潮州地方动乱与乡村社会变迁》,《明清论丛》第 2 辑。

② 夏琳:《闽海纪要》卷上,《四库禁毁书丛刊》史部（35）, 第 17 页下。

③ 顾诚:《清初的迁海》,《北京师范大学学报（社会科学版）》1983 年第 3 期; 李东珠:《清初广东"迁海"的经过及其对社会经济的影响——清初广东"迁海"考实》,《中国社会经济史研究》1995 年第 1 期; 林修合:《从迁界到复界: 清初晋江的宗族与国家》, 台湾大学硕士学位论文, 2005。

④ 鲍炜:《迁界与明清之际广东地方社会》, 第 52 页。

一　文献所载漳泉地区的内迁范围

清初，山东、江苏、浙江、福建和广东等省奉旨迁界，其中，福建因是郑成功势力的主要活动空间，而成为迁海令执行最严格的省份之一。[1] 位于福建南部的漳州、泉州境内的龙溪、海澄、漳浦、诏安、惠安、同安、晋江等沿海县份均有大部分地区内迁。

清初，东南沿海各地迁界、展界时间及内迁次数不一，漳泉地区大体经历了两次迁界。第一次始于顺治十八年（1661）八月，"朝命户部尚书苏纳海至闽迁海，迁居民之内地，离海三十里村社田宅悉皆焚弃"，[2] 康熙八年（1669），"都统济实奉命安兵，稍拓旧边"，[3] 部分展界。康熙十七年二月，包括漳泉地区在内的福建再次迁界，"上自福州福宁，下至诏安，沿海筑寨，置兵守之，仍筑界墙以截内外。滨海数千里无复人烟"。[4] 康熙二十年正月前，福建总督姚启圣、巡抚吴兴祚先后疏请开边界，漳泉地区部分展界，[5] 康熙二十三年全部展界。[6]

迁界的首要问题是划界。据明末清初士人彭孙贻所撰、李延昰所补《靖海志》，漳泉地区第一次迁界，离海三十里之内的村社田宅悉皆焚弃。内迁三十里是朝廷之政令，在地方上则难以真正落实。也许正因为经历了第一次迁界，清楚地方难以全部以三十里为界，所以文献中所载

① 顾诚：《清初的迁海》，《北京师范大学学报（社会科学版）》1983 年第 3 期。

② 彭孙贻撰，李延昰补《靖海志》卷 3，《续修四库全书》（390）史部，第 504 页上。

③ 杜臻：《粤闽巡视纪略》卷 4，《景印文渊阁四库全书》（460）史部 218，第 1036 页下。

④ 夏琳：《闽海纪要》卷下，《四库禁毁书丛刊》史部（35），第 35 页上。

⑤ 《清圣祖实录》卷 94，康熙二十年正月辛卯。

⑥ 林修合：《从迁界到复界：清初晋江的宗族与国家》，第 60 页。

第二次内迁里数多为大概之数，如道光《晋江县志》载"康熙十八年，命沿海二三十里，量地险要，各筑小寨防守，限以界墙"①中的"沿海二三十里"。事实上，漳泉各地两次内迁的里数都不一样。康熙二十二年，前往福建、广东主持展界的内阁大学士杜臻在巡视的基础上，详细记载了闽粤各地内迁情况。以漳州府漳浦县为例，杜臻称：

> （康熙）元年画界，自梅洲寨，历油甘岭高塘洋、云霄镇、大梁山、高洋口、苦竹岭、秦溪村、荔枝园、浯江桥、赵家堡、张坑至横口，为漳浦边。边界以外，斗入海四十里月屿，二十里旧洋，附海三十里虎头山，十五里埔头，十二里后葛司，十里洋尾桥、杜浔，七里旧镇，皆移。共豁田地一千一百六十三顷，于荔枝园、高洋口因界设守。八年展界。②

据引文，漳浦各地内迁里数自 7 里至 40 里不等。泉州府晋江县内迁里数则自 10 里至 50 里不等，杜臻称：

> （康熙）元年画界，自大盈历龙源山鹧鸪寨、后渚澳至洛阳桥为晋江边。边界以外，斗入海五十里福全所、三十里永宁卫、二十里祥芝澳、十里东石澳，俱移。共豁田地一千二百五十二顷有奇，于观树、塔山因界设守。八年展界。③

---

① 道光《晋江县志》卷 5《海防志》，《中国地方志集成·福建府县志辑》（25），第 65 页上。

② 杜臻：《粤闽巡视纪略》卷 4，《景印文渊阁四库全书》（460）史部 218，第 1041 页下。

③ 杜臻：《粤闽巡视纪略》卷 4，《景印文渊阁四库全书》（460）史部 218，第 1058 页上。

与漳浦、晋江一样，漳泉境界其他县内迁里数亦不一。[①]杜臻所载为当地第一次内迁距离，亦可视为第二次内迁范围。康熙十八年（1679）八月初五日，负责第二次迁界的福建水师提督杨捷咨会福建总督、巡抚，"檄行沿边各协营将弁遵照，查明原日旧址迁移，不许擅行挪越尺寸，并屡经严饬安设官兵，昼夜加谨巡防，不许片板下海"，[②]告示沿边各标、协、营将弁官兵"查照顺治十八年定限立界，毋得稍有逾越寸步"。[③]可见，福建官方以第一次迁界线为基准进行第二次迁界。

为何漳泉地区一县境内各地内迁里数不一，且差距甚大？细观上引文献可知，内迁差别较大的各地往往位于不同的半岛上或不同的海湾周边，差距大体由沿海地形地势，特别是岛屿、港湾分布情况所决定。以晋江为例，杜臻提及内迁各地基本上在各大半岛上，其中，福全所位于围头半岛，永宁卫在永宁半岛上，祥芝澳则有祥芝半岛深入大海。各半岛中，围头半岛深入大海最长，永宁次之、祥芝再次之，相应的，各半岛内迁里数由多到少，说明了半岛深入浅出的自然地理情况在很大程度上决定了各地内迁里数。其他县份大体亦如此。

一县之内，不同地区的迁界线受自然条件影响，不过，在同一半岛上、同一海岸边上各处的内迁情况则更多受人为因素操控。杜臻对闽粤各县的内迁里数记载虽详细，但也只是记录了军事要点或海陆沟通要道等重要地方的内迁情况，而非所有地点的。一地的内迁情况不能被扩大到其他各地，也无法代表其附近各点之内迁距离。如我们不能以永宁卫内迁三十里的记载说明永宁半岛各地都内迁三十里。从实际操作上看，

①　杜臻：《粤闽巡视纪略》卷4，《景印文渊阁四库全书》（460）史部218，第1035~1066页。

②　杨捷：《平闽纪》卷13《告示·示沿边各营》，《四库全书存目丛书》史部（56），第538页上。

③　杨捷：《平闽纪》卷13《告示·示沿边各营》，《四库全书存目丛书》史部（56），第538页下。

由于人力、技术、时间等因素限制，负责迁界的官员无法一一测量各地
到海岸之确切距离，而是把精力放置于一些防范内外沟通的关键地方
上。因而非关键点的内迁，或者说临近的两个关键地点之间的迁界线的
划定实际上有很大的操作空间。对东南沿海地区而言，该线极为重要，
稍微偏一点，可能就决定了一个或数个村落、宗族的命运。对当地百姓
居民来说，迁界线是一条关系自身乃至整个家庭、宗族的财产、命运之
线，一线之隔，遭遇迥异，因而，地方势力定然想方设法改变其位置。
迁界线的最终位置当是在地方势力与负责迁界的官员的互动中形成。漳
泉地区的传说及族谱等民间文献的记载，反映了宗族势力影响了族人内
迁与否，左右了迁界线的划定。下文以漳浦民间传说及石狮铺锦黄氏、
霞课张氏的情况进行详细论述。

二 "有华表的地方不用内迁"：漳浦盐场宗族的应对规则

官方文献明确记载了漳浦部分地点的内迁里数，不过，漳浦沿海地
区的老百姓对迁界线的记忆不是以里数为标准，而是以"华表"为界，
其背后折射出的是各宗族在迁界中的不同遭遇及迥异命运。

笔者于2008~2012年多次前往漳浦地区考察，与长期居住于漳浦
盐场、旧镇、杜浔镇等地的老人聊当地"过往的事情"时，他们都会提
及清初迁界时，漳浦地区"有华表的地方不用内迁"或"迁界迁到有
华表的地方为止"。① 当地方言中的"华表"即牌坊。明清时期，在地
方上竖立牌坊往往是朝廷对地方获取较高科举功名者、贞节烈妇、义夫
义族、百岁老人、累世同居者、孝子顺孙等的旌表。漳浦老百姓口中的

---

① 2008年2月20日作者到漳浦竹屿村田野调查的笔记。

"华表"则以科举功名及当官者的牌坊为主。当笔者问他们"哪里有华表"或"华表在哪里"时，他们回答说："有举人、进士，或当官的人的地方。"①"有华表而免内迁"之说源自哪里？当地老人或说是小时候听村里老人所说，或说是听父母所讲。该说来自前辈的记忆，口耳相传，流传至今，是当地老百姓对清初漳浦迁界的历史记忆。清初迁界线的划定涉及的因素极为复杂，也许并非地方百姓记忆的那么简单，但民间传说背后蕴含着的重要信息，即强宗大族在迁界中得以免迁，值得深究。

实际上，漳浦沿海地区的民间传说并非无中生有，如经常被提及的，作为"有华表而免内迁"代表的漳浦浯江乌石林氏，在明末清初时确实有实力，受迁界影响小。此可从该族族谱及地方志的记载中得到印证。

明中叶以来，漳浦与闽粤其他地区一样，宗族普遍兴起，成为地方上的重要组织。浯江乌石林氏就是其中的一个大族，并在地方上拥有较高威望。据《浯江乌石林氏族谱》载，乌石林氏始祖林安宋朝时从福州长乐迁徙到漳浦七都浯江保西径坊（今漳浦旧镇镇岩埭村南侧）居住，子孙昌盛，迁徙各地，包括乌石地区的坂上、潭仔头、后垅、浯江、山兜等村。②明中后期，乌石林氏在科举上取得其他姓氏难以望其项背的辉煌成就，在嘉靖十一年（1532）到万历十四年（1586）短短的55年内共出六位进士。其中，十世林功懋嘉靖十一年进士，初授东莞县知县，历任广西按察使等；十世林策嘉靖十七年进士，任江西佥事；十世林一新嘉靖二十年进士，任山西佥事；十一世林士章嘉靖三十八年探花，"官祭酒，终南礼部尚书"；林功懋之子林士宏万历八年进士，授行人、刑部郎等；林士章之子林汝诏万历丙戌（1586）进士，授永州

---

① 2008年2月20日作者到漳浦竹屿村田野调查的笔记。

② 林梅：《重修浯江族谱序》，浯江乌石林氏族谱编纂委员会编《浯江乌石林氏族谱》，2002，漳浦县图书馆藏，第28页。

推官，擢南京吏部考功郎。[①] 林氏族人热衷于科举仕途的同时，积极加强宗族建设。在修谱方面，明洪武年间五世祖林纯一曾编家谱，[②] 嘉靖、隆庆、万历年间，林廷臣、林策、林楚等士绅多次修订。建祠方面，正统十三年（1448），族人林普玄等创建乌石林氏大宗祠"海云家庙"，正德十五年（1520）族人林震重修，万历八年在林士章的主持下重建。[③]

明清鼎革，乌石林氏族人较早投诚清廷，并通过科举驰骋官场。林策的侄孙林颥顺治十一年（1654）中举，顺治十五年考中进士，任江西九江府德化县知县。林颥族侄林琛（紫峰先生）康熙八年中举，康熙十八年中进士，任内阁中书。[④] 科举之路的成功给该族带来极高的威望，顺治六年，十三世刑部主事、承德郎林萃祉自信地称，"浦之侈望族者，必推吾家，以吾家衣冠文物，子姓繁衍，实甲梁浦也"。[⑤] 较早顺从清朝，且科举仕途春风得意的乌石林氏与地方官府交好。康熙年间，内阁中书林琛重修海云家庙，新修小宗宗祠，邀请漳浦县知县杨遇为小宗宗祠写碑记。康熙二十七年（1688），杨遇撰写碑记，称乌石林氏"甲第蝉联，为漳南第一家"。[⑥]

清初迁界，乌石林氏所在的旧镇诸多地方被迁弃，编修于康熙年

---

① 浯江乌石林氏族谱编纂委员会编《浯江乌石林氏族谱·古代人物录·古代科举仕宦》，第42~43页；康熙《漳浦县志》卷12《选举志上》，成文出版社，1968，第814、815、817、821、822页。

② 林纯一：《浯江家谱序》，浯江乌石林氏族谱编纂委员会编《浯江乌石林氏族谱》，第27页。

③ 浯江乌石林氏族谱编纂委员会编《浯江乌石林氏族谱》，第37页。

④ 浯江乌石林氏族谱编纂委员会编《浯江乌石林氏族谱·古代人物录·古代科举仕宦》，第42~43页；康熙《漳浦县志》卷12《选举志上》，第832、834、896页。

⑤ 林萃祉：《重修族谱弁言》，浯江乌石林氏族谱编纂委员会编《浯江乌石林氏族谱》，第31页。

⑥ 杨遇：《林氏南照先祠碑记》，浯江乌石林氏族谱编纂委员会编《浯江乌石林氏族谱》，第35页。

间的《漳浦县志》载"（顺治）十八年九月十八日，奉旨迁界，梁山以南，旧镇以东皆为弃土"，[①]旧镇城亦在"迁界时堕"。[②]根据杜臻记载的旧镇内迁各地可知，当地的迁界线经过苦竹岭、秦溪村、荔枝园、浯江桥、赵家堡等地。林氏居住之坂上、潭仔头、后垅、浯江、山兜等村落处于可迁可不迁的地带。而从该族族谱的记载，我们看不到迁界对其的影响，此与漳泉地区许多族谱记载族人在迁界中遭到蹂躏大为不同，或许正是因为他们无须内迁。林氏得以不迁，族人受影响小，当是该族士绅与地方官互动的结果。

三　"托处界边"：迁界区铺锦黄氏的应对规则

迁界期间，共同居住于晋江县二十四都龟湖地区（今属石狮市宝盖镇）的霞课张氏内迁，而铺锦黄氏无须内迁的情况，也反映了迁界线的划定受宗族势力影响。

霞课又称霞库、下库、霞顾，与铺锦村毗邻。当地四面都是陆地，与东北的出海口直线距离约有 4000 米，而与南边深沪湾直线距离约 8000 米。[③]不过，在铺锦东北方向，即石狮东北部的小平原上有一条江——浦江。浦江发源于华表山草庵附近，流经苏内、小浯圹，在上浦、玉浦（也称"玉澜浦"）地方出海。玉浦是晋江境内诸水汇集入海处。乾隆《泉州府志》载："玉澜浦在陈埭东十五里。凡灵源山东南诸涧汇为洑田，流为横龙、新塘、浦滨。宝盖山东北诸涧流为塘埄、曾坑，汇为龟湖，

---

① 康熙《漳浦县志》卷11《兵防志》，第798页。

② 康熙《漳浦县志》卷5《建置志·城池》，第305页。

③ 根据福建省地图出版社编《泉州市地图册·石狮市地图》《泉州市地图册·石狮市·宝盖镇》（2009）地图测量、计算所得。

与拱塘、象畔诸水皆会于此，以入于海。"①自明代至民国，玉浦都是晋江重要码头之一。据铺锦村老人回忆，直到民国初，从东北而来的船只可直达玉浦。铺锦黄氏很多人从玉浦码头出发到海外经商。从福州运回的杉木等大宗货物也在玉浦码头进入晋江，并转运到龟湖街（横穿铺锦、后宅、郑厝、苏厝四村）贩卖。②铺锦地区与玉浦的直线距离1200多米，③而玉浦靠近祥芝澳，按照杜臻记载祥芝澳内迁二十里算，铺锦地区在界外，属必迁地。居住当地的霞课张氏就在迁界中被迫内迁了。

明清以来，霞课居民以张姓为主，号称"霞课张氏"。据1914年编修的《龟湖霞课张氏家谱》载，始祖二十四郎公自宋代迁居龟湖乡，"二十四郎公自仙游大蛮山迁于晋江廿四都龟湖乡，娶林氏，遂居焉，是为龟湖始迁之祖"。④子孙在龟湖乡繁衍，后分东、中、西三派，"东派世居龟湖，即车桥，其第宅历宋元而犹存，即张氏一族之祖祠。一中、西二派迁于龟湖之鳌山、之锦里、之湖边、之长坑、之霞课，或迁于南安之云台"。⑤霞课张姓与其他姓氏一样，致力于宗族建设。宣德年间，九世祖体磐公首次编撰霞课张氏谱图，载"谱始于九世体磐公宣德间本支图为之。公为处士，博雅有文，乡人咸师尊之，实始著图系代纪行辑辞，几二百年之事迹秩然可观矣"。⑥清康熙二十六年（1687）再次修谱。

---

①　乾隆《泉州府志》卷8《山川三·川·晋江县川·玉澜浦》，《中国地方志集成·福建府县志辑》（22），第153页。

②　石狮市宝盖镇铺锦村村民黄旭东、黄其新等所讲，2010年1月24日作者在石狮市宝盖镇铺锦村访谈笔记。

③　根据福建省地图出版社编《泉州市地图册·石狮市·宝盖镇》地图测量、计算所得。

④　张天叙：《龟湖张氏族谱序》，张天叙修《龟湖霞课张氏家谱》，1914年修，龟湖霞课张氏族人藏。

⑤　张天叙：《龟湖张氏族谱序》，张天叙修《龟湖霞课张氏家谱》。

⑥　张天叙：《龟湖张氏族谱序》，张天叙修《龟湖霞课张氏家谱》。

不过，明中期以来，霞课张氏的发展并不是很好。一方面，在铺锦村生活的支派人丁单薄。生活于明中后期的十六世仅有 4 人，生活于明末清初的十七世仅有 5 人，十八世仅有 1 人出生于崇祯年间，其他 4 人出生于康熙年间。另一方面，明末清初族人无获取科举功名者。康熙二十六年，张星炟撰写族谱序言时就指出族人"少识字"。①

人丁稀少、势单力薄的霞课张氏，在明清鼎革及清初迁界中受到很大的冲击。康熙二十六年族谱编纂者张星炟写序着重描述了族人在迁界中的境遇：

> 人丁之凋残非由于人事，实气运衰替使然也。慨自大清定鼎以来，海氛山岚处处窃发，百姓之困苦甚于倒悬，加以饥馑荐臻、赋役繁重，族之死于流离者十之一，死于海寇荼毒者十之二；重以辛丑年奉旨迁移，界外之民失其故业，相率流亡饥寒而死者十之七。吾宗之人杂处界外者多，际此景况，民安得而不糜灭哉？②

该谱序形成于康熙二十六年，即晋江展界后三年，编纂者张星炟亲历迁界，见证明清鼎革以来张氏人口大量死亡之惨状，并指出其中有七成因居于界外，被迫内迁，失去"故业"，流亡、饥饿、寒冷而亡。经过清初洗劫，张氏所剩人口更少。即便经过三百多年的繁衍，到今天，张氏人口仍旧稀少。所以，霞课没有单立行政村，而是与苏厝共同构成苏厝行政村。③

---

① 张星炟:《续谱小引》，张天叙修《龟湖霞课张氏家谱》。

② 张星炟:《续谱小引》，张天叙修《龟湖霞课张氏家谱》。

③ 作者于 2011 年 1~2 月、8 月两次前往石狮市宝盖镇实地考察，在铺锦及其附近村落考察二十余日，当地老人告诉我霞课因人少而并入苏厝。

　　铺锦黄氏与霞课张氏同处一地，理论上亦须内迁，实际上他们却得以"托处界边"。铺锦黄氏十四世黄式度（1638~？）康熙二十六年编修《铺锦黄氏族谱》，在序言中就指出：

> 辛丑又遭迁弃之祸，我族人托处界边，荒葛屯葵，触目惊心，多有舍其乡里家族以旅游四方者。自是人烟之消息、生齿之登耗与夫婚娶卒葬之年月、方所皆不复纪录，使及今不修，后将何所于稽乎？余为此惧，乃与二三族长犁然举行。[1]

　　据引文载，黄氏虽然部分族人因惶恐而迁离，但政策上他们"托处界边"，无须内迁。

　　为什么居住于同一地方的霞课张氏须内迁，而铺锦黄氏免迁？笔者2011年两次到当地调查，发现铺锦地区村落相连，铺锦与霞课及附近的郑厝、苏厝、后宅等村落间没有山脉或大河隔绝，村与村之间亦无明显界限，居民杂居共处。因而，造成该二族在迁界中不同遭遇的，不是自然条件。其实，明末清初两族的势力悬殊及族人与官府之关系迥异是导致其命运不同的重要因素。

　　据编修于康熙二十六年的《铺锦黄氏族谱》载，宋代廿八公定居铺锦后，黄姓在铺锦地区繁衍，到明中期，人丁旺盛，且族人黄一栋等考中举人。是时，族人一方面加强宗族建设，另一方面积极参与地方事务，掌握地方上最为重要的水利工程龟湖塘的管理权。在明末清初的动乱中，铺锦黄氏族人极为活跃，参与各种政治势力或武装集团，部分族

---

① 黄式度：《重修族谱引》，黄式度等修《铺锦黄氏族谱》。

人加入郑氏集团或在南明政权中担任官职,①也有部分族人较早投靠清政府。十三世黄士宽(1611~?)就不接受隆武政权之任命,于清廷统治闽县时被"拔补闽县学生员"。②

铺锦黄氏族人还倡导并组建了自己的武装力量。清初,在动乱的大环境下,晋江地区盗贼频发,为自我保卫,铺锦黄氏部分族人招募乡勇、组织团练。顺治四年(1647),十二世黄钺撰写本族族谱序言时称:

> 　　四方壮士麾旗倡议,一二寇攘之徒又窃名蜂起,入室攫金,露刃括饷,于是团结诸子弟以保里间。斯时也称戈比干,迄无宁处。③

黄钺笔下的"团结诸子弟以保里间"者是铺锦黄氏十二世祖汉白公(1581~1653,字光灿)。汉白公是明末武官,仕途不顺,于明清鼎革后归家,招募乡勇保卫家乡,谱载其"天启甲子、丁卯,崇祯癸酉三科武举人","授广海寨守备,注意军政,务革虚冒,同官咸加畏惮,竟以严正不阿为忌者所扼,归家。值清师入闽,诸无赖多乘间剽掠。公募乡勇以固里闬,族人赖之"。④与汉白公一同组织和领导团练的还有族人南宫先生及中镇黄氏族人盖山公等。蔡芳所撰《侃肃公暨勤敬郑氏志铭》载:

> 　　明季鼎革,四方骚动,尚未削平。翁兄盖山先生授儋州知州,

---

① 叶锦花:《明清灶户制度的运作及其调适——以福建晋江浔美盐场为例》。
② 黄式度等修《铺锦黄氏族谱·叙世录·第十三世·士宽》。
③ 黄钺:《国朝顺治丁亥年重修族谱序》,黄鸿烈等修《锦黄衕内房支谱》。
④ 黄式度等修《铺锦黄氏族谱·叙世录·第十二世·光灿》。

以沧桑故不仕，训练乡壮，为都人屏藩。继而翁兄南宫先生亦自韶州乐品〔昌〕谕帆，都人复推任是事。皆以翁知经识权，委以繁剧。翁靡不胜任愉快焉。①

据载"盖山公"建立团练，"南宫先生"归乡后亦担任团练之事。南宫先生即黄荐，铺锦黄氏十三世祖、康熙二十六年族谱编修者黄式度之父，晋江县儒学增广生员，永历二年（1648）以人才拔授广东韶州府乐昌县学教谕，任官二年，弃官归家。② 盖山公并非铺锦黄氏族人，而是居住于铺锦的另一黄氏宗族"中镇黄氏"族人黄煓煜，他于隆武二年（1646）③被隆武政权授为儋州守，但其"以国变，不赴任，即绝意仕进"。④ 盖山公、南宫先生及汉白公在明末清初仕途不顺的情况下归乡共同操办团练，具体的事务多委托铺锦黄氏十三世祖侃肃公（1610~1694，讳遴基，即上引文中的"翁"）处理，他"性严毅，有勇力，当四方鼎沸，训练乡壮，为都人藩屏"。⑤

组织和领导团练的汉白公、南宫先生与盖山公都是在明末清初时具有一定影响力者，受各政权（明廷或南明）的提拔、授官，但仕途不顺，最终选择归乡，成为地方团练的领导者。不过，从他们的政治抉择可窥知，三人的政治态度不完全一致，汉白公和盖山公拒绝接受南明政

---

① 载雷泽、洪顺正等修《黄氏宗谱》，1988，福建石狮市铺锦黄氏族人黄江海藏。
② 乾隆《晋江县志》卷12《文苑·人物之六·国朝》，第346页下。
③ 黄荐《奠盖山兄文》载"前丙辰岁，兄筮仕得儋州守"（雷泽、洪顺正等修《江夏铺锦黄氏宗谱》）。查崇祯至清顺治年间都无丙辰年。而据族谱记载，黄荐劝盖山在其赴粤东之前（永历二年"以人才拔授广东韶州府乐昌县学教谕"），因而，此处"丙辰岁"可能是顺治丙戌年，即1646年。
④ 黄荐：《奠盖山兄文》，雷泽、洪顺正等修《江夏铺锦黄氏宗谱》。
⑤ 黄鸿烈等修《锦黄衙内房支谱·叙世录·第十三世本房·侃肃公》。

权之委任，而南宫先生曾在南明当官。在团练领导者政治抉择不一，且大部分时间清廷无法控制晋江的背景下，黄氏的团练当与清廷无关，不过，到秉正公负责团练时情况发生了变化。

秉正公（1630~1729），侃肃公次子，[①]除继承父业继续训练乡壮外，还建造了七个寨堡。其子黄澄宗写《秉正公暨妣宽仁林氏墓志》称：

> 父天性孝友，从幼学计然术，壮年经营颇腴。无何海氛告警，本房值民、盐大当一次，造七寨，征缮繁杂，棰楚难堪，堂从诸昆弟咸弃家室走外邦，父独肩其事，不惜家资之耗，不辞力役之苦，输将公务，保全祖庐。至于今犹有先人之旧居可以栖身者，微吾父曷得有此哉？[②]

从墓志铭看，迁界间，秉正公已与清朝合作，建立了七个寨堡"征缮繁杂"，"输将公务"，即为清政府征收军饷。从铺锦黄氏族人"托处界边"及福建迁界的政策可推知，七寨当位于沿边地区，七寨不仅为清军"征缮繁杂"，而且当是清朝防范界内外沟通之寨堡。迁界时为防止界内外沟通，官府采取各种措施加强边界管制。康熙三年（1664），福建总督李率泰下令边界除挖界沟、立界墙外，还要加强沿边兵防建设，设炮台、烟墩，派遣军队驻扎。[③]康熙十八年二月，福建总督姚启圣"以沿边地方接济，皆由台堡疏防，议欲设炮台"，[④]清廷"命沿海二三十里

---

① 黄鸿烈等修《锦黄衙内房支谱·叙世录·第十四世本房·秉正公》。

② 黄鸿烈等修《锦黄衙内房支谱·墓志行状祭文》。

③ 江日昇：《台湾外记》卷6，《台湾文献史料丛刊》第6辑（118），第232页。

④ 江日昇：《台湾外记》卷8，《台湾文献史料丛刊》第6辑（118），第356页。

量地险要，各筑小寨防守，限以界墙"。① 在沿边加强军事据点设置的同时，福建官府还积极动员地方寨堡乡壮与官军互相守御。康熙十七年八月，福建水陆总兵官杨捷告知兴化府、泉州府各属各乡都市镇士民人，"除现在酌拨官兵，于沿边紧要处所分布扼防，并安设塘兵外，合行出示晓谕。为此示仰各乡都市镇士民人等知悉，各宜联络附近寨堡乡壮，同心协力，互相守御，仍与汛防官兵相为策应声援"。② 黄秉正之七寨当在此背景下建造，与清兵"同心协力，互相守御"。

七寨堡所征收军饷来自盐、民大当。经过明末清初之动乱，晋江沿海地区里甲崩溃，田地荒芜，人丁逃散，清政府难以如明朝通过一条鞭法征收赋税。为了解决军需，清初，福建采用了"大当"之法。该法不是按照田粮征收钱粮，而是根据官府所需直接向里长征调。里长则将一里组织起来共同应对。③ 大当征派没有数额限制，一切都由官府所需决定，④ 官府需求无度，导致大当成为民众的沉重负担。迁界间，铺锦黄氏正好轮值大当之役，秉正公则以七个军事寨堡为后盾承担该役。

黄秉正建立寨堡，与清军"互相守御"，监督界内界外的沟通，铺锦黄氏族人也因此得以托处边界，房屋不被破坏，其子黄澄宗称"至于今犹有先人之旧居可以栖身者，微吾父曷得有此哉"。迁界间，秉正公庇护了族人，展界后族人给他极高的待遇，群推其总理新建大宗祖祠之事。宗祠建立后，将其神主迎进宗祠，⑤ 令子孙世代祭拜之。

① 道光《晋江县志》卷5《海防志》，《中国地方志集成·福建府县志辑》（25），第65页上。
② 杨捷：《平闽记》卷12《告示·晓谕兴泉各属》，《四库全书存目丛书》史部（56），第517页上。
③ 姚启圣：《请除大当积弊》，《闽颂汇编》第3册，《台湾文献汇刊》第2辑（3），第248~249页。
④ 陈支平：《民间文书与明清赋役史研究》，黄山书社，2004，第200~203页。
⑤ 黄澄宗：《秉正公暨妣宽仁林氏墓志》，黄鸿烈等修《锦黄衔内房支谱·墓志行状祭文》。

简言之，迁界中，居住于同一地方的霞课张氏内迁，而铺锦黄氏因族人训练乡团、建立沿边寨堡并与清军联合，为清政府征收军饷而得以免迁。可见，宗族势力及其与清政府之关系影响族人是否内迁，左右了迁界线的具体划定。

四　灶户与海商的厄运：浔海施氏内迁之史迹

沿海的强宗大族左右漳泉地区迁界线之划定是毫无疑问的，不过，我们不能因此就断定较早效忠清朝、组织地方武装力量或拥有科举功名的大族都能在迁界中享有特权。居住于今天晋江市龙湖镇衙口、南浔地区（亦称浔美、浔海）的浔海施氏（也称"衙口施氏"）被迫内迁就是一个很好的例子。

浔海施氏是晋江的一个大族。始迁祖约在宋朝时定居浔海，子孙繁衍，明中后期已积累大量财富，有一定势力，并建立了宗族。在明末清初的动乱中，十七世施琅在军事上的突出表现使该族势力逐渐凸显。[1]顺治十三年，施琅被任为副将。翌年，他作为清军先锋进攻郑军，招降郑将陈斌等，夺取被郑军占据的闽安镇。顺治十八年，大学士苏纳海上疏褒奏，清廷采纳其议，提拔施琅为总兵，仍驻守同安。[2]总之，迁界前，施氏为地方一大宗族，族人施琅在福建威望不低；迁界时，即康熙元年（1662），施氏又被提拔为福建水师提督，移驻海澄。[3]即便如此，迁界令一下，浔美地区被划为界外，浔海施氏族人被迫内迁。康熙二十二年施

① 森田明：《明末清初福建晋江的施氏宗族》，《清代水利与区域社会》，雷国山译，叶琳审校，山东画报出版社，2008，第246~256页。
② 施伟青：《施琅年谱考略》，岳麓书社，1998，第191页。
③ 施伟青：《施琅年谱考略》，第193页。

琅撰《重修家谱序》称："自辛丑迁移，诸巨族豪宗，凡销沉于兵燹流离者，指难胜屈。"①迁界破坏施氏衙口大宗祠，施琅不得不将之移到位于界内的晋江青阳，以联络宗人，"虑故庐之丘墟也，则于青阳建立祠宇，以联其祖众"，②直到复界后才迁回衙口。康熙二十八年施琅勒石《施氏宗祠碑记》记载他重建施氏大宗祠的过程："崇祯庚辰建大宗祠，甫二十余载，值海寇为乱，顺治辛丑，沿海村民尽移内地，祠因以煨焉。时余方擢任水师提督，康熙癸卯克平两岛，乙巳择地青阳再建祠宇。方落成而余适进京，授内大臣。甲寅之变，复煨于贼，辛丑秋余复奉命专征，癸亥澎湖、台湾海疆底定，封靖海侯，世袭罔替。余惟国事勾当，祖灵未安为念，丁卯冬复建祠于祖里，越戊辰秋告成。"③除在青阳建立宗祠联络宗人，施琅还尽力采取措施降低家族损失，"虑子姓之颠连也，则于内地安置田宅，而给以牛种"。④然而，即便如此，施氏大部分族人仍"颠沛流离，虽至亲不能相保"。⑤复界后，施琅又极力招抚流亡者回乡。⑥

　　为什么在地方上拥有势力且有施琅这样已为清廷所用的军事将才的施氏家族仍必须内迁？究其原因可能有以下几点。

　　一是与衙口的地理位置有关。衙口位于晋江阳溪的入海口处。阳溪发源于石狮的灵秀山，流经永和、龙湖二镇。虽然现在的阳溪没有船只航行，但明清时船只往来频仍。阳溪的出海处现在还有前港、后港两个

①　施琅：《重修族谱序》，施德馨纂辑，施世纶等补辑《浔海施氏大宗族谱》卷首，第5页。

②　施应枢、施毓玑等：《将军诞辰特祭小引》，施世纶等编纂《浔海施氏族谱》卷首。

③　施琅：《施氏宗祠碑记》，施德馨纂辑，施世纶等补辑《浔海施氏大宗族谱》卷首，第15页。

④　施应枢、施毓玑等：《将军诞辰特祭小引》，施世纶等编纂《浔海施氏族谱》卷首。

⑤　施应枢、施毓玑等：《将军诞辰特祭小引》，施世纶等编纂《浔海施氏族谱》卷首。

⑥　施应枢、施毓玑等：《将军诞辰特祭小引》，施世纶等编纂《浔海施氏族谱》卷首。

地（村）名，说明当地昔日是港口。^①后港即衙口，康熙年间施琅在后港建"八座府邸"，此后，人们逐渐以衙口称呼该地。据前港施清水回忆，在他小的时候，阳溪入海口有很大的码头，当时船只可以直接进入港口，清代衙口街商业发达，很多商品是从外地运来，在该码头卸货。可见，明清时期，前港、后港（衙口）实际上就在港口边上。清廷的迁界令往往是内迁三十里，晋江地方的内迁也多在十里以上，因而位于港口边上的村落难以免迁。

二是清初浔美所在的深沪湾一带是清政府特别防范之区。众所周知，郑芝龙为南安县人，但他的发家之地却是晋江县安平镇。郑氏集团活跃于晋江沿海地区，并获得当地许多老百姓的支持。浔美地区距离安平镇甚近，且自明末以来就有人跟随郑氏集团，因而当地也成为官府特别防范的地方，迁界期间几乎整个龙湖镇都被迫内迁，^②遑论直接濒临大海的浔美场地区。

三是清政府对浔海施氏的戒备。明中期以来，浔海施氏就惯于从事贩卖食盐及通商等海上活动。明末，部分族人加入了郑芝龙、郑成功队伍，如施琅族叔施福即为郑芝龙的心腹部将，施琅和其弟施显也曾加入郑氏集团。^③虽然清政府重用施琅，但强制施氏内迁正是对浔海施氏带有戒备心的体现。

---

① 曾琴：《晋江县内河航运史话》，中国人民政治协商会议福建省晋江市委员会文史资料工作组编《晋江文史资料选辑》（7），1986，第161页。

② 2009年，永和镇古厝村村民称，该村发现一处"迁界"石刻。据石狮市文史工作者李显扬考证，该石刻"奉旨边界"等字样，与2008年3月在漳州云霄县大埔村发现的及2009年7月在惠安螺城镇王孙村发现的迁界石的文字和格式一样，是迁界期间刻下的作为界线的标志。永和古厝村的迁界石是摩崖石刻，无法移动，说明清初迁界以永和古厝村为界。也就是说，迁界期间，今天的龙湖镇都在界外（参见粘良图《"边界石"前话"迁界"》，《晋江海港琐记》，厦门大学出版社，2010，第159页）。

③ 施伟青：《施琅年谱考略》，第74页。

第三节　迁界与盐场社会结构的演变

　　清初迁界对中国东南沿海地区产生过巨大的影响。就食盐问题而言，迁界期间，中国海盐产地几乎都在界外，那么，位于界外的盐场是否继续产盐？如果产盐，如何生产？复界后怎样重建盐场秩序？盐场地方社会结构是否发生变化？这些问题都是关系着迁界与东南沿海地区社会变迁的重要课题，却很少受学者关注。以往学界关于迁界的研究主要集中于考证迁界的地点、界线和时间，分析迁界的动机、性质及对界外百姓的影响，探讨迁界对东南沿海地区农业、工业、商业等社会经济的破坏等。近年来，部分学者开始从区域史和社会史角度研究迁界与地方社会变迁的关系。陈春声将迁界置于明中期以来东南沿海地区社会历史脉络下进行研究，指出迁界是明中期以来地方社会转型的继续。鲍炜沿着陈春声的研究思路，深入分析迁界对广东地方社会的影响，指出迁界行动意味着国家对地方社会架构的重新调整，通过迁界及复界后的地方重建，广东地方社会实现由"乱"到"治"。林修合研究晋江迁界、复界的历史过程，指出迁界造成了地方上宗族势力的消长，但没有改变晋江地区的社会控制形态与社会组织。① 这些研究改变以往探讨迁界的基本出发点，启发笔者从区域社会史的角度深化有关迁界的研究。为此，本节以福建晋江浔美盐场为例，探讨迁界对盐场社会的影响，以回答迁界与盐场秩序、社会结构的关系等问题。

---

① 关于迁界的研究成果可参见鲍炜《迁界与明清之际广东地方社会》、林修合《从迁界到复界：清初晋江的宗族与国家》。

一　迁界前以粘氏为中心的盐场权力格局

浔美盐场位于泉州府晋江县，据现存史料记载，该场最迟在元代已设立，[①]是明清两朝福建的主要盐场之一。迁界之前，浔美场食盐生产地分布在晋江县十七八都、二十都，[②]即位于现在晋江市龙湖镇及石狮市永宁镇（围绕深沪湾分布）、锦尚镇沿海地方。迁界之后，部分场地被废弃，仅保留深沪湾沿岸部分。浔美场灶户分布范围则广于产盐地，除盐场所在地外，还包括晋江东北的陈埭镇，石狮市蚶江镇、祥芝镇等地区。本节以浔美场灶户的分布地为研究区域，即整个晋江东部沿海地区。

迁界之前，浔美盐场由与州县平行的盐运司系统管辖，盐场大使负责场务，场下设十九个埕，埕下设灶甲。总催、秤子等职役（类似于里甲组织中的里长、甲首）负责征收场课，[③]缴纳泉州府海防厅同知。[④]浔美场灶户由盐场和州县双重统治，既被编入盐场组织中办纳盐课，又与地方上其他人户一样隶属州县管辖。明中期以来，浔海粘氏成为盐场地

---

① 《元典章·盐场窜阙处所》载元代福建盐运司有海口、牛田、岭口、南乡、北乡、浔美、惠安、港据、东坂、马栏、浯州监、吴惯、浉州下里、涵头上里、中册木棪、长洲南乡和涟江等场。见《元典章》卷9《吏部三·官制三·场务官·盐场窜阙处所》，第162页。

② 弘治《八闽通志》卷41《公署·浔美场盐课司》，《四库全书存目丛书史部》（178），第135页下。

③ 迁界前浔美场的管理与组织系统基本承自明中后期。关于明代浔美场盐场管理与组织系统可参见叶锦花《王朝制度、地方社会与盐场兴衰——广东香山场与福建浔美场之比较》，《盐业史研究》2010年第4期。

④ 乾隆《晋江县志》卷3《版籍志·盐法》，第84页下。

方社会中拥有特权的主导力量。本节将结合粘氏族谱、[①]地方志和文集等
文献，探讨粘氏特殊地位的形成过程。[②]

　　嘉靖九年（1530），浔海粘氏的代表人物、南京道监察御史粘灿[③]
在奏疏中言"惟福建乃滨海之区，而臣所生长浔美场之乡又极滨海之
涯，地势刚卤，稻麦不收，所恃以养生者惟晒盐而已"，[④]可见粘灿为浔
美场人，即浔美场灶户。据浔海粘氏族谱载，粘灿是粘氏十三世祖，其
祖先自八世祖始迁晋江永宁。[⑤]元末明初，十世义奴兄弟被金属灶籍，
因而由永宁迁居场地，以便晒盐。族谱记载，义奴"承先业甚厚，永
宁、浔美皆有大厦"；[⑥]凤奴（1359~1386）"祖居永宁大厦，以为不及浔

---

① 　浔海粘氏族谱由粘灿始修于明嘉靖年间，可惜该谱"方成而未传布，洪潦泛溢，书斋遭
　　陷，谱稿亦被溺，因有一二队遗失"。隆庆二年（1568），粘灿的侄子粘钟德与宗山、衡南、
　　钟娄、钟星、钟斗并洪楠、洪举、洪勋诸公"取涤楼公散失世牒修成之，由是吾族始有
　　谱"。此后，粘氏族人于万历二十六年、康熙四年、乾隆十五年、光绪及民国期间多次重
　　修族谱（见粘傅库等修《浔海粘氏家谱·续修秉珂公派下私谱记》，1903，泉州市图书馆
　　藏复印本）。笔者见到的粘氏族谱有：粘傅库等修《浔海粘氏家谱》；粘友文等修《南浔粘
　　氏皆山家谱》，1934，泉州市图书馆藏复印本；粘琼林等修《浔江粘氏族谱》，粘良图提供
　　复印本；粘火营等修《渡台开基粘氏源流族谱钞》，1973，石狮市博物馆藏复印本；粘孝
　　约等修《浔海粘氏家谱》，1989，泉州市图书馆藏复印本。

② 　目前学界关于粘氏的研究主要集中探讨粘氏的姓氏源流、发展过程、粘氏与台湾开发的关
　　系及其信仰等方面，部分学者讨论粘氏对地方贡献时会提到粘灿和粘本盛奏请盐场制度变
　　革，但基本上没有深入探讨粘氏在盐场上的活动。具体的研究成果可参见粘子英《女真后
　　裔在台湾——粘氏宗族与彰化福兴地区的发展》，台湾古籍出版有限公司，2005；麻健敏
　　《试析婚姻对渡台粘氏宗族发展的作用》，《满族研究》2007年第4期；麻健敏《闽台粘氏
　　满族谱牒研究》，海风出版社，2008。

③ 　万历《泉州府志》卷15《人物志上之中·国朝科目志·乡举》。

④ 　粘灿：《奏浔美场折米优免疏略》，收于江大鲲等修《福建运司志》卷13《奏议志·疏略》，
　　《稀见明清经济史料丛刊》第1辑（28），第376页。

⑤ 　笔者见到的各版本的浔海粘氏族谱对始祖到七世祖的记载一致。据族谱记载，粘氏一世到
　　七世的祖先，多为金朝、元朝官员，功绩铭鼎，尚未迁居晋江，与浔美场无关。八世祖博
　　温察儿"因世乱，流寓江南，遂浮海抵泉"，住晋江永宁杨丹，死后葬于该处，粘氏自该
　　时起定居晋江，所以康乾时期粘氏二十世祖诚斋公言"我家浔美大宗自八世始"。（粘友
　　文等修《南浔粘氏皆山家谱·纪略世系·第十世·保遂》）

⑥ 　粘傅库等修《浔海粘氏家谱·纪略世系·第十世·义奴》。

美风景尤厚，故诸兄弟辈皆居场地"。① 浔美即今天晋江市龙湖镇衙口、南浔两村，又称浔海、浔江、南浔。② 由"诸兄弟辈皆居场地"可知义奴的兄弟、粘灿的曾祖父保遂公③ 亦被佥为灶户。此后，粘氏部分族人从浔美迁居陈坑、玉坂、许婆庄、吴坑、杆柄、山柄、泉州府城等处。④ 其中，许婆庄、吴坑、杆柄隶属晋江县十七八都，⑤ 是盐场附近的村落，山柄及泉州府城则距盐场稍远。⑥ 根据明代灶户世袭制度，迁居外地的粘氏族人仍然是灶户，需要承担灶课。⑦ 事实上也如此，在明代，即便是到府城发展的粘氏族人也都积极经营浔美盐场，提高其在盐场中的地位。

粘氏在浔美场获得主导地位，即从粘灿始。粘灿，号涤楼，弘治十四年（1501）举人，是浔美场灶户中最早获得较高科举功名的人，官至南京道监察御史。粘灿家住泉州府府城。据族谱记载，粘灿的父亲粘细由山柄入赘泉城金钟巷周氏，子孙遂定居府城，⑧ 并迅速崛起，成为粘氏最发达的支派。他们虽然定居府城，但没有与浔美场及居住于浔美场附近的粘氏脱离关系。相反，粘灿在嘉靖年间首修了粘氏族谱，建构粘氏宗族，⑨ 为盐场谋求利益。他于嘉靖九年奏请浔美场盐课折银，同时

---

① 粘傅库等修《浔海粘氏家谱·纪略世系·第十世·凤奴》。

② 蔡尔辇整理《晋江的女真满族》，中国人民政治协商会议福建省晋江市委员会文史资料工作组编《晋江文史资料选辑》第8辑，第80页。

③ 粘友文等修《南浔粘氏皆山家谱·纪略世系·第十世·保遂》。

④ 粘傅库等《浔海粘氏家谱·宗支图·九世子寿》《浔海粘氏家谱·宗支图·第九世·子禄》。

⑤ 乾隆《晋江县志》卷1《舆地志·都里·十七八都》，第22页下。

⑥ 山柄为清代晋江十四都村落，玉坂、陈坑县志都图志中无载（乾隆《晋江县志》卷1《舆地志·都里》，第21页下～24页下）。

⑦ 徐泓：《明代前期的食盐生产组织》，《台湾大学文史哲学报》第24期，1975年。

⑧ 粘友文等修《南浔粘氏皆山家谱·纪略世系·第十二世·细》。

⑨ 粘友文等修《南浔粘氏皆山家谱·纪略世系·第十二世·细》。

要求减免灶户里甲杂办。① 浔美场的盐课，明初征本色盐，正统十三年
（1448）改征米，盐一引征米一斗，缴纳泉州府附近永宁卫、福全所、
金门所等卫所仓，充当卫所官军月粮。② 盐课折米虽然将灶户从为官府
从事劳役生产的束缚中解放出来，③ 灶户可经营其他产业以谋生而不业
盐，④ 但浔美场大部分地区"地不产米"，⑤ 灶户纳米极为不便，"冒风涛
买米输官，民苦漂溺，非死则徙"。⑥ 另外，明初灶户只须服州县里甲
正役，无须承担杂役。明中期，州县不遵祖制，向灶户派遣各种差役，⑦
导致"土著之民（灶户）多不聊生"。⑧ 针对上述问题，嘉靖九年粘灿
上《奏浔美场折米优免疏略》，奏请"减其折米，免其里甲杂办，与浯
州场同例。或于所折盐米照泉州府河泊所鱼课则例，每米一石折银三钱
五分"。⑨ 他的奏请获得批准，浔美场不仅盐课折银，"每石折银五钱征
纳，以备军士间月支用"，而且灶户免服杂役，"一应杂泛差徭照例量与
优免"。⑩ 盐课折银与明代赋役折银化的趋势一致，适应了东南沿海商品
经济发展、白银大量流入的社会经济状况，极大方便了浔美场灶户。粘

---

① 粘灿:《奏浔美场折米优免疏略》，江大鲲等修《福建运司志》卷 13《奏议志·疏略》，《稀
  见明清经济史料丛刊》第 1 辑（28），第 376~378 页。
② 曾玲:《明代中后期的福建盐业经济》，《中国社会经济史研究》1987 年第 1 期。
③ 徐泓:《明代后期盐业生产组织与生产形态的变迁》，《沈刚伯先生八秩荣庆论文集》，第
  400 页。
④ 杨培娜:《生计与制度：明清闽粤滨海社会秩序》，第 131 页。
⑤ 官献瑶:《石溪文集》卷 3《涤楼粘公祠业记》，郑振满、丁荷生编纂《福建宗教碑铭汇编
  （泉州府分册）》（上），福建人民出版社，2003，第 309 页。
⑥ 官献瑶:《石溪文集》卷 3《涤楼粘公祠业记》，《福建宗教碑铭汇编（泉州府分册）》（上），
  第 309 页。
⑦ 徐泓:《明代后期盐业生产组织与生产形态的变迁》，《沈刚伯先生八秩荣庆论文集》。
⑧ 万历《泉州府志》卷 7《版籍志·盐课》，第 13 页上。
⑨ 万历《泉州府志》卷 7《版籍志·盐课》，第 13 页下。
⑩ 粘灿:《奏浔美场折米优免疏略》，江大鲲等修《福建运司志》卷 13《奏议志·疏略》，《稀
  见明清经济史料丛刊》第 1 辑（28），第 378 页。

灿因此获得极高的社会声誉。明代晋江士绅顾珀高度评价了粘灿改革盐课之举，称"（中世士夫）有能上宣德意、下达民隐而清苦独耽如涤楼者乎？以一日建数千百载之勋，一言而活亿千万人之命"。[①]

盐课折银后，粘氏家族获得免服盐役的特权。《浔海粘氏家谱》记载"因涤楼公奏盐折色，场民感佩，凡盐役之事悉皆不问吾宗，轮接以报厥德。有如吾乡叔兄弟侄，亦以涤楼公之德，凡一切户役未当过问"，[②]即粘氏盐役由浔美场场民轮流承担以报答粘灿的功德。灶户免盐役是明代福建的特殊现象，因为根据明代福建盐政制度，灶户盐役不能免除，嘉靖年间莆田士绅康太和为此感叹道："军民等户均徭、驿传等差，官吏有职役者俱得优免；盐户虽官至台司，亦寸土受盐，见丁办课，例无蠲荫。"[③]可见，粘氏作为灶户而不用承担盐役，不是普通现象，而是一种特权，体现了粘氏在浔美场的极高威望和特殊地位。

此后，粘灿的子孙在科举上十分成功，从明嘉靖年间到清康熙年间共有八人考中举人（见表4-1）。

表 4-1 方志载明到康熙年间晋江粘氏族人考取举人情况

姓名	族内身份	功名及考取时间	官职	资料来源
粘灿		明弘治十四年举人	南京监察御史	万历《泉州府志》卷15《人物志上之中·国朝科目·乡举》
粘钟岳	灿孙	明嘉靖二十八年举人		崇祯《闽书》卷83《英旧志》
粘钟嵩	灿从侄	明万历十三年举人	眉州学正，擢安定县知县	崇祯《闽书》卷83《英旧志》；乾隆《晋江县志》卷11《仕迹》

---

① 顾珀：《劝忠祠记》，《福建宗教碑铭汇编（泉州府分册）》（上），第90页。

② 粘孝约等修《浔海粘氏家谱·纪略世系·第十一世·克定》。

③ 康太和：《兴化府盐课记》，江大鲲等修《福建运司志》卷15《文翰志·记叙》，《稀见明清经济史料丛刊》第1辑（29），第186页。

姓名	族内身份	功名及考取时间	官职	资料来源
粘洪录	灿族孙	明万历四十六年举人	江浦县知县	崇祯《闽书》卷83《英旧志》；乾隆《晋江县志》卷10《循绩》。《晋江县志》记载洪录中举时间为万历戊子，误
粘本盛	洪录子	明崇祯十二年举人	顺治初授河南推官，历吏、户、礼、兵、刑五科给事中	乾隆《晋江县志》卷8《选举志》；卷11《仕迹》
粘拱恩	本盛孙	清康熙二十六年举人		乾隆《晋江县志》卷8《选举志》
粘拱斗	本盛孙	清康熙三十八年举人	新昌、奉节县知县	乾隆《晋江县志》卷8《选举志》
粘鼎玉		清康熙四十七年举人	怀远县知县	乾隆《晋江县志》卷8《选举志》
粘承钰	敦轸公之子	清康熙五十九年举人		乾隆《晋江县志》卷8《选举志》

　　明中后期粘氏的科举成就在盐场地区十分突出，粘氏士大夫们积极提高其在盐场的地位，建立主导权。这从其利用粘灿有功于盐场之举，建立祭拜粘灿的"劝忠祠"，并使之成为浔美场的官方祠宇一事体现出来。关于劝忠祠的建立、迁移过程以及祭拜仪式，粘氏族谱和明代晋江士绅庄一俊、顾珀，清代安徽士绅官献瑶都留有文字记载。

　　嘉靖四年（1525）进士，曾任吏部郎中的晋江士绅庄一俊①立碑，称：

　　　　（折银后）父老子弟相与刻石亭中，名为"劝忠"。又以涤楼公家族居亭东，坟墓居亭西，父老兄弟相仁爱，春秋祭祀以时，至

---

①　万历《泉州府志》卷15《人物志上之中·国朝科目》，第28页下。

易蒋桥庵为生祠，因以俎豆公。盖子弟世世相仁爱，过之而欢呼鼓舞，思以奉朝献君，共宣德意，若不及也。郡守王方南公以庵淫祠不经，当革去，奉公像居中，是不伤财、不害民，而又以报效公云。[①]

据此，盐课折银后，盐场父老子弟立"劝忠碑"于粘氏家族居住地与坟墓之间的亭子里，以纪念粘灿之功。其后，泉州府知府王方南毁淫祠时，将蒋桥庵改为粘灿生祠，"奉公像居中"。粘灿子孙参与了粘灿生祠的建立，粘灿的侄孙、泉州府庠生粘钟德（1537~1623）"思祖叔涤楼公，大造斯民生祠在南浔者"。[②]

倭乱之后，粘氏姻亲杨道会促成粘灿生祠移建浔美场。嘉靖、隆庆年间，福建沿海地区遭受倭寇蹂躏，浔美盐场附近的永宁城于嘉靖四十一年二月、三月两次沦陷，[③] 粘灿生祠也荒废。倭乱后，杨道会〔即杨贯斋，晋江人，隆庆二年（1568）进士，官至湖广布政使〕[④] 获得巡按福建监察御史和福建巡抚的支持，移建粘灿祠于浔美场。族谱记载"值兵火后，（生祠）几沦禾黍，襟侄贯斋杨老先生力陈两院，申详鼎建。倘无此举，安有今日盐场官民岁祀不废乎？"[⑤] "兵火"即指嘉靖年间的倭乱。移建后，福建巡按御史高云川等请弘治十二年（1499）进士、官至署南京户部右侍郎的晋江士绅顾珀[⑥] 立碑记载此事，称：

---

①　庄一俊：《劝忠祠记》，《福建宗教碑铭汇编（泉州府分册）》（上），第91页。

②　粘友文等修《南浔粘氏皆山家谱·纪略世系·第十五世·钟德》。

③　朱维幹：《福建史稿》下册，第181页。

④　李清馥：《闽中理学渊源考》卷77《布政使杨贯斋先生道会》，《景印文渊阁四库全书》（460）史部218，第754页。

⑤　粘友文等修《南浔粘氏皆山家谱·纪略世系·第十五世·钟德》。

⑥　万历《泉州府志》卷19《人物志中之下·国朝列传·顾珀》，第22页上。

　　　　盐属恳请当道，原立祠于蒋桥庵，以地荒之虞，众惧终废，相
　　率恳请附场基之后，以地广民稠，可垂永久也。巡按高云川暨诸当
　　道嘉其议，因相与协谋改建焉。予衰老，倦应酬，奈当道公索余
　　言，始援笔以纪颠末云。①

　　与族谱文字相印证，上引文献中，盐属当指盐场相关官民，相信就
是杨道会等人，或者是受杨影响的人。此次移建至盐场的祠宇称"劝忠
祠"，不仅是祭拜粘灿的专祠，而且成为官府祠宇。这一转变体现在其
祭典仪式上。在蒋桥庵生祠时，祭拜仪式由浔美场父老兄弟举行，官方
并不参与；在劝忠祠时，则由盐场场官主持，总催、灶户都参与祭拜。
明朝末年，粘灿侄孙、官至江浦县知县的粘洪录②指出"司场者，岁率
各催致奠祠中"。③具体的祭拜仪式为"公辰在仲冬望前一日，届期司场
务者率属致祭，礼成乃退"，④即每年十一月十四日粘灿诞辰时，浔美场
场大使率领盐场总催等人到劝忠祠祭拜。劝忠祠成为官方祠宇，彰显了
粘氏在盐场的核心地位。

　　明末清初，劝忠祠的运作进一步完善。明末，粘洪录曾"重锲涤
楼公奏疏，以彰祖德"。⑤清顺治朝，劝忠祠不仅"盐属递年直祀如

---

①　顾珀：《劝忠祠记》，《福建宗教碑铭汇编（泉州府分册）》（上），第 90 页。
②　乾隆《晋江县志》卷 5《秩祀志·祠祭·粘郁庵祠》，第 104 页上。
③　粘洪录：《重锲涤楼公奏疏跋》，粘琼林等修《浔江粘氏族谱》。
④　官献瑶：《石溪文集》卷 3《涤楼粘公祠业记》，《福建宗教碑铭汇编（泉州府分册）》（上），
　　第 309~310 页。
⑤　粘洪录：《重锲涤楼公奏疏跋》，粘琼林等修《浔江粘氏族谱》。

初"，^①而且拥有由盐场灶户置办的祭产，即"厥后诸户鸠金置产，授公之子孙收息为祭费，冀崇报弗谊也"。^②粘氏子孙获得征收劝忠祠祭产利息的权力。他们积极参与地方事务，粘洪录子、官至给事中的粘本盛于顺治十五年（1658）奏准浔美场盐课归县并征。^③粘氏仍是地方社会的领导者。

总之，粘灿奏准盐课折银不仅使自身获得很高的声誉，而且令粘氏家族获得彰显声望和地位的资源。拥有多位举人的粘氏族人充分利用该资源，不仅获得免服盐役的特权，而且通过经营劝忠祠，建立其在盐场地方社会的权力核心地位。明清鼎革，劝忠祠作为官方祠宇，运作更为完善。粘氏子孙在地方上享有更多的特权，主导地方社会事务建设。

二　迁界时军队控制盐场

康熙元年（1662）福建迁界，明中期以来形成的盐场组织、社会权力结构被破坏。关于晋江迁界，林修合考证了迁界的时间、界线及过程。大体而言，晋江两次迁界，第一次从康熙元年到康熙八年，第二次自康熙十八年至康熙十九年部分展界，康熙二十三年全部复界。林氏指出迁界的范围不是一般所认为的三十里或五十里，并根据晋江各姓氏族

① 明末，浔美场场官被裁革［见乾隆《晋江县志》卷3《版籍志·盐法》，《中国地方志集成·福建府县志辑》（22），第84页上］，由场官率领总催人等祭拜劝忠祠的仪式也停止，"前此司场者岁率各催致奠祠中，今虽暂裁"［见粘启先《重锼先侍御涤楼公奏疏跋》，粘琼林等修《浔江粘氏族谱》］。清顺治年间，浔美场恢复场大使及总催人等的设置［见乾隆《晋江县志》卷3《版籍志·盐法》，《中国地方志集成·福建府县志辑》（22），第84页上］，场官祭拜劝忠祠的仪式得以恢复。

② 官献瑶：《石溪文集》卷3《涤楼粘公祠业记》，《福建宗教碑铭汇编（泉州府分册）》（上），第309页。

③ 乾隆《晋江县志》卷3《版籍志·盐法》，第84页下。

谱的记载描绘了迁界线。① 浔美场盐田位于林氏所划迁界线之外（即需
要内迁的地方），这与时人的记录一致，成书于康熙年间的《盐法考》②
就记载了康熙元年四月福建总督李率泰指出福建盐场"遵已迁移"，"盐
场尽废"。③

迁界时，处于界外的盐田是否生产食盐？目前学界一般认为迁界间
海盐生产基本停止。④ 事实上，清廷并没有废弃所有的沿海盐场，而是
安排部分盐场或盐场中的部分盐田继续生产，以供应民间食盐所需及征
收盐课。⑤ 浔美场的情况如何呢？下文即讨论清廷在浔美场的安排及迁
界间盐场运作。

迁界之初，浔美场曾被废弃，但迁界不到一年就在福建总督李率泰
的题请下恢复生产。康熙元年四月，李氏上题本云：

> 百姓、兵马一日不能茹淡。查《醯政全书》内载福清县之海口
> 场、牛田场，莆田县之上里场，此三场产盐独多，西商运资上游，
> 东商运资福宁，南商运资省城内外。他如泉之浔美场亦近界内，以
> 供泉、漳两郡之食，所当议留。其离界隔远，及有盗贼出没之地，
> 如兴化之下里、富盈广衍、（广衍）永济等团，及上里之洪荒、日

---

① 林修合：《从迁界到复界：清初晋江的宗族与国家》，第44~59页；附图《晋江县宗族分布图》，第27页。
② 据该书详细记载各盐区顺治元年到康熙十一年的盐法制度及相关题本、奏疏，可断定该书撰于康熙年间。
③ 李率泰：《为迁民盐场尽废通省命攸关题》，佚名：《盐法考》卷15《福建盐法·福建事例》。
④ 顾诚：《清初的迁海》，《北京师范大学学报（社会科学版）》1983年第3期；张宪文：《略论清初浙江沿海的迁界》，《浙江学刊》1992年第1期。
⑤ 李龙潜、李东珠：《清初"迁海"对广东社会经济的影响》，《暨南学报（哲学社会科学）》1999年第4期。

月、正日、月日、月盈等团，海口之东村、后港等团尽当议去。但
福建产盐与别处煎煮者不同，煎煮之法潮至内港，挑水熬煎，不过
人力可为。而闽省晒盐则须就近地守候小潮之时，遇天晴爬泥灌水
为卤，必须日晒乃能成盐。若其地不复，盐竟绝矣，第应留晒盐
之处。①

　　在上引题本中，李氏以"百姓、兵马一日不能茹淡"为理由，要求
恢复福建福清县牛田、海口，莆田县上里及泉州府浔美等四场的部分盐
田晒盐。选择恢复哪些盐场时，李氏除了考虑各场供应民食的重要程度
外，还考察了各场的社会环境，即是否易于控制，那些"离界隔远，及
有盗贼出没之地"被废弃。户部和兵部认为"盐系兵民日食所需之物，
且盐课借其出办，不可无产盐之场"，②即从民间食盐及盐课两个角度考
虑，同意了李率泰的题请。浔美场因关系漳州、泉州二府食盐，且围绕
着深沪湾的十三个埕"近界内"，容易控制而被恢复生产，分布于今天
石狮市锦尚镇的六个埕则被废弃。③
　　朝廷恢复福建界外部分盐田生产食盐的事实，说明迁界期间盐
场生产完全停止的观点值得商榷。李龙潜也指出迁界期间广东省留有
四个熬盐口子，该省食盐生产没有完全停止。④可见，迁界间恢复部

---

① 　佚名：《盐法考》卷 15《福建盐法·福建事例·康熙元年四月福建总督李率泰奏为迁民盐
　　场尽废通省命脉攸关》。
② 　佚名：《盐法考》卷 15《福建盐法·福建事例·康熙元年四月福建总督李率泰奏为迁民盐
　　场尽废通省命脉攸关》。
③ 　佚名：《盐法考》卷 15《福建盐法·盐场迁存》载，被恢复晒盐的十三个埕是浔美埕、安
　　下埕、前索东埕、前索西埕、青石埕、径山下满埕、坤兜埕、溪浦埕、岑头埕、大南
　　埕、大北埕、西岑埕、沙美埕；被废弃的六埕是呈前埕、埔通埕、埔通东埕、西埕、
　　南埕、北埕。
④ 　李龙潜、李东珠：《清初"迁海"对广东社会经济的影响》，《暨南学报（哲学社会科学）》
　　1999 年第 4 期。

分盐场生产食盐不是福建的独特现象，而是朝廷和地方官府出于民间食盐需求及盐课考虑，保留了各盐区中重要、产量大且容易控制的盐场。

值得注意的是，迁界间，界外居民被迫内迁，[①]灶户也不例外。即便是拥有施琅这样高官的浔海施氏都必须内迁，[②]遑论沿海地区的普通百姓。据《浔海粘氏家谱》的记载，居住于衙口、杆柄等沿海村落，甚至是更靠近内陆的许婆庄的粘氏族人大部分内迁，生活于明末清初的十八世秉铉辈八人中三人葬南安县，三人葬许婆庄。[③]在清初动乱的环境下，粘氏之所以安葬南安，大概是他们在动乱中迁居南安。盐场恢复晒盐后，灶户家属仍须居住界内，晒丁也不能滞留界外，他们可以居住在盐场"寨"内，也可以入界归家。[④]

盐场在界外、灶户不得居住界外的空间分布格局，以及战乱、清政府担心地方百姓沟通海贼的特定环境决定了迁界期间盐场采取了特殊的运作模式。

首先，盐场的管理机构不是场官，而是带有军事性质的盐场"寨"。康熙元年（1662）四月福建总督李率泰要求恢复盐场的时候，题请在盐场四周建"寨"，"于四隅处所，每场建设一寨，拨发防官一员统兵百名，驻扎寨内"，由"附近镇道等官严行稽查"。[⑤]户部和兵部同意该提

①　粘良图：《"边界石"前话"迁界"》，《晋江海港琐记》，第 159 页。

②　郑振满：《明清福建家族组织与社会变迁》，第 179 页。

③　粘孝约等修《浔海粘氏家谱·纪略世系·第十八世》。

④　佚名《盐法考》卷 15《福建盐法·福建事例·康熙元年四月福建总督李率泰为迁民盐场尽废通省命脉攸关》载："团丁灶户给与腰牌，朝出晒盐，暮即入寨，或听归家，妻孥眷属俱住界内，不许在外容留家口。"

⑤　佚名：《盐法考》卷 15《福建盐法·福建事例·康熙元年四月福建总督李率泰为迁民盐场尽废通省命脉攸关》。

请，并要求增加防守兵丁。[①]寨是迁界期间在边界线上建立的、限制界内百姓出界、防范海上力量的军事机构。[②]李率泰将之移植到盐场，是以军事力量监督灶户出入界，防止灶户沟通海贼。防官发给晒丁腰牌，只有持有腰牌的人才能出界晒盐。晒丁早上出界晒盐，晚上入寨，或入界归家。防官掌握了控制晒丁出入界的权力，成为盐场权威。《台湾外记》载："时守界弁兵最有威权，贿之者，纵其出入不问；有睚眦者，拖出界墙外杀之。官不问，民含冤莫诉。"[③]他们可能包揽盐场。与浔美场同样处于界外又恢复生产的莆田盐场就被驻防涵江的抚标控制了。陈鸿撰《莆变小乘》载，康熙十九年莆田"下里陈钦聚众逐贼有功，名隶抚标，以副总衔驻防涵江，妄自尊大，暴虐乡邻，包揽盐场，积富巨万"。[④]

其次，清政府调整了浔美场组织结构，将盐场分为南、北二场。康熙十九年福建水陆提督总兵官杨捷关于浔美场的禁示中出现"浔尾南、北二场"的记载。[⑤]这大概是军方出于方便管理的原因，将盐场分为南、北两部分。

再次，盐场埕甲组织被破坏。迁界期间，灶户被迫内迁，流离失所，埕甲组织随之破坏。清政府没有采取措施重建盐场基层组织。随着埕甲组织的破坏，场课也采取其他办法征收。

---

① 佚名:《盐法考》卷15《福建盐法·福建事例·康熙元年四月福建总督李率泰为迁民盐场尽废通省命脉攸关》。

② 顾诚:《清初的迁海》，《北京师范大学学报（社会科学版）》1983年第3期。

③ 江日昇:《台湾外记》卷6，《台湾文献史料丛刊》第6辑（118），第232页。

④ 陈鸿:《莆变小乘》，《福建丛书》第2辑（9），江苏古籍出版社，2000，第100页。

⑤ 杨捷:《平闽纪》卷13《告示·示浔尾盐场》，《四库全书存目丛书》史部（56），第554页上。"浔尾场"即浔美场，闽南语中"尾""美"发音相似，很多地名口语称"尾"，书面则雅称"美"。

实际上，迁界期间泉州府盐税被靖南王耿精忠及福建陆路提督王进功等军事力量控制了。康熙二十年（1681）前后，左都御史徐元文在《备陈闽地民困疏》中指出：

> 闽省盐税素有定额，即如泉州浔美场正供止一千七百余两，又摊纳界外无征银一千余两，此外初无杂税。耿精忠、王进功横征商民，布设五十余馆，所在私抽，岁蠹蚀以数十万计。曾经科臣吴愈圣条奏禁革，而积弊因循未除。①

王进功，康熙三年至康熙十四年任福建陆路提督，②与靖南王耿精忠关系密切，于康熙十三年耿氏叛乱时降耿。③徐元文指出，耿、王在泉州府设置五十多间税馆，征收浔美场正供及界外无征银，控制了泉州府盐税。礼科给事中吴愈圣康熙八年七月曾条奏禁革，题本详细描述了泉州府征收盐税的情况，云：

> 闽省各府俱行引盐，惟泉属七县，原不行引，岁征盐丁银一千九百六十两，名曰盐折，又于盐贩岁输银一千七百五十两，名曰盐税。此历来定额，通行无弊者也。迁海之后各场俱裁，惟存浔美一场，田产抛出，盐地又窄，民生其间已不堪命矣。不意有土棍

---

① 徐元文：《含经堂集》卷19《奏疏三·备陈闽地民困疏》，《续修四库全书》（1413），第623页。该奏疏上奏的时间，《备陈闽地民困疏》没有记载。由其内容与王先谦《东华录》康熙二十年二月甲午条所载一致（"上以……逆贼耿精忠在福建横征盐课，擅设报船，苛派夫驿，勒索银米，久为民害，命该部檄各督抚悉革除之"），可知该奏疏奏于康熙二十年前后。

② 道光《晋江县志》卷29《职官志·国朝·福建陆路提督军门》，《中国地方志集成·福建府县志辑》（25），第395页上。

③ 刘凤云：《清代三藩研究》，中国人民大学出版社，1994，第207~208页。

张德等三十余人倚势横行，虎视一方，设税馆四十余所，抽盐百万余石，罔利病民。其害有不可胜言者。按原盐税一千七百五十两，旧例每石盐抽银二分，今则抽二钱二分，以一年计之，通场出盐五十余万石，共抽银十余万两。新摊界外无征盐折止一千二十两，例应晒丁输纳，今则每石盐抽银一钱二分，每年出盐五十余万石，计征银六万余两……又有帮税之害，盐税既抽商贩，复抽晒丁，以帮之则每月征盐七百六十石。①

据吴愈圣说，泉州府盐折银和盐课由"土棍张德等三十余人"，设"税馆四十余所"征收。张德等是"土棍"，"倚势横行，虎视一方"，结合上引徐元文的记载可知，张德等依赖耿、王势力，是耿、王控制泉州盐税的本地代理人。

详细分析徐元文、吴愈圣对泉州府盐税征收的描述可知，迁界期间泉州府盐税征收办法与明代不同。明中期以来，与浔美场相关的盐税包括场课和盐课，二者的征收对象及征收方式各异。其中，场课源自灶丁和灶户事产，嘉靖九年（1530）折银后称"盐折银"，由场官、总催等向灶户征收。盐课即食盐运销税，由盐商缴纳。清初盐课包括泉州府车桥港税1590两及浔美场船税160两，共1750两，②即徐元文所说的正供1700余两、吴愈圣讲的盐税银1750两。迁界期间，盐折和盐课的征税机构和纳税主体都发生改变。吴愈圣所说的"新摊界外盐折银"指迁界间因灶丁内迁，盐折银无从征收，福建官方商议"就产盐之地均输"的

---

① 吴愈圣：《为闽盐之坏已极私抽可骇乞敕严察以杜横征题》，佚名：《盐法考》卷15《福建盐法·福建事例·康熙八年七月》。

② 张伯行：《正谊堂续集》卷2《饬禁横抽盐税示》，《四库未收书辑刊》第8辑（18），第530页下；佚名：《盐法考》卷15《福建盐法·额外杂课》《福建盐法·福建事例·康熙八年七月》。

盐折银，共 1020 两。① 该项本应由场官向晒丁征收，迁界间则由税馆向盐贩征收。帮税即盐帮之税，由盐商缴纳，而迁界间晒丁每个月必须缴纳 760 石的帮税。

耿、王不仅横征泉州盐税，而且控制了泉州府食盐运销，其爪牙"开崀行以总之，包收包卖，商贩不得争也"。② 直到康熙十九年（1680），耿、王的旧势力仍占据泉州府盐利，甚至染指铁、杉之利，徐元文指出："近日张纯、张房诸土棍，本耿精忠、王进功旧商，勾诱武弁，占踞盐利，胁逼商人，就彼市买，立馆之弊转至增加，因盐而旁及铁、杉之属，因泉而延至兴漳各郡，擅利已久，流毒无穷，所当严行察禁。"③ 藩王控制地方食盐运销并不是福建的独特现象，两广也如此。迁海以后，两广沿海地区由尚藩继续生产食盐，并且以其家臣、家仆为主形成了一支"王商"队伍，从事食盐运销。④

综上所述，迁界期间盐场的运作与明代完全不同，其经营管理带有军事性质。靖南王耿精忠、福建陆路提督王进功不仅掌握了泉州府盐税，改变场课、盐课征收对象和征收方式，而且控制了泉州府食盐运销。

三　复界后地方社会结构变化

康熙十九年（1680）福建开始展界，沿海地区社会秩序亟须重建，

---

① 佚名：《盐法考》卷 15《福建盐法·福建事例·康熙八年七月》。
② 吴愈圣：《为闽盐之坏已极私抽可骇乞敕严察以杜横征题》，佚名：《盐法考》卷 15《福建盐法·福建事例·康熙八年七月》。
③ 徐元文：《含经堂集》卷 19《奏疏三·备陈闽地民困疏》，《续修四库全书》（1413），第 623 页。
④ 黄国信：《藩王时期的两广盐商》，《盐业史研究》1999 年第 1 期。

平定台湾有功的施琅家族是其中的主导力量。

目前，学界关于浔海施氏研究的成果颇多，[①] 其中森田明、林修合的研究涉及施氏与浔美场的关系。森田明指出浔海施氏自明初成为浔美场灶户，直到清朝都与盐业有关系。[②] 据族谱记载，在浔海施氏三大支派中，万安公支派是灶户，而万安公的两个兄弟——彦仁公、守忠公无明确的户籍记载，[③] 大概这两个支派的子孙属民籍。

许多研究者指出明中期浔海施氏已经积累大量财富并积极建构宗族，[④] 笔者赞同该观点。需要指出的是，明中期施氏非地方主导力量，施氏与粘氏同处一地，在地方纠纷中施氏处于弱势。隆万年间，施氏灶户万安公支派十二世施克达叙述了该族蒙受"村害"的情况：

　　　　时值倭乱之后，豪强肆害，混诬新民，剥其膏脂，手足莫措。

---

① 目前关于浔海施氏的研究成果主要包括以下几个方面：部分学者探讨施琅的生平、与郑成功的关系、收复台湾、对海峡两岸的贡献等，另外一部分学者探讨浔海施氏家族在开发台湾方面的重要贡献；近年来，郑振满、森田明、林修合等学者从区域史和社会史的视角出发，研究浔海施氏的宗族发展过程、在地方社会经济中的作用、在明清晋江地方社会的发展情况。参见施伟青《施琅评传》；施伟青《施琅年谱考略》；施伟青主编《施琅研究》，厦门大学出版社，2000；郑振满《明清福建家族组织与社会变迁》，第 179~182 页；森田明《明末清初福建晋江的施氏宗族》，《清代水利与区域社会》，第 246~256 页；林修合《从迁界到复界：清初晋江的宗族与国家》。

② 森田明：《明末清初福建晋江的施氏宗族》，《清代水利与区域社会》，第 247 页。

③ 施克达：《六世祖彦仁公传》《六世祖守忠公传》《六世祖万安公跋》，施德馨纂辑，施世纶等补辑《浔海施氏大宗族谱》卷 1，第 13~19 页。

④ 郑振满指出浔海施氏崛起于明代中叶，嘉靖间始修族谱，崇祯时始建祠堂。参见郑振满《明清福建家族组织与社会变迁》，第 179 页。森田明指出施氏到明弘治年间已经是地方上有名望的乡族。到嘉靖年间，十二世球（学韦）家资为"滨村巨擘"，在倭乱间被推为千夫长。与此同时，十二世克达（石翁）成为郡学生，于隆庆年间重整施氏族谱。参见森田明《明末清初福建晋江的施氏宗族》，《清代水利与区域社会》，第 248~251 页。林修合的观点与森田明一致。森田明在论证的过程中没有考证上述各位的户籍情况，笔者查阅浔海施氏族谱资料发现，在施氏宗族发展中地位突出的人基本上是灶户，也就是说，施氏灶户在明中期已经积累了大量财富并开始建构宗族。

> 吾以其情闻诸宪府，禁行七邑，民颇得聊其生。迄十年间，唆害仍炽，倚势作威，村害尤甚。吾复以情闻乔宪侯，蒙其爱民，禁革严峻，民又获安。豪强虽敛其迹，而媒孽我以泄忿者，尚窥伺也。[①]

据施克达言，倭乱之后他虽然通过官府禁止"豪强肆害"，但施氏仍无法避免豪强"唆害"，特别是"村害"。"村害"应该是由粘氏族人引发，因为明代浔海的居民为施氏和粘氏，且嘉万年间粘氏势力高涨，粘氏的强势可能危及施氏。施氏即便获得官府的支持也无法制止"村害"，说明其在地方上影响有限，而粘氏才是地方主导者。

明末清初的动乱彻底改变了施氏的地位。施琅于顺治朝投靠清政府，担任福建同安总兵，康熙元年升任福建水师提督，康熙七年授为内大臣，康熙二十一年复任福建水师提督，加太子少保衔，攻克澎湖，收复台湾，军功累累，地位显赫。施氏很多族人跟随施琅攻打澎台有功而加官晋爵。[②]早在迁界期间，施琅已采取措施减少族人的损失。复界后，施琅倡修族谱、重建祠堂、恢复祖墓、广置族产。[③]浔海施氏迅速发展为强宗大族。

康熙十九年复界伊始，福建官方着手恢复盐场，招揽晒丁垦复盐田。[④]浔海施氏立即参与整顿浔美场，通过福建水陆提督总兵官杨捷出示禁示，建立盐场新秩序。该禁示云：

---

① 施克达：《南津子自叙》，施德馨纂辑，施世纶等补辑《浔海施氏大宗族谱》卷48，第1442~1443页。

② 施伟青：《施琅年谱考略》，第192、256、421页。

③ 郑振满：《明清福建家族组织与社会变迁》，第179~180页。

④ 佚名：《盐法考》卷15《福建盐法·福建事例·部复准查康熙九、十两年灶户垦过地亩盐折银两俱照民垦地三年后起科》。

为恩恩严禁等事。据浔尾南、北二盐场居民施束、蔡郎等呈称，束等在南、北二场晒盐，以供国课，以充军饷。诚恐兵厮、地棍人等借端骚扰，叩乞赏示严禁等情，到本将军。据此，照得浔尾南、北二场，原奉俞旨，准盐民晒运盐斤，上供国赋，赡养民生。每年征收税额，即充兵饷。岂容无知棍徒勾引兵厮，生事滋扰！今据前情，合行示禁。为此示仰附近地方棍徒及各营兵厮人等知悉，嗣后各宜凛遵法纪，不得扰害盐场，致亏税额。敢有故违者，许尔盐丁人等协力擒拿，解赴本将军辕门，审实从重究治，决不轻贷！特示。①

上引禁示中蔡郎是大仑蔡氏的盐户户名。②大仑位于现在石狮市凤里街道，距海较远，迁界时属界内。该族不仅不受迁界影响，而且加强宗族建设，于康熙四年（1665）至康熙六年重建宗祠。③康熙十九年，浔海施氏联合大仑蔡氏，以晒盐、承担盐课为由，通过福建水陆提督总兵官杨捷出示禁示，禁止"附近地方棍徒"及"各营兵厮人等"骚扰盐场，授权盐丁协力擒拿滋扰盐场的人。也就是说，盐丁获得控制盐场、维持盐场秩序的权力，其中，参与整顿盐场秩序的施氏和蔡氏自然成为控制盐场的主要力量。经过整顿，盐场逐渐摆脱迁界以来军队掌控的局面，转由地方大族控制。

除了获取盐场控制权，施氏还攘除泉州府旧盐贩。上文已指出康

①　杨捷：《平闽纪》卷13《告示·示浔尾盐场》，《四库全书存目丛书》史部（56），第554页上。

②　嘉靖年间大仑蔡氏十九世祖蔡一含修族谱时指出"吾族入明以来应当军、民、盐三户，军、民合而为一，盐则折而为四，其当之法祖传至今不废"，"其盐户首名由向抵今不易"，盐户首名分别为蔡温、蔡秀、蔡礼、蔡郎。这四个盐户户名一直持续到清代。见蔡一含《晋江大仑蔡民族谱附录全》、蔡寿臣《大仑蔡氏宗祠告成纪》，永和菌边修谱组编修《石狮大仑蔡氏族谱》。

③　蔡寿臣：《大仑蔡氏宗祠告成纪》，永和菌边修谱组编修《石狮大仑蔡氏族谱》。

熙二十年（1681）前后，耿精忠及王进功的旧商仍控制着泉州府的食盐运销。施氏视旧商为"奸商"，万安公派十七世、担任南安县儒学教育的之嘏公两次借助官府的力量攘除之。第一次，之嘏公与逸园公（克复澎台有军功、特简陕西延绥挂印总兵官）[1] 一同行事，谱载"滨海居民，业煮盐，曩遭奸商罔利，为民殃，兄（之嘏公）偕逸园伯氏鸣之当道"。[2] 此后，"复有巨佥借贾盐为奸"，之嘏公令儿子士沧（康熙壬午科举人 [3]）"集众口控当事"，最终"烛厥弊宽，乃条禁，都人食利者交口颂德焉"。[4] 森田明讨论施氏的社会经济作用时提及之嘏公第一次攘除盐商之举，指出他憎恨奸商对滨海盐民的榨取，致力于维护盐民的利益。[5] 旧商被清除后，浔美场仍恢复灶户自由贩卖食盐的政策，[6] 因此，表面上是举有利于灶户，但实际上在施氏炙手可热的时候，食盐运销的最大获利者自然是施氏。

浔海施氏主导盐场秩序重建的同时，凭借其强大势力和政治特权迅速扩张，控制了浔美场西部地区的资源与人群。

首先，施氏控制了盐场西部村落的各种资源。这可由康熙年间施氏所立《祀典租额碑记》开载的大宗祭产中得知，其载：

---

[1]   施德馨纂辑，施世纶补辑《浔海施氏大宗族谱》卷24《十七世世㻫》，第695~698页。

[2]   施德馨纂辑，施世纶补辑《浔海施氏大宗族谱》卷24《遂宽》，第706页；施世骠：《太学生侍赠从兄雷峰公传》，第692~693页。

[3]   施德馨纂辑，施世纶补辑《浔海施氏大宗族谱》卷24《十八世士沧》，第709页。

[4]   施德馨纂辑，施世纶补辑《浔海施氏大宗族谱》卷24《遂宽》，第706页；施世骠：《太学生侍赠从兄雷峰公传》，施德馨纂辑，施世纶补辑《浔海施氏大宗族谱》卷24，第692~693页。

[5]   森田明：《明末清初福建晋江的施氏宗族》，《清代水利区域与社会》，第246~256页。

[6]   乾隆《晋江县志》载康熙三十二年时泉州府各县始得有商有引。说明在此之前，晋江无商无引，食盐自由贩卖。见乾隆《晋江县志》卷3《版籍志·盐法》，《中国地方志集成·福建府县志辑》（22），第84页下~85页上。

祀业额计开：

一、衙口、许婆庄等乡园租，每年一万五千零五十四斤；

一、西周、埔宅等乡，每年草税银一百四十三两；

一、翁厝、龙湖等乡，每年湖税旧额银三两八钱；

一、浔美、鲁东、埔头等处，每年海税银三十三两；

一、衙口店屋，每年税银二十四两零二分五厘。①

　　根据上引文献，郑振满指出"草税""湖税"等是政治特权的产物。②林修合则指出施氏征税范围超出衙口，包括了西周、埔宅、翁厝、龙湖、浔美、鲁东、埔头等处。③值得注意的是，以上村落都是盐场附近、深沪湾西边的村落，说明施氏控制了盐场西部村落的大片土地。

　　其次，盐场部分村落由他姓变施姓。林修合指出，复界后，浔海施氏运用其强大的政治势力，强迫附近的众多小姓改姓施姓，施姓人口扩展至龙湖、深沪、石狮一带。④此观点与笔者到当地访谈的结果一致。仔细考证龙湖、深沪、石狮一带的姓氏分布，会发现衙口、埭头、前港、后宅、埔头、鲁东、杆柄等在明代多是杂姓村，但现居住者95%以上姓施。⑤而深沪湾东部的岑兜、沙美、西岑、林浦、金埭、港边等乡

①　转引自郑振满《明清福建家族组织与社会变迁》，第181页。

②　郑振满：《明清福建家族组织与社会变迁》，第180~181页。

③　林修合：《从迁界到复界：清初晋江的宗族与国家》，第96页。

④　林修合：《从迁界到复界：清初晋江的宗族与国家》，第96页。

⑤　值得注意的是，在深沪湾西部姓施的村落中，前港施氏和浔海施氏不同宗，前港施氏以"钱江"为堂号，而浔海施氏以"浔海"为堂号，明清时期钱江施氏与浔海施氏都没有联宗。见森田明《明末清初福建晋江的施氏宗族》，《清代水利与区域社会》，第240~241页。直到新中国成立，海外华侨促成二者联宗，以"临濮"为堂号（前港村施清水告诉作者，2011年2月13日田野笔记）。不过，从属于钱江施氏的埔头也成为浔海施氏收税的地方，可知当时钱江施氏的地方也成为浔海施氏的势力范围（前港村施清水告诉作者前港、埔头等村属于钱江施氏，2011年2月13日田野笔记）。

基本无施姓，岑兜以李氏为主，沙美以卢氏为主，西岑以王氏、林浦以林氏为主，金埭黄氏较多，港边有李氏、佘氏、张氏等姓氏。[①] 也就是说施姓的扩张基本以杆柄为界（即现在晋江与石狮交界线偏西的地方），此界以东基本无施姓。可见，复界之后浔海施氏控制了杆柄以西部分村落的资源与人群，即深沪湾西部成为其势力范围。

　　成为浔海施氏势力范围的衙口、许婆庄、浔美等村落是明代浔海粘氏的主要聚居地。因此，施氏的扩张，不可避免地影响到粘氏的发展。根据上文的分析，明中后期，粘灿等府城粘氏族人积极建构其在盐场中的核心地位，迁界前粘氏是盐场地方主导力量。迁界时，盐场附近粘氏族人被迫内迁，而泉州府城内粘氏族人无须迁徙，受其影响小。复界后，府城粘本盛孙子粘拱恩、粘拱斗很快考中举人。粘氏族人虽然分居府城等地，但"以衙口集居源地"，[②] 仍试图加强其在盐场地区的地位，于康雍年间到衙口建大宗祠（粘氏），修葺祖坟。粘氏姻亲洪钟于康乾年间撰《敕赠儒林郎镜园粘公传》，载粘氏十九世镜园公"建宗祠、修祭器、葺祖茔，日夜殚精劳神而弗倦，至易箦时，尤以小宗及家乘叮嘱后人"。[③] 宗祠是指建立于浔美的大宗，而小宗是指在泉州府府城修建粘氏支派的小宗祠。修建大宗祠时，衙口十九世粘缵文（1665~1732）"集狐成裘，劝捐乐输，无不殚力勇往，始终玉成云"。[④] 镜园公的儿子诚斋公（1716~1773）继承父亲的遗志，除了在城里修建小宗祠之外，还

① 作者于2009年1~2月、7~8月及2011年1~2月三次到晋江龙湖镇及石狮市永宁镇田野考察，以上各村落的姓氏分布来自作者的田野笔记。

② 粘忠制：《一世祖之后裔及宗祠沿革》，粘火营等修《渡台开基粘氏源流族谱钞》，第22页。

③ 洪钟：《敕赠儒林郎镜园粘公传》，粘琼林等修《浔江粘氏族谱》；官献瑶：《诚斋公行状（并序）》，粘傅库等修《浔海粘氏家谱》；粘友文等修《南浔粘氏皆山家谱·纪略世系·第十八世·士琰》。

④ 粘傅库等修《浔海粘氏家谱·第十九世·缵文》。根据缵文的生卒年代，可以推测大宗祠建于康雍年间。

修葺浔美大宗祠，创置产业以补充大宗春祭费用，并且不惜资费独立修葺在旧里的祖坟，"惟谋久远"。[①] 可见，粘氏努力恢复其在沿海地区的地位。但是这些努力没有达成其愿望，浔美、衙口、许婆庄等原来由他们控制的沿海村落成为施氏的势力范围。康乾时期，官献瑶指出这些村落的粘氏"子孙式微"，[②] 人口越来越少。1903修谱时，粘氏二十五世傅荣指出在浔美的粘氏"先世亦颇蕃盛，出入相见者五十余人，而今寥寥焉，作者七人而已，是存者不足以当死者十之一二耳"。[③] 复界之后，浔海施氏和粘氏的不同发展情况，说明了即便拥有举人等科举功名，粘氏也无法与地位显赫的浔海施氏相抵抗。换句话说，复界之后晋江沿海地方社会重建情况与目前的认识不同，[④] 不是由拥有科举功名的士绅主导的，军功豪族才是地方秩序建设的关键力量。

浔海施氏在本地的扩张为什么只限于深沪湾西部？这与岑兜李氏

---

① 官献瑶《诚斋公行状（并序）》（粘傅库等修《浔海粘氏家谱》）载诚斋公："生于康熙丙午年十一月十八日申时，卒于乾隆癸巳年五月初一日午时，寿五十八。"康熙丙午年即1666年，乾隆癸巳即1773年，由卒年减生年可得诚斋公寿一百零八，与"寿五十八"的记载不同，可见记载有误。实际上，应该是抄写族谱时将康熙丙申年误抄成丙午年，因为以生于康熙丙申年（1716）算，诚斋公正好58岁。

② 官献瑶《石溪文集》卷3《涤楼粘公祠业记》载："劝忠祠在清代而子孙式微，嗣典旷阙，所置产亦隳轶末考。族人慨焉，醵金设奠，十有三年于兹矣。"[《福建宗教碑铭汇编（泉州府分册）》（上），第309~310页]"子孙式微"与族人醵金实指两群人，醵金祭拜粘灿的是在城粘氏。

③ 粘傅荣：《填牌收神主并续修私谱记》，粘傅库等修《浔海粘氏家谱》。

④ 现在学界普遍认为士绅是复界后地方社会重建的主导力量。鲍炜认为复界后地方大吏、州县官员及地方乡绅、普通百姓都努力于重建地方社会秩序，其中乡绅是地方社会上一支重要的力量，他们与地方官员配合共同构成了地方社会的一个稳定支点，是地方社会重建的最为主要的力量。参见鲍炜《迁界与明清之际广东地方社会》。林修合认为鲍炜过于强调官员的作用，指出复界后国家并没有积极介入民间社会的重建事业，而较在意国家秩序与国家之象征事务之重建。而地方社会之公共事业的重建，主要是靠当地宗族与士绅的力量而完成。参见林修合《从迁界到复界：清初晋江的宗族与国家》，第113页。抛开二者对国家介入程度的争论，我们看到二者都认为在复界后的地方秩序重建中，士绅是主导力量。

等的联合抵抗有关。熟悉永宁历史、参与编纂《永宁乡土资料汇编》①
的李显扬（永宁镇岑兜人）告诉笔者，清朝永宁十三村李氏在永宁城
内（今永宁镇镇上）建立李氏大宗祠（该祠保存至今），以前，每年冬
祭，十三村的人都会前来祭祖。②清代闽南械斗十分普遍，同姓联合是
壮大势力的重要手段。③岑兜等村李氏在永宁建祠，以祭祖的方式联合
十三村李氏，可能是为了抵抗浔海施氏的扩张。此推论可从当地人的
记忆中得到证实。岑兜人李炳华（1934 年出生）告诉笔者，岑兜村与
衙口村曾闹过多次械斗。他曾听祖母说，岑兜李氏祖先历史辉煌，不
过，到他高祖父（顾钗）一代时家境中落。他曾祖父（祖垲）生于清
咸丰三年（1853），少年时家境清寒，生活困难。有一次，在快要过年
的时候，曾祖父兄弟三人到衙口村附近的田里翻捡地瓜，被衙口村的人
看到了。李氏三人所捡地瓜都是小块和不完整的，一看就知道不是偷
的，但衙口村人知道他们是岑兜人，故意找他们麻烦，指责他们偷了衙
口的地瓜，借此把他们扣押在衙口村。④李炳华还告诉笔者，在封建社
会里，西岑村王氏与浔海施氏关系也很紧张，施、王也有械斗。李氏有
时候会协助王氏抵抗施氏的扩张。可见，岑兜李氏、西岑王氏等各自组
织抵抗浔海施氏的扩张，必要时也联合起来，因而浔海施氏的扩张受到
阻碍。

　　伴随着迁界破坏与复界后重建，以及施氏的扩张，浔美场出现新的

---

① 永宁镇永宁乡土资料编委会编《永宁乡土资料汇编》，1995，内部资料。

② 作者于 2011 年 2 月 11 日到永宁镇采访李显扬先生，他不仅跟作者讲述李氏大宗祠的情况，
　还带作者去看该宗祠。

③ 郑振满：《清代闽南乡族械斗的演变》，《乡族与国家：多元视野中的闽台传统社会》，第
　300~304 页。

④ 作者于 2011 年 2 月 13 日到岑兜村李炳华先生家访谈，以上故事为李炳华先生所述。此外，
　上述故事还可见李炳华《听祖母讲那曾祖父过去的事情》，未刊稿；李天锡、杨行山《老
　厝春秋·贻谋堂》，《石狮消息报》1999 年 10 月 31 日，第 4 版。

组织结构。乾隆《晋江县志》载：

> 浔美场总理场官一员，管南、北二埕：
>
> 南埕辖衙口、埭头、前港、后宅、埔头、鲁东六团乡，总团一名，团长二十二名，晒丁五百二十五名；
>
> 北埕辖岑兜、沙美、西岑、竿柄、林蒲、金埭、港边七团乡，总团一名，团长三十名，晒丁五百九十六名。①

据上引文献可知，乾隆年间浔美场设南、北二埕，二埕各自管辖六七个团乡。与迁界前的盐场组织比较，有两点值得注意。

其一，团乡取代了迁界前的灶甲组织。在新组织中，衙口等十三团乡与州县行政系统中的十三乡吻合。因为各乡设团长，所以称团乡。也就是说，浔美场以州县行政系统的"乡"作为基层组织，这与复界后晋江户籍赋役情况有关。复界后晋江没有整顿里甲，只是恢复明代的图甲数，也没有重新登记灶户人户丁口数，②因而很难恢复灶甲组织。特别是雍正八年（1730）泉州府盐折附入州县图甲，与地丁银一起由州县统征分解，灶户户籍管理及盐课征收由盐场负责改成州县负责，③无须恢复灶甲组织。既然盐折等由州县征收，那么州县的基层组织成为盐场组织也就不足为奇了。

其二，南埕的范围正好是施氏的势力范围。复界后，盐场寨堡对盐场的控制被取消，浔美场复合为一场，由总理场官一员统一管理全场事

---

① 乾隆《晋江县志》卷3《版籍志·盐法》，第85页下。
② 乾隆《晋江县志》卷1《舆地志·都里》，第21页。
③ 乾隆《晋江县志》卷3《版籍志·盐法》，第84页下。

务，迁界期间南、北二场的设置演变为南、北二埕。① 南埕位于深沪湾西边，所管制的六乡居民都为施姓，且村落各种资源被浔海施氏占领，是浔海施氏的势力范围。北埕位于深沪湾东边，所辖七乡除杆柄之外，其余六乡基本无施姓。杆柄为施姓人居住，却没归入南埕，是因为在几个施姓的村落中，杆柄离衙口最远。据杆柄老人家说，约两百年前杆柄村居民改成施姓，② 即杆柄居民大概在乾隆末年改姓。也就是说，杆柄变成施姓是在盐场南北埕结构形成之后衙口施氏再度扩张的结果。可见，盐场界线同时是地方势力范围的界线，盐场结构与地方势力范围吻合，地方势力扩张决定了盐场结构的具体形态。

以上变化意味着晋江沿海地区人群管理与社会结构转型。虽然盐场仍设有场员，但场员负责督促晒盐、稽查私盐、平衡盐价，③ 而灶户户籍和盐课征收则由州县管理。即场官仅负责盐场食盐产、销的部分事务，而灶户则归州县控制，由此结束了明代以来州县与盐场双重管理灶户的局面。盐场独立的组织系统也被州县基层行政体系所取代。

随着地方权力格局和盐场结构转变，盐场的仪式系统也发生变化。迁界前作为盐场官方祠宇的劝忠祠，复界后没能在浔美场重建，由粘氏

---

① 南北二埕的"埕"与迁界前浔美场十九埕的"埕"含义不同，十九埕的"埕"是以一片晒盐场地作为盐场的一个组织，一个埕的范围大概就是一个村落，比如西岑乡有西岑埕，沙美乡有沙美埕。而南、北二埕的埕已经与晒盐场地无关，是由六七个乡组成的更大的盐场组织。

② 作者 2009 年 7 月 24 日的田野笔记。

③ 复界后，福建盐场官员设置几经变革。雍正元年，闽浙总督满保裁撤福建盐院衙门，福建盐场不再由盐官专门管理，而是由盐场所在府州县派遣佐贰人员兼管，负责勉励煎晒盐丁。这些场员，失去管理灶户户籍、征收盐课的权力，只负责出纳钱粮、督晒、缉私。见《闽浙总督满保等奏请禁止商人行盐取缔各盐衙门盐课事折》（雍正元年六月二十九日），中国第一历史档案馆译编《雍正朝满文朱批奏折全译》上册，黄山书社，1998，第 202 页；雍正二年八月初四日满保奏，宫中档朱批奏折，04-01-35-0439-007；乾隆元年九月二十六日郝玉麟奏，宫中档朱批奏折，04-01-35-0442-021。

族人"复建于府城增井铺"。① 迁移府城的劝忠祠由官方祠宇变成粘氏家祠，有文献记载曰：

> 入国朝，盐属递年直祀如初，厥后诸户鸠金置产，授公之子孙收息为祭费，冀崇报弗谖也。而子孙式微，嗣典旷阙，所置产亦隳轶莫考。族人慨焉，醵金设奠，十有三年于兹矣。太学君诚斋虑其替也，自捐资置业以垂永久，择族人之有衣冠者轮祀，主祭者以爵，爵同则以齿。祀业，族人公司之，可无隳轶之虞，法至善也。君命伯子仰韩，丐余记其本末，以昭示来裔。余谓盐属之俎豆公于乡，以报德也。若太学君之为斯举也，寓亲亲贤贤之意于修废辑坠中，又有进焉矣。②

上引文献是官献瑶受粘诚斋邀请而撰写的。据其载，复界后粘氏子孙无法控制顺治年间由盐户置办的祭产，祭典也停止。康雍年间，③ 粘氏子孙重整劝忠祠，但劝忠祠由粘氏族人"醵金设奠"，官方不再参与。祠的祭产不是由灶户共置，而是粘氏族人自置。可见，劝忠祠由官方祠宇变成族人自祭的家祠，与浔美场完全脱离了关系。

总而言之，迁界、地方势力兴衰及复界后赋役改革，促使盐场组织变化，晋江沿海社会实现了结构性转型。在地方人户管理上，食盐生产者由州县与盐场双重控制到州县单独管理。在基层组织上，州县与盐场两套组织系统由并行到合一。④

---

① 乾隆《晋江县志》卷5《秩祀志·劝忠祠》，第104页上。

② 官献瑶:《石溪文集》卷3《涤楼粘公祠业记》,《福建宗教碑铭汇编（泉州府分册）》（上），第309~310页。

③ 根据诚斋公的生卒年推算，粘氏"族人慨焉，醵金设奠"是在康熙或雍正年间。

④ 林修合认为迁界只是造成了地方上宗族势力消长，但没有改变晋江地区社会控制形态与社会组织的观点值得商榷。见林修合《从迁界到复界：清初晋江的宗族与国家》。

小　结

明初以来，在军、民、匠、灶各种户类中，灶户的生计最具有独特性，他们必须生产食盐，从而被固定于盐田上，职业有所限制；在户籍管理和赋役征调上，他们被编入独立于州县而与盐政相关的赋役系统，如埕甲组织、团甲组织等。因而，灶户的生活及发展受到盐政运作的深刻影响，盐政制度变革常导致灶户生计变革和财富来源方式的改变，进而导致灶户所在地域社会权力格局的变动。而明中叶的盐场社会，亦慢慢形成一套地方性宗族主导的社会秩序。

铺锦黄氏灶户用"祖先故事"的方式，来讲述盐场社会经济变迁的历史。这种历史的讲述方式在东南沿海很有普遍性。故事塑造及调整与宗族的现实目的相关联，而灶户生计转变及其在地方秩序中的地位变化是灶户宗族始祖故事演变的主导因素。嘉靖二十一年（1542），铺锦黄氏将始祖叙述成有功于宝光堂的廿八公，实则在表达他们获得灶籍的正统性，并确认控制盐业生产活动的事实。万历二十九年（1601），当农田开发成为当地主导的产业之后，将修筑龟湖塘水利的里正公附会为廿八公，是为了提高其在本地的威望，而说里正公就是廿八公是为了巩固本族拥有的龟湖塘陂首之位。里正公之所以被视为始祖，是因为铺锦黄氏灶户的需求及所面临的社会环境发生变化，即盐课折米之后，他们关注龟湖塘的管理权，但中镇黄氏兴起对此造成威胁，因而他们宣称里正为始祖，以此证明其龟湖塘陂首之位来源的正统性。

到康熙、乾隆年间，黄里正从族谱中消失，其背后亦是铺锦黄氏面临的社会现实发生了变化，即中镇黄氏在明末清初地方动荡中势力转微，铺锦黄氏灶户龟湖塘陂首之位失去了外在的挑战者，且随着台湾开发，王朝政策倾斜，铺锦黄氏灶户将眼光与精力投向闽台贸易，农业生产与龟湖塘水利的重要性逐渐下降。新的环境下，黄里正失去了作为铺锦黄氏始祖的价值与意义，因而被从族谱中剔除。

然而，当地域社会的秩序受到王朝大政的外在干涉时，地方宗族仍然会被卷入动荡之中。迁海令的实施便显示了盐场社会秩序的变动和调整。值此之际，地方宗族亦非被动地跟随王朝制度的步伐，而是试图利用地方的规则，与制度进行协商和妥协。

清初迁界间漳泉地区内迁里数虽然有清晰记载，但在地方上，特别是边界线附近地区，内迁并非都以官府规定的里数为依据，亦非如文献记载那么精准。地方上的诸多因素，包括沿边的强宗大族都可能左右迁界线的具体位置。部分势力强大、较早投诚清廷，与清朝合作的大族可能充分发挥其影响力，努力为自己和宗族争取利益，避免族人遭受迁界之祸害。毫无疑问，沿海地区的宗族势力影响了族人是否内迁，改变了迁界线的具体位置，不过，迁界线划定涉及的因素极为复杂，地方上各种势力之间的关系、地理位置、地方精英、地方势力与官府之关系等因素都可能对此产生制约，因而，我们必须全盘考察各种因素，才能对迁界线有深刻的认识。

地方宗族参与新秩序的制定具有一定的普遍性。福州府连江县的东林宗谱就记载了迁界间，该族族人林显第从戎于清，担任界防之要务，并影响到迁界线及该族在迁界中的情况。宗谱载："界边汛防，委以重任，叔为之画谋布置。地方得以安宁，吾叔之力居多。徐曰：'以子之才，坐镇一方，吾可无虞矣。'爰禀于提督王公，将水头汛边田地拨还，□开垦以糊口，而吾宗播迁禁界之时，子弟得以朝出暮归，生生之机，不至困乏者。汛防见叔之子侄，视为一体，故也。"① 可以说，盐场的宗族部分实现了地域社会秩序与王朝法度之间的协调。

　　然而迁界与复界，对明清之交东南沿海地方的盐场社会格局影响至深。自明中期到迁界前，浔海粘氏因族人粘灿奏准浔美场盐课折银有功于灶户及科举上的成功而在盐场中占据主导地位，不仅拥有免服盐役的特权，而且祭拜粘灿的"劝忠祠"成为官方祠宇。"劝忠祠"的存在彰显着粘氏在盐场地方社会的极高威望和核心地位。迁界打乱了原有的盐场组织及权力结构，也造成地方势力兴衰更替，浔海施氏因族人施琅在明末清初的战争中收复台湾有功而地位显赫，拥有各种政治特权，成为复界后晋江沿海地区社会秩序重建的主导者。凭借其强大的势力，浔海施氏控制了深沪湾西部的资源与人群。粘氏势力虽然没有因迁界而完全被削弱，但在施氏的强大压力下，逐渐失去了在沿海地区的特殊地位，而转向在泉州府城发展。

　　迁界及复界后不同势力群体争夺资源和盐场控制权的行为，与王朝赋役制度的调整和管理制度的步调趋于一致。明代以来福建盐场独立的埕甲组织被州县系统基层组织所取代，盐场完全融入州县。在呈现地方社会权力的符号系统中，作为盐场权力及文化表现的祭拜仪式也被废除，劝忠祠由官方祠宇变成家庙。迁界不仅改变了明代中期以来沿海地方的权力格局，而且改变了地方组织结构和文化传统，盐场宗族在这一过程中既发挥了作用，其自身也发生了力量变化。

---

① 《莲江东林宗谱·皇清恩荣七十二翁幼及祖叔赞序》，转引自林修合《从迁界到复界：清初晋江的宗族与国家》，第54~55页。林修合据上述文献"来证明在迁界期间，亦有公然出界而无事之情形"。

第五章

盐政运作与滨海社会经济转型

从明初至清中叶，盐场户役经历了从"区分民灶"到"民灶不分"的转变，盐场管理制度随之从垂直管理转变为属地管理，最终导致了东南沿海地区宗族崛起等一系列盐场社会秩序的演变。显然，这是国家因应社会变迁，为获得其机构运作所需的资源，而不断调整资源控制模式的结果。本章试图在上述研究结论的基础上，进一步探讨伴随着明清时期国家资源控制方式的转变，区域经济与社会所发生的转型过程。

赋役制度与社会经济转型关系的研究，在梁方仲、王毓铨先生开辟的道路上，刘志伟的成果尤其值得重视。他在《从"纳粮当差"到"完纳钱粮"——明清王朝国家转型之一大关键》一文中，对明清赋役制度运作原理提出了系统且有深度的理解。他指出明清王朝国家转型，就是白银在赋税领域的引入，促使赋（田赋和上供物料等）与役（里甲正役、杂役、驿传等）由等级户役向比例赋税转变，国家从直接支配编户齐民，过渡为国家与纳税人之间的关系。[①] 抓住国家与人的关系转型这一制度原理，刘志伟把户籍的意义推向社会。在《在国家与社会之间——明清广东里甲赋役制度与乡村社会》一书中，他从三个角度思考了户籍制度的社会内涵以及由此而来的明中叶以后广东地方社会的转

---

① 刘志伟:《从"纳粮当差"到"完纳钱粮"——明清王朝国家转型之一大关键》,《史学月刊》2014年第7期。

型。他认为，第一，经历均平、均徭、一条鞭法等一系列改革之后，户的性质发生了实质性转变——从人丁事产结合体演变为与具体人群脱离关系，用于登记土地、赋税的"户头"。户的对应形式有多种可能性，可以是宗族的堂，可以是庙，也可以是个人的资产。第二，户籍制度的变化意味着国家不再直接控制到人，但当国家需要调配资源抑或需要管理社会的时候，仍需要人，这就留给了代理人一个巨大的空间。这个代理人可以是地方政府的胥吏、差役等，也可以是民间的乡绅、商人，也可能是宗族的组织。第三，户籍制度的存在，意味着有一群不受国家管制的、外在于户籍制度的"化外之民""逋赋之徒"，"脱籍"和"纳入户籍"是一种灵活的社会机制，这套机制不仅关系到国家对资源的控制，也涉及地方的动乱问题，由此把户籍制度引入社会权力和社会问题的讨论中。

沿着这种户籍制度研究的思路，盐史研究中对于灶户的讨论，亦可以视为户籍制度论题的延伸。明太祖朱元璋实施"人户以籍而定"的制度，灶户便成为一个相对独立的群体。徐泓以"食盐生产组织"为题构建了一个灶户制度变迁的框架。[①] 他清晰地叙述了明初灶户制度、灶户组织以及盐业的生产形态（包括灶地、盐田、荡地、工本等所有权形态），认为明初灶户是在世袭劳役制度的支配下，用政府分配的手段与资本进行生产的。这一劳役制形态的生产，目的不在交换和扩大再生产，而只是为了保证政府的财政收入。明中叶以后，随着盐课货币化、余盐私卖的制度变迁，灶户"从劳役制度的束缚中解放出来，而日益接近小生产者的地位"。灶户组织在商业化的浪潮中崩溃了，灶户出现了贫富分化，贫灶或者逃亡，或者成为富灶的雇工，而商业资本也随之

---

① 徐泓：《明代前期的食盐生产组织》，《台湾大学文史哲学报》第 24 期，1975 年；徐泓：《明代后期盐业生产组织与生产形态的变迁》，《沈刚伯先生八秩荣庆论文集》。

打入盐场，包买商逐步控制了生产，"开始攫取生产的利润"。徐泓的研究，一方面从人身控制、组织控制、资源控制的角度，揭示了灶户实际是国家直接控制的人群；另一方面，注意到货币化、商业化带来了制度和社会的改变。因此，他的研究也是着力于社会的，他把灶户的分化、商人的进入带入了与制度变革共同的进程中，可以说开启了盐史向社会史转向的先声。

本章关注的内容，正是明中叶以来经历了户籍制度调整和管理模式转型之后，贡赋经济模式如何推动社会经济的发展和转型，以及盐场社会到底发生了怎样的转型。第一节以泉州地区的盐场经济为例，揭示盐场放松对灶户的人身控制之后，产生的一系列社会经济变迁结果。第二节关注了这一系列社会经济的发展所带来的原有制度无法管理的新问题——文献中称为地方动乱。

第一节　盐法变迁与区域经济发展

明正统年间福建在盐场税收管理上发生的最重大变化是盐课改折。盐课由征收实物转变为折纳白银，直接造成了灶户身份与产盐者身份的脱节，福建泉州盐业逐渐脱离了国家的计划管制，盐业逐渐市场化，从而引起区域经济的重大转变。本节的重点就在于探讨这一转变的来龙去脉。

明初，泉州灶户所产食盐缴到盐场，由官府通过开中法和计口给盐法销售或分配给地方民食。然而，由于官运泉州食盐利润低且海运风险大，盐商不愿报中，盐课积压严重，且此时福建沿海卫所缺乏军粮，为解决上述问题，福建官府于正统年间促进了浔美、泗州和浯州三场盐课折米。每盐一引折米一斗，缴纳泉州沿海卫所官仓，充当卫所官兵月粮。①嘉靖九年（1530）到十九年，该三场盐课逐渐折银，盐折银仍作为泉州沿海卫所官兵月粮之用。②与之不同，惠安场盐课于弘治十六年（1503）直接折银，盐折银不存留地方，而是由福建都转运盐使司起解户部。③

改折后，盐课和食盐脱离关系，食盐的生产、运输、销售状况与盐课再无直接关系，因而场大使不再督促或限制灶户制盐，④灶户获得了生产食盐的相关决策权。改折后，盐不纳官，盐场无法控制食盐，被迫放弃开中法和计口给盐法，仅规定浔美等场食盐供应漳州和泉州二府食用，⑤禁止用船运盐，⑥再无盐商、盐引和其他各种"禁例"等方面的规定与限制。⑦无盐商意味着运输食盐不需要获得户部或福建都转运盐使司承认的盐商的资格，灶户得以自产自销，普通百姓亦可运销食盐。无运盐盐额限制，盐贩则可根据市场需求自行决定运输量。而随着盐课改折，明初以来用以管理九龙江流域食盐运输的柳营江批验盐引所亦改为

① 童蒙正、林大有等纂修《福建运司志》卷2《布政使孙昇等奏为停积盐课略节》，《天一阁藏明代政书珍本丛刊》（10），第192~195页；《明英宗实录》卷160，正统十二年十一月辛未。

② 万历《泉州府志》卷7《版籍志下·盐课》，第13页下。

③ 童蒙正、林大有等纂修《福建运司志》卷2《巡按福建监察御史陶煦题为分豁盐课略节》，《天一阁藏明代政书珍本丛刊》（10），第195~196页。

④ 明中期，在官府放任地方百姓生产食盐的情况下，泉州沿海地方包括灶户在内的各种户籍人群纷纷建筑盐埕生产食盐。见童蒙正、林大有等纂修《福建运司志》卷2《户部郎中钱嘉猷题为钦遵明命条陈盐法事宜以助边计缺乏事疏》，《天一阁藏明代政书珍本丛刊》（10），第220页。

⑤ 童蒙正、林大有等纂修《福建运司志》卷2《户部郎中钱嘉猷题为钦遵明命条陈盐法事宜以助边计缺乏事疏》，《天一阁藏明代政书珍本丛刊》（10），第217页。

⑥ 嘉靖《安溪县志》卷3《官制类·盐法》，明嘉靖刻本，第29页下。

⑦ 顾炎武《天下郡国利病书》载："泉漳俱非行盐地，无商、引、正课及诸禁例，听民间从便贸易。"［原编第26册《福建》，《续修四库全书》（597）史部，第289页下］

普通巡检司，[1]漳泉境内没有专管食盐运销的机构。缉拿私盐的武装力量——盐捕也被废除。明中期晋江士绅王慎中就指出泉州"于令甲未尝设为禁戒，而侦捕吏兵自以徼候非常，不为蓝政置也"。[2]此背景下，盐贩很快就突破了不准用盐船及仅销售漳、泉二府的限制。明中期，包括灶户在内的众多盐贩，利用盐船运盐。他们往往先用海船将食盐从盐场运到九龙江和晋江入海口，再换成河船沿着两流域将盐运往山区。食盐除销售于漳、泉二府，还走私到福建汀州、建宁、邵武、延平等开中盐法施行区，[3]甚至侵入属于两淮盐区的江西省建昌等地。因而明中期有官员提出将江西建昌等府划归福建行盐区。如正德二年 (1507)，福建地方就奏请"将福、兴、漳、泉四府盐借行于江西广信、建昌、抚州三府发卖，仍委官查验，不许私贩越界"。[4]简言之，泉州灶户不仅掌握了制盐决策权，有权决定是否生产食盐、生产多少食盐、在哪里生产及如何生产等相关事宜，而且获得了通过市场销售食盐的权力，灶户成为自主的盐业经营者，泉州盐业也成为民间自营的自由产业。

随着盐业性质及经营方式转变，市场机制，特别是经营盐业的投入、产出及利润，成为决定盐业发展的关键因素。明中后期，泉州食盐不仅市场广阔、需求量大，而且运销利润极为丰厚，沿九龙江一线运销，获利竟达十倍以上，"漳平山邑穷僻，民间不能致食盐，而龙溪民给票运盐至县，散卖于宁、岩等处，又由溪南而越大田，由新桥而越永

---

① 《明英宗实录》卷 116，正统九年五月癸酉。

② 王慎中:《遵岩集》卷 8《记·盐政刻石记》,《景印文渊阁四库全书》(1274) 集部 213, 第 157 页。

③ 江大鲲等修《福建运司志》卷 14《规画志·条议西路·运使何思赞议西路盐法》,《稀见明清经济史料丛刊》第 1 辑 (28), 第 531~533 页。

④ 《明武宗实录》卷 28，正德二年七月庚午。

安，蔓延于西路行盐地，其徼利什倍"。[1] 丰厚的利润刺激了灶户制盐的积极性，他们纷纷建筑盐埕制盐，扩大食盐生产规模。嘉靖三十三年（1554），泉州府知府董汉成、推官袁世荣就向户部郎中钱嘉猷建议向民间私筑盐埕收税，其称："其各场私设盐埕不在旧额内，亦宜尽数查出，一例纳课。"[2] "旧额"是指明初时盐场分给灶户的盐埕。"旧额"以外的盐埕就是明中期以后民间私筑的盐埕。这些盐埕不仅引起官府的注意，而且被列入增加财政收入以补充因倭乱引起的军饷不足的资源中，从侧面反映了其数量之多、规模之大。

需要特别指出的是，明中期泉州除灶户私设盐埕外，非灶户人群，包括民户、军户等也纷纷筑埕晒盐，史载："其非灶丁者又皆晒有私盐，俱未经收入在官。"[3] 由于正统年间以来，泉州的食盐生产状况不再关系盐课征收及盐场长官的政绩考核，所以盐场并没有对此加以制止，而嘉靖三十三年（1554）盐丘税征收则承认其晒盐的合法性。换言之，明中期泉州盐业的行为主体不再受限于户籍，除灶户外，民户、军户等非灶籍人群也得以制盐。

随着泉州盐业的市场化，以及市场准入门槛的放宽，濒海盐卤资源得到较为充分的利用。嘉靖年间，惠安县沿海地区盐业一派繁荣，"南循徼海卤地场团盖累累焉，可谓无遗利矣"。[4]

伴随着盐业的发展，其他商业、农业、手工业、近海养殖产业等也都获得相应的发展。

---

[1]   康熙《漳平县志》卷4《盐法》，乾隆四十六年重刻本，第8页下。
[2]   钱嘉猷:《条陈盐法助边疏略》，江大鲲等修《福建运司志》卷13《奏议志·疏略》,《稀见明清经济史料丛刊》第1辑（28），第392页。
[3]   钱嘉猷:《条陈盐法助边疏略》，江大鲲等修《福建运司志》卷13《奏议志·疏略》,《稀见明清经济史料丛刊》第1辑（28），第393页。
[4]   嘉靖《惠安县志》卷2《潮汐》，第13页上。

　　与盐场放松对灶户的管辖一样，正统以后，泉州惠安、同安、晋江等盐场所在州县图甲组织败坏，[①]地方有司难以直接控制境内包括民户、灶户、军户在内的所有编户齐民；福建沿海卫所亦因崩溃，[②]无法管制军户。府县、盐场和卫所等行政机构对地方人户的管理都由明初的直接控制逐渐转向间接管理。明初朱元璋设计的"画地为牢"的社会秩序被破坏，地方人户的活动空间扩大。例如，明中期泉州灶户流动较为频繁，晋江县的灶户多有迁徙到南安、安溪、温州等地区者。[③]管理模式的转变，官府对地方人户人身控制的减弱，为地方人户生计选择提供了自由空间。以此为前提，泉州盐场地区行为主体充分利用当地的资源经营各种产业。

　　明中期，灶户普遍经商。正统年间盐课改折后，灶户获得贩卖食盐的权利，他们主要是利用漳、泉境内的两大流域，将食盐运到漳、泉二府山区，乃至福建汀州府、延平府、邵武府、建宁府等官盐区，甚至运到江西省建昌等地区出售。盐船返航时，往往购买当地艺、葛、苎等特产，[④]运到沿海地区出售，形成沿海食盐与山区特产的贸易网络。此外，由于泉州本地米粮缺乏，正统到嘉靖浔美等三场盐课折米期间，灶户到江浙、潮粤地区购买米粮以缴纳盐课，[⑤]形成盐场地区与江浙、潮粤之间以米粮为主的商品交易模式。

　　灶户制度改革是泉州灶户经商的契机，而正统以后福建沿海卫所

---

① 郑振满：《明清福建的里甲户籍与家族组织》，《乡族与国家：多元视角中的闽台传统社会》，第118页。

② 黄中青：《明代海防的水寨与游兵：浙闽粤沿海岛屿防卫的建置与解体》，明史研究小组印行，2001。

③ 叶锦花：《明清灶户制度的运作及其调适——以福建晋江浔美盐场为例》。

④ 万历《泉州府志》卷3《舆地志下·风俗》，第55页上。

⑤ 万历《泉州府志》卷7《版籍志下·盐课》，第13页上；崇祯《闽书》卷38《风俗志·泉州府》，《四库全书存目丛书》史部（204），第717页下。

败坏，无法有效制止沿海百姓下海，也为包括灶户在内的地方百姓下海经商提供了条件。上文提及的灶户卖盐买米的活动都充分利用了近海海道。此外，随着国际贸易形势转变，明中后期灶户等沿海地区的地方人户还积极参与海外贸易。16 世纪欧洲地理大发现后，葡萄牙、西班牙、荷兰等国商人前来与中国贸易，灶户迅速融入新的贸易环境中，将从其他沿海地区及山区运来的产品运往海外与西方国家交易。这是 16 世纪以后，海上贸易市场由以奢侈品为主转变为以日常生活品为主的重要条件之一。随着国际贸易的频繁与规模扩大，灶户也到东南亚地区经商，如居住于晋江二十四都铺锦村的铺锦黄氏灶户族人宗浑公（1597~？）到吕宋经商，并躲过万历三十一年（1603）吕宋屠杀华人之祸，宗浑公"居夷凡十载，乙卯岁倭奴发难，屠戮诸客商殆尽。而公独为王官所重，引置宫中，不为害，忠信可行，蛮貊谅哉"。[1] 最后，宗浑公卒于吕宋，葬在该处。此外，该族族人黄应鳌（1584~1633）亦曾到吕宋经商。[2] 明中后期，盐场地区的非灶户人群亦普遍下海经商，移居海外。[3]

稳定的贸易网络为泉州地区的货物提供流通路径和广阔市场，泉州盐场地区包括灶户在内的人群投入精力种植各种经济作物和发展手工业。泉州盐场地区因为土壤含盐量高及缺乏水资源，大部分地方不能种植水稻等粮食作物，不过，石狮龟湖地区则因龟湖塘能够提供稳定的淡水水源，农田耕种获得发展。铺锦黄氏族人自弘治年间以后，不仅在当地广泛种植农作物，还积极关注龟湖塘的管理和维修。[4] 晋江沿海地区

---

① 黄式度等修《铺锦黄氏族谱·叙世录·第十三世·宗浑》。

② 黄式度等修《铺锦黄氏族谱·叙世录·第十二世·应鳌》。

③ 陈支平：《民间文书与明清东南族商研究》，第 315~353 页。

④ 黄式度等修《铺锦黄氏族谱·叙世录·第八世·遗安公》《铺锦黄氏族谱·叙世录·第十世·雅盛》《铺锦黄氏族谱·叙世录·第十世·雅祐》。

大量种植经济作物，龙眼、荔枝、甘蔗等成为当地重要的货物。经济作物和水稻等粮食作物抢占土地，加剧泉州沿海地区的米粮不足，万历年间编修的《泉南杂志》记载："甘蔗，干小而长，居民磨以煮糖，泛海售焉。其地为稻利薄，蔗利厚，往往有改稻田种蔗者。故稻米益乏，皆仰给于浙、直海贩。"[①] 地方百姓之所以利用水稻田种植甘蔗，是为了获得更高的利润；而他们会这样选择有一个重要前提，那就是泉州处于一个有效的市场中，通过该市场地方百姓能够顺利获得稻米等日常所需粮食，而且可以将甘蔗卖出。

家庭手工业也随之发展。惠安县二十一都、二十二都、二十三都、二十四都、二十六都等地方不仅生产食盐，而且家庭手工业发达，史载这些地方"亢爽产菽麦，泻卤产盬盐，且女红善织作"。[②] 惠安县"自青山以南至凤山"一带生产食盐，"其民多业盐，以盐为籍"，[③] 还盛产细白布，并远销海外，"又出细白布，通商贾，辇货之境外，几遍天下"。[④] 盐场地方人户参与手工业制作是为了获得利润，史载："内地贱菲、无足重轻之物，载至番境，皆同珍贝，是以沿海居民造作小巧技艺，以及女红针黹，皆于洋船行销，岁收诸岛银钱、货物百十万入我中土，所关为不细矣。"[⑤]

灶户还利用濒海滩涂发展近海养殖业，比如养蚝、种蛏。蚝又称牡蛎，产于海滨，至迟在宋代已经成为福州地区的特产[⑥]。蛏、蚝原在大

---

① 陈懋仁：《泉南杂志》卷上，《四库全书存目丛书》史部（247），第842页下。

② 叶春及：《惠安政书》卷4《惠安县》，第73页。

③ 嘉靖《惠安县志》卷5《货属》，第19页上。

④ 嘉靖《惠安县志》卷4《本业》，第2页上。

⑤ 蓝鼎元：《论南洋事宜书》，贺长龄辑《皇朝经世文编》卷83《兵政十四》，文海出版社，1966，第2964页。

⑥ 淳熙《三山志》卷42《土俗类·物产·水族》，《华东师范大学图书馆藏稀见方志丛刊》（9），北京图书馆出版社，2005，第398、400页。

海中自然生产，在福建沿海地区，明代已有人工养殖，称"种蛏""种蚝"。明中期谢肇淛《文海披沙》载："闽人滨海种蛏，有蛏田。又种蛎房，以壳为灰，按时投之，则翌岁蛎丛生。"① 何乔远赋诗称在晋江与惠安间的洛阳桥地区，"蛎趾初支壳，蛏田别种苗"。② 泉州灶户利用居住于海边的条件，普遍养蚝、种蛏。例如，居住于泉州湾西南侧的陈埭丁氏，明清时为浔美场灶户，并通过养蛏苗而远近闻名，逐渐发展为20世纪末闽南有名的蛏苗和大蛏产地，所产蛏鲟运往厦门、泉州、惠安各地，蛏苗则售运永宁、深沪、惠安、龙海等地。③ 灶户用于种蛏、养蚝的场所"蛏埕""蚝屿"也成为其户下事产的一部分。嘉靖《福建运司志》载，浔美场"事产：民田、地、山、塘、海荡、蛏埕、蚝屿四百二十八顷，见在三百九十七顷四十七亩六分四厘一毫六丝"。④ 随着近海养殖业发展，沿海滩涂利用价值提高，关于沿海滩涂的占有权也发生许多纠纷。

渔业获得一定的发展。惠安县"北自乐屿，南属之岱屿，并海壖百余里，西循凤山抵马山，达洛阳江，皆有支海穿达岸麓。潮汐出入其中，能荡涤氛瘴，通利舟楫。渔盐业作以为生者，亦有版籍征税，领在有司"。⑤ 嘉靖《惠安县志》编纂者对当地渔业工具、技术记载颇为详细，称："余尝东临海门观渔，人所操诸网技极其纤备。"⑥ 据载，明中期当地

---

① 谢肇淛：《文海披沙》卷8《种动物》，《四库全书存目丛书》子部（108），第251页下。

② 道光《晋江县志》卷11《津梁志·万安桥》，《中国地方志集成·福建府县志辑》（25），第139页下。

③ 杨瑞堂编《福建海洋渔业简史》，海洋出版社，1996，第51~52页。

④ 江大鲲等修《福建运司志》卷8《课程志·额派·浔美场》，《稀见明清经济史料丛刊》第1辑（28），第263~264页。

⑤ 嘉靖《惠安县志》卷2《潮汐》，第11页下。

⑥ 嘉靖《惠安县志》卷2《潮汐》，第13页上。

捕鱼的工具多种多样，有竹编网船、旋网船、竹编铳船、牵丝缝网、拖钓船网、沿岸撒网、撒网渔船、拖纱缝网、方网、沿岸攀罾、拆插竹木系网、扦插罟、网斗、石罟、竹箔、扦揪小网、手罾、手摇钓船、步取等①。所捕之鱼被运到各处贩卖，"凡鱼大者宜羹，小者宜腊，贾人常衰而市之，或由海道以达于三山及延、建诸郡"。②

综上所述，随着明中后期地方人户在职业和空间限制上的减弱及福建沿海卫所败坏、国际贸易形势转变，地方人户充分利用盐场地区的资源优势，积极从事商业、农业、手工业、近海养殖业等经济活动，促进盐场地区多种产业齐头并进。泉州盐场地区经济出现了整体性转型，盐业也从具有力役性质的活动演变为民间自由经济产业。

然而泉州地区的社会经济转型，亦造成了国家制度与社会发展不协调的矛盾。这种矛盾的尖锐表现，即文献中描述的地方乱局。

第二节　沿海灶户与地方动乱

灶户管理模式的转变对灶户乃至沿海地区的影响较为深远。灶户对官府的人身依赖减弱，可以自由流动，职业限制亦取消，生计呈现多样化。盐课改折后的盐政运作迫使灶户买米卖盐，以此为契机，灶户在海上亦商亦盗，促进海上贸易繁荣的同时，也使盐场地区成为官府眼中的盗贼渊薮之地。

正统八年以后，随着盐课改折，灶户不产盐亦能完成盐课之责，遂

---

① 嘉靖《惠安县志》卷5《货属》，第20页上。
② 嘉靖《惠安县志》卷5《货属》，第20页上。

从生产食盐的职业限制中解脱出来，拥有更多的时间和精力从事其他经营。明中叶，灶户生计呈多样化，除继续制盐外，部分人将更多的精力投入农作物种植及地方水利工程建设、管理。如聚居于今天石狮市宝盖镇铺锦村的铺锦黄氏灶户族人（浔美场的）成为当地最大水利工程——龟湖塘的管理者，与当地林、郑、苏等三大姓轮流充当陂首；① 部分人利用近海条件，开发濒海海荡、滩涂，或利用近海资源养殖蛏、海蛎等海产，海荡、蛏埕、蚝屿等成为灶户"事产"的重要组成部分；② 部分人出海捕鱼，"獭窟（惠安场附近）在县（惠安县）南大海中，可泊船，人居稠密，多造船，乘潮出入，往外海捕鱼，昼夜往还，获利甚多，船至百艘"。③ 而新的盐政运作迫使灶户买米卖盐，普遍经商。一方面，灶户须购买米粮作为盐课缴纳官府。泉州盐场地区濒海，地质咸卤、贫瘠，难以种植水稻等粮食作物，所产粮食尚不能满足灶户日常饮食所需。因而，灶户多通过市场购买米粮以满足盐课之需。《石溪文集》载"（浔美场附近地方）地不产米，冒风涛买米输官，民苦漂溺，非死则徙"。④ 万历《泉州府志》又载"（灶户）概于外郡籴米上仓，船经大海，一遇强寇飓风，人船俱没，盐户之害，莫此为甚"。⑤ "盐户"即灶户。所谓的"外郡"乃是江浙及广东地区，史载泉州府"仰粟于外，上吴越，而下东广"，⑥ 亦曰泉州府"封疆逼狭，物产硗瘠，桑蚕不登于筐茧，田亩不

---

① 叶锦花：《明代灶户宗族生计变革与祖先故事演变——以石狮铺锦黄氏为例》，《社会科学辑刊》2013 年第 6 期。

② 江大鲲等修《福建运司志》卷 8《课程志·额派》，《稀见明清经济史料丛刊》第 1 辑（28），第 262~265 页。

③ 嘉庆《惠安县志》卷 6，《中国地方志集成·福建府县志辑》（26），第 20 页。

④ 官献瑶：《石溪文集》卷 3《涤楼粘公祠业记》，《福建宗教碑铭汇编（泉州府分册）》（上），第 309 页。

⑤ 万历《泉州府志》卷 7《版籍志下·盐课》，第 13 页上。

⑥ 崇祯《闽书》卷 38《风俗志·泉州府》，《四库全书存目丛书》史部（204），第 717 页下。

足于耕耘，稻米菽麦丝缕绵絮由来，皆仰资吴浙"。[①]另一方面，盐场不再征收食盐，灶户所产食盐由自己支配。食盐虽为日常所需，但非粮食，灶户除留下极少一部分自己消费外，大部用来出售，灶户遂成为食盐销售者。明中期，与全国绝大部分地区推行开中法等食盐专卖制不同，官府仅限制泉州食盐的销售地和运输方式——规定其销售于泉州、漳州二府，不许用盐船运输，此外，无盐商和盐额规定，且作为食盐产、销之地的漳泉地区也没有设置专门的缉捕私盐机构和武装力量。随后，这仅有的两个限制很快就被突破，灶户不仅将食盐走私到福建其他地区及江西建昌等地，而且以船运盐，大量盐船往返于晋江和九龙江流域。[②]可以说，泉州食盐成为普通商品，在一定程度上自由运销。泉州灶户自正统以后，不再仅是单纯的食盐生产者，而且参与到农业、海产养殖、渔业、商业等各种行业中。

需要特别指出的是，泉州灶户买米卖盐活动都利用近海航道运输。泉州灶户通过海运从江浙、潮粤等地运回所购米粮，"冒风涛买米输官，民苦漂溺，非死则徙"，"船经大海，一遇强寇飓风，人船俱没"等记载都说明此点。泉州食盐主要通过九龙江、晋江两流域运往山区销售，而从盐场到两流域入海口的运输则为海运。顾炎武就指出："而浯、沜民鬻盐者，辄用海舟载至海澄，歇泊埠头，转剥小舟，溯西、北二溪，出华封往龙岩诸邑散卖。"[③]西、北二溪正是九龙江两支流。

泉州灶户之举在一定程度上突破海禁政策，促进近海航道繁荣。海

---

① 万历《泉州府志》卷3《舆地志下·风俗》，第55页上。

② 顾炎武：《天下郡国利病书·盐法考》原编第26册《福建》，《续修四库全书》（597）史部，第289页。

③ 顾炎武：《天下郡国利病书·盐法考》原编第26册《福建》，《续修四库全书》（597）史部，第289页。

禁是明初以来的重要政策，朝廷不仅明文限制民间船只下海，而且赋予了沿海卫所阻止民船下海的权力。在明初严厉的禁海政策下，泉州沿海地区私人海上贸易虽不可能完全禁止，但毕竟受到很大的限制。值得思考的是，海禁政策下，为何灶户得以在海上运输米粮和食盐？灶户较大规模向江浙、潮粤等地购入米粮，向晋江、九龙江流域输出食盐当是正统八年盐课折米后之事，此时福建沿海卫所面临崩溃，[①]已难以有效限制民船下海，这是灶户海上活动得以实现的一大原因。此外，泉州灶户下海亦当离不开地方有司的默认。泉州灶户能否获得米粮，关系泉州府能否按时获得盐课以满足本府卫所军饷之需，泉州地方有司自然十分清楚盐场地区米粮不足，灶户只有向外购买才能获取米粮纳课的境况，因而默认其海运米粮，灶户因此得以下海运粮运盐。生活于沿海地区、祖上有海上经商传统的泉州灶户在买米卖盐的基础上，抓住各种市场信息，充分利用盐场附近拥有大量优良港口、海路运输便利等有利条件进行更为广泛的海上贸易，一方面增加商品，而不局限于米、盐，另一方面扩大贸易区域，除中国沿海地区外，还有其他国家。例如，惠安场灶户生产白布，将白布运往海外，史载"滨海业海，亦不废田事。自青山以往近盐，又出细白布，通商贾，鬻货之境外，几遍天下"。[②]近海航道一旦被打通，灶户外，同样聚居泉州沿海地区的民户、军户等其他户籍人群也都纷纷下海通商，促进海上贸易迅速发展。16世纪，在地理大发现后，葡萄牙、西班牙、荷兰人纷纷前来与中国商人交易，泉州灶户抓住新契机，迅速融入与西方国家交易的更大的贸易体系中，部分灶户甚至亲自到吕宋等国经商，浔美场灶户铺锦黄氏族人黄宗浑（1597~？）、黄文琮

---

① 黄中青：《明代海防的水寨与游兵：浙闽粤沿海岛屿防卫的建置与解体》，第158~160页。

② 嘉靖《惠安县志》卷4《本业》，第2页上。

（1598~？）都是这样的例子。[①]

据上文分析可知，泉州沿海地区较为频繁的海上运输或贸易，至迟始于正统年间，新的盐政运作是其发生的重要契机。但到嘉靖年间，在抵抗倭寇、加强海禁的政治环境中，这一现象引起朝廷和地方大员的极大关注。嘉靖帝登基以后，先是重申海禁，再是采取了一系列措施以"围剿"海外贸易，特别是嘉靖二十六年（1547）至二十八年间，提督浙闽海防军务兼制福、兴、漳、泉、建宁五府军事的副都御使朱纨既进剿宁波附近"下海通番"者聚集的双屿港，又追击海上私商和葡萄牙人于福建诏安之走马溪，还上疏揭发浙闽势家通倭谋利，[②]想方设法制止浙江、福建势豪之家的海上贸易，"日夜练兵甲、严纠察，数寻舶盗渊薮，破诛之"。[③]此类厉行海禁之举措无法真正阻止私人海上贸易，史载"私造大船，越贩日本矣，其去也，以一倍而博百倍之息；其来也，又以一倍而博百倍之息"，[④]在巨大利润的刺激下，"违禁私通，日益月盛"。[⑤]这并非说海禁在地方上不发挥作用，相反，它影响了海上贸易之形式及海商之身份。为逃避官府打击，私人海商武装抵抗，王忬指出："迩来漳泉等处奸民倚结势族，私造双桅大船，广带违禁军器，收买奇货，诱博诸夷，日引月滋，倭舟联集。"[⑥]商人夹带军器，武装抵抗，因而成为官员眼中的盗、寇，加剧了商、盗、寇难分，乃至商盗合一的现象。实际

---

① 黄式度等修《铺锦黄氏族谱·叙世录·第十二世·宗浑》，《铺锦黄氏族谱·叙世录·第十三世·文琮》。
② 陈春声：《明清之际潮州的海盗与私人海上贸易》，《文史知识》1997 年第 9 期。
③ 谷应泰：《明史纪事本末》卷 55《沿海倭乱》，中华书局，1997，第 846 页。
④ 顾炎武：《天下郡国利病书》原编 26 册《福建》，《续修四库全书》（597）史部，第 294 页。
⑤ 顾炎武：《天下郡国利病书》原编 26 册《福建》，《续修四库全书》（597）史部，第 294 页。
⑥ 王忬：《王司马奏疏·条处海防事宜仰祈速赐施行疏》，《明经世文编》卷 283，第 21 页下。

上，明中叶海上不靖，出现诸如"凡商于海者屡被渔船劫掠"[1]的海上抢劫行为，因而经商海上者亦往往有相应的抵抗措施，"且闽多通倭之船，或有遭风失利，即带贼倭几人，带倭衣、倭器回至海洋，即夺渔船，取渔船，人为当分，一二人管一船，始不过十余船在海洋行劫，不敢登岸"[2]。海上经商、为盗，商盗合一之现象早已有之，而嘉靖朝加强海禁的政策使商盗合一现象更为严重，史载"寇与商同是人，市通则寇转为商，市禁则商转为寇，始之禁禁商，后之禁禁寇，禁越严而寇愈盛，片板不许下海，艨艟巨舰反蔽江而来，寸货不许入番，子女玉帛恒满载而去……于是海滨人人皆贼，有诛之不可胜诛者"[3]。可见，沿海盗寇行为虽非朝廷加强海禁之后才有，难以一概用商业发展与国家海禁政策之矛盾解释，但朝廷加强海禁确实加剧了商盗转换及商盗合一的情况。朝廷对私人海上贸易的态度与政策，对海上贸易具体形式及沿海海盗活动的影响，确实不可忽视。

海禁政策亦影响着历史书写，在嘉靖朝的东南沿海地方大员所留下的文字中，就有许多当时沿海居民下海，或为盗为贼，或与盗与贼沟通买卖的事例。例如，灶户海上贸易就被负有禁海责任的朱纨记载为"与贼为市"，即"灶户舍其本业，竞趋海利，名曰取柴卤，曰补盐课，实则与贼为市，利归势豪，害丛官民，而盐法亦废"[4]。与明中叶官府放松对泉州盐政控制不同，温州盐政有着较为严格的制度约束，但为保证温

---

① 陈仁锡：《浙寇新防议一》，《无梦园初集》车集 2，《续修四库全书》（1382）集部·别集类，第 431 页。

② 陈仁锡：《浙寇新防议一》，《无梦园初集》车集 2，《续修四库全书》（1382）集部·别集类，第 431 页。

③ 谢杰：《虔台倭纂》上卷《倭原》，《北京图书馆古籍珍本集刊》（10），第 231 页上。

④ 朱纨：《计处海防灶船事》，《明经世文编》卷 206，第 13 页上。

州盐政顺利运作，官府"许（灶户）单桅船载土煎盐"，①亦即灶户"海边柴卤原无禁约"。②不过，明中叶温州灶户运用盐法之规定，在"取柴卤""补盐课"的名目掩盖下，出海通商，在官府眼中此为"与贼为市"，因而，须特别留心管制。温州府为防止"以海为家之徒借此为名出洋通贼"，要求对灶户之船"编号定界"。③

　　泉州灶户虽无"取柴卤""补盐课"等名目可利用，但上文已指出，他们正统以后就活跃于海上，到明中叶发展为泉州近海最为重要的势力之一。其势力之大甚至连泉州同安县士绅林希元在为镇压东南沿海倭乱出谋划策时都希望利用之，其曰：

　　　　今之可用者，独海滨盐徒与渔户耳。盐徒、渔户力皆雄于盗贼，海洋之技又与贼共，故往往角刃于沧波之间，盗贼反出其下。④

　　林希元的目的在于利用滨海"盐徒""渔户"弹压盗贼。林氏之所以提出利用地方力量镇压东南沿海地区的动乱，是因为明中叶朝廷的军队无此实力。当时，明军兵疲将弱，不善于御寇，地方文献中不时可以见到卫所官兵临战退却、见死不救的记载，地方士绅对卫所官兵军纪败坏的情况一直抱怨不止。⑤林氏之言透露了在漳泉沿海地区，盐徒与渔户都是海上最为重要的势力的信息。"盐徒"指贩卖食盐者，在泉州地

①　朱纨：《计处海防灶船事》，《明经世文编》卷206，第12页上。
②　朱纨：《计处海防灶船事》，《明经世文编》卷206，第12页上。
③　朱纨：《计处海防灶船事》，《明经世文编》卷206，第12页上。
④　林希元：《上巡按弭盗书》，《明经世文编》卷165，第8页下。
⑤　陈春声：《明末东南沿海社会重建与乡绅之角色——以林大春与潮州双忠公信仰的关系为中心》，《中山大学学报（社会科学版）》2002年第4期。

区，食盐由灶户自产自销，盐徒以灶户为主。需要注意的是，在林氏的建议中，盐徒、渔户可以与盗贼截然分开。此与当时之实际情况不符，上文已指出，灶户亦是海商，且商、盗难分。林希元为泉州同安县人，族人经商海外（朱纨在上奏揭发闽南势豪通番时特别指出此事），对泉州灶户通番之事自然十分清楚，但此处却将"盐徒"、"渔户"与"盗贼"对立，并要以之为主要势力对抗"盗贼"。这或许是因为他并不赞同厉行海禁政策以及朱纨在福建所采取的行动，所以有意将渔户、灶户等泉州沿海主要居民与海盗区分开来。

灶户海上贸易活动促进盐场附近各大港口及其附近地区商业繁荣，也使这些地方成为官员关注的盗贼相关之地。明中后期，浔美场濒临的深沪湾"海之势汪洋无际，直通外国"，深沪"盖一大都会也"；[①] 浔美场边上的梅林港则呈现"舳舻之所辐辏，商旅之熙攘"之景象。[②] 而近邻氵丽州场的、位于围头湾的安平镇"镇最繁夥，其俗多贸夷为生"。[③] 船只进出，商贸频繁，盐场附近港口商业繁荣，但也正因为如此，在朝廷和外来官员看来，泉州四大盐场所在地及其附近地区与海寇、海盗、倭寇之类的活动脱不了干系。于嘉靖三十一年（1552）提督军务，巡视浙江海道及兴、漳、泉地方的金都御使王忬就指出，大担、旧浯屿、海门、浯州、金门、崇武等地都是海寇活动频繁之所。[④] 上述各地中，大担、旧浯屿、海门、浯州、金门为浯州场所在地或周边；崇武则在惠安场周边。曾主持抗倭战争的胡宗宪亦指出：

① 杨柯焕：《沪江记》，杨孚焕等修《闽温陵晋邑沪江杨氏家乘》卷1，康熙三十九年修，石狮市博物馆藏。
② 《梅林李氏长房家谱·七世祖·信斋公》，编撰年不详，泉州市图书馆藏复印本。
③ 崇祯《闽书》卷33《建置志》，《四库全书存目丛书》史部（204），第642页下。
④ 王忬：《条处海防事宜仰祈速赐施行疏》，《明经世文编》卷283，第26页下~27页上。

　　三、四月东南风汛，番船多自粤趋闽而入于海。南澳云盖寺、走马溪，乃番船始发之处、惯徒交接之所也；附海有铜山、玄钟等哨之兵，若先分兵守此，则有以遏其冲而不得泊矣，其势必抛于外垝峙。外垝峙，乃五澳地方，番人之巢窟也（探知虚实，何不直捣其巢穴）；附海有垝峙、安边等哨守之兵，若先会兵守此，仍拨小哨守把要紧港门，则必不敢以泊此矣，其势必趋于料罗、乌纱。料罗、乌纱，乃番船等候接济之所也（等候之所，尽可乘虚以计破之，但未得实耳）；附近有官澳、金门等哨守之兵，若先会兵守此，则又不敢以泊此矣，其势必趋于围头、峻上。围头、峻上，乃番船停留避风之门户也；附海有深沪、福金〔全〕哨守之兵，若先会兵守此，则又不敢泊矣（自铜山、玄钟等哨至此，堪拟连珠炮，令人应接不暇），其势必趋于福兴，若趋于福兴，计其所经之地在南日，则有岱坠、湄州等处，在小埕则有海盘、连盘等处，在烽火门则有官井、流江、九澳等处，此贼船之所以必泊者也。若先会兵守此，来不得停泊，去不得接济，舶中水、米有限，人力易疲，将有不攻而自遁者；况乘其疲而夹力攻之，岂有不胜者哉！ [1]

　　据上引文可知，广东南澳、漳州诏安走马溪是番船出发之地，漳州九龙江和龙溪五澳为番人之巢窟，浯州岛上的料罗和乌纱是番船"等候接济"的地方，浯州场附近的围头则是"番船停留避风之门户"。胡宗宪还指出，"寇闽要冲，晋江之深沪、獭窟，兴化之冲心、平海，龙溪之

---

[1]　胡宗宪：《福洋要害论》，《明经世文编》卷267，第4页下~5页上。

海门，漳浦之岛尾，南靖之九龙寨溪皆是也"。①其中，晋江深沪是浔美盐场所在，而獭窟则在惠安场地方。

　　盐场附近地区商业发展，成为盗贼渊薮之地，自然与灶户下海通番有关，但亦是这些地方社会变迁的一方面。明中叶，漳泉沿海地区"土著之民"与盗贼"内外合为一家"，史载漳泉沿海地区"贼船、番船则兵利甲坚，乘虚驭风，如拥铁船而来；土著之民公然放船出海，名为'接济'，内外合为一家"。②"土著之民"既包括灶户，亦有居住在漳泉沿海的民户、军户等各种户类人群。明中叶，与官府对灶户管理转向间接一样，泉州府县对民户和军户的管理逐渐转向货币赋役征收，③降低了赋役承担人员与官府之间的人身联系；而福建沿海地区卫所自正统以后基本败坏，④卫所军户难以控制。随着盐政制度及里甲赋役制度变革，当地灶、军与民等不同的户类人群的界限逐渐弱化，被卷入更大的社会、经济体系中，共同修筑地方水利工程、修建寺庙及开发海荡、利用近海资源养殖海产、进行海上贸易等。地方经济发展的同时，泉州沿海地区各大姓普遍培养子弟读书，考取科举功名，盐场地区人文兴盛，出现大量士绅及官员。灶、军、民等不同户籍人群在嘉靖年间国家意识形态转变后共同建立宗族。⑤当地海上贸易与强宗大族关系紧密，王忬称："惩首恶以绝祸本，臣访得漳泉各澳之民，僻处海隅，俗如化外，而势豪数姓人家又从而把持之，以故羽翼众多，番船联络，遂贻东南莫大之害，

---

① 胡宗宪：《福宁州论》，《明经世文编》卷267，第6页上。
② 朱纨：《阅视海防事》，《明经世文编》卷205，第6页下。
③ 郑振满：《明清福建的里甲户籍与家族组织》，《乡族与国家：多元视野中的闽台传统社会》，第118页。
④ 黄中青：《明代海防的水寨与游兵：浙闽粤沿海岛屿防卫的建置与解体》，第158~160页。
⑤ 叶锦花：《明清灶户制度的运作与调适——以福建晋江浔美盐场为例》。

断非从容文法可以坐消。"① 朱纨又言："去外盗易，去中国盗难；去中国
群盗易，去中国衣冠盗难。"② 简言之，明中后期泉州沿海经历着整体性
的社会结构转变，商贸与动乱都是社会变迁的一方面，亦离不开地方社
会的支持。

隆庆元年（1567），朝廷部分允许对外贸易，倭寇之乱在文献中的
记载逐渐减少，不过，灶户等海上商人仍旧进行商业贸易，并在新形势
下，参与到各大海盗集团中。是年，朝廷开放漳州月港为对外贸易港
口，准许贩东西洋，鸡笼、淡水等地各有船引额数。但是引额有限，且
限定贩洋的货物和地域，故而能够自由往来海上且操有实际海上利益
者，仍大多是被朝廷视为违法犯禁的海盗集团。当时活跃于东南沿海的
海上头目有李旦、许心素、郑芝龙、李魁奇等人，各派互相争夺与荷兰
的贸易权。最后，郑芝龙击败了许心素、李魁奇、钟斌等主要竞争对
手，独擅对荷贸易。崇祯八年（1635）前后，郑氏清除了刘香等海上
势力，与荷兰人亦达成协议，郑氏几乎垄断闽粤海上的对荷兰、对日贸
易。闽粤交界沿海岛屿也多为郑氏据点，尤以厦门、铜山、南澳等为基
地。郑氏最终控制了这些海域的港道、渔盐和贸易之利。③ 泉州有许多
人跟随郑芝龙海盗集团，④ 其中就包括灶户。例如，泉州晋江浔美盐场灶
户铺锦黄氏的十三世钟声（1581~1644）曾充任郡橡，"例授冠带"，卸
任以后，"惟以书史自娱，又医山诸书，郑太师尝招致之，以客礼见，未
几竟长揖去。吴浯溪守扬州，吴稚云守金华，俱辟之任，周慎察狱，所

① 王忬：《条处海防事宜仰祈速赐施行疏》，《明经世文编》卷283，第24页上。
② 谷应泰：《明史纪事本末》卷55《沿海倭乱》，第846页。
③ 关于明末闽粤海域的动乱及郑芝龙集团独断海域的经过请参考杨培娜《生计与制度：明清闽粤滨海社会秩序》，第239~270页。
④ 林修合：《从迁界到复界：清初晋江的宗族与国家》，第37~38页。

全活若干人"。①据李光龙记录，铺锦黄氏十三世黄愈（讳埰基，号视侯）受郑芝龙敬仰，为郑芝龙所用，其曰：

> （视侯公）精易理，具藻鉴，当米脂窃发，国步艰难，弗求闻达，惟读书为娱。郑公芝龙素为景慕，欲邀致之。公却谢者再。郑复以书聘曰："先生不与我看花问柳，愿许二三孺子受业也。"弗已，一过其门，越日佯作中风状，舁归。门婿苏君国珊即余年谱侍御者偕诸从学环叩之，无恙，相觑曰："先生何病与愈之速耶？"公怅然曰："郑伯之子眼去明星，眉堆剑戟，桓元子一流人，他日枭狠过其父，恐桑梓未有宁时也。尔等免之，吾不为所知。"避居山谷而去，越年告终。②

上引文献对视侯公参与郑氏集团的记载颇为隐晦，立传者李光龙极力突出视侯公迫不得已才到郑芝龙门下，并且很快就装疯隐退。迫不得已而参加郑芝龙集团的记载在漳泉地区的族谱中相当常见，然而事实是当时有很多人自愿参加郑芝龙集团。之所以文献多记载参加郑芝龙集团的人是迫不得已，是因为编撰族谱时泉州已归清王朝版图，政权鼎革使泉州地区的人叙述与前明之关系时显得十分谨慎。

晋江浔美场灶户、收复台湾有功的施琅家族在明中后期以后亦参加海盗集团，施琅的叔叔施福（又名施天福，生于1612年）就加入了郑芝龙集团。施琅曰：

---

① 黄式度等修《铺锦黄氏族谱·叙世录·第十三世·钟声》。

② 李光龙：《视侯公传》，黄鸿烈等修《锦黄衙内房支谱·列传》。

（施福）少倜傥，有大志，年十八投笔从戎。于时海寇蜂起，

巨魁角立。叔与郑公芝龙密策方略，有向化者说降之，倔强者破灭

之。海氛以靖，叔之为谋居多，因得与郑同奏肤功。郑补南澳游

击，叔补中军都司。时崇祯四年也。[1]

施福参与郑芝龙集团，有军功，崇祯年间郑芝龙任南澳游击，施福
担任中军都司。崇祯十年，施琅跟随叔叔施福到郑芝龙军中。[2]

综上，参与各种海上贸易的泉州灶户，至迟在正统年间，就活跃于
海上，进行以米粮为主的沿海贸易，并在明中期海外贸易进一步发展的
同时参与其他海外贸易。在嘉靖年间朝廷加强沿海抗倭的政治背景下，
他们也成为官员眼中的海盗或海寇，但相关的镇压政策不能取得实际效
果。隆庆元年以后，虽然在抗倭声音变小的情况下，倭乱减弱，海外贸
易部分合法化，但是仍有所限制。在这种情况下，海外贸易以海盗集团
为主，灶户也积极参加郑芝龙集团。

明中后期，泉州灶户亦商亦盗，既促进泉州海上贸易繁荣，又成为
官员眼中影响社会安定的重要势力，是探讨明中期泉州社会变迁不可忽
视的人群。本章虽强调灶户是造成东南沿海动乱的重要群体，但并不意
味着同时要否定民户、军户等同样聚居泉州沿海地区的其他户籍人群的
重要性。相反的，当地的军、民等不同户籍的人群，乃至无籍之徒，可
能都与商贸乃至动乱有关。其实，明中后期的海上贸易，商人主体究竟
是灶户、民户、军户，甚至是否为王朝编户齐民，影响不大，但这并不
意味着否定对不同户类管理模式演变的探讨。明初朝廷按职业划分户

---

① 施琅:《武毅伯特进光禄大夫加太子太傅忠勇将军倜父公行略》，施世纶等编纂《浔海施氏
族谱》卷10，第1页上。

② 施琅的详细行状见施伟青《施琅评传》。

籍，按户籍征调赋役，并以盐场、府县乃至卫所等不同机构分别统治，这些管理体系的具体运作及其与地方社会的互动情况，直接影响着所管辖之人群的活动空间与谋生方式。

小　结

　　本章探讨盐场制度变革与区域社会经济转型的关系，主要的案例来自福建泉州。泉州盐场地区经济形态转变既与地方资源状况、市场发展有关，又离不开灶户制度等国家典章制度在当地的推行及其演变。灶户制度对盐场地区经济的影响，不仅仅体现在它直接对泉州食盐生产和处理的各个具体环节的规范，还表现在它关系着灶户的人身控制和职业选择自由度，此外，它还决定了沿海地区的军户、民户等非灶户人群能否参与盐业经济活动。明初，在本色盐课制度下，制盐是一种力役，灶户必须生产食盐，而非灶户人群不得制盐，灶户制盐不是为自己追求利润，而是为王朝国家供应徭役。在政治压力下，泉州盐场地区以制盐为主，农业次之，商业行为尚少。正统以降，泉州灶户制度及盐场地区的政治、社会和所处区域的经济环境都发生了变化。随着盐课折米、折银，泉州盐课与食盐脱离关系，福建运司系统减弱对灶户人身的控制，放松对其职业的限制，制盐从力役演变成较为纯粹的经济行为。盐场所在州县及卫所败坏，对灶户、民户、军户都难以实行有效的管制。盐场地方人户可根据自身条件及追求，较为自由地选择谋生方式、致富手段，他们在市场机制引导下，充分利用泉州濒海滩涂、优良港湾、近海航道等各种优势资源发展经济，促进盐场地区盐业、商业、农业、手工业及近海养殖业共同发展。灶户制度改革在盐场地区经济变迁中发挥着重要作用是毋庸置疑的。

当然，盐场地区经济发展离不开区域内部的土地、水利、港湾、濒海滩涂等自然条件和资源等要素，本章的意图不是要否定这些因素，相反，明中后期泉州盐场地区经济得以转型，正在于灶户等行为主体对区域内优势资源的充分利用，是他们对当时新政治局面和大区域经济状况的敏感与回应的结果。本章想强调的是，在传统中国，制度是影响区域经济发展的重要因素，就盐场地区而言，灶户制度是最为重要的制度之一，灶户制度的演变关系着经济行为主体（灶户及非灶户群体）是否能够自由选择谋生方式，以及盐场及其附近地区的资源能否被充分利用，因而是盐场地区乃至整个东南沿海地区经济变迁研究不可忽视的重要因素。

然而，盐政变革在造就了灶户海上经商契机的同时，也引发了一系列的地方秩序问题。灶户亦商亦盗，既促进盐场地区商业繁荣，又是造成地方不稳定的因素。泉州的地方动乱，表面与商业发展、国家海禁政策有关，而灶户管理体制演变及泉州沿海地区社会变迁或许是其更为深层的原因。只有将灶户活跃于海上的现象及其与倭寇之乱的关系问题，放置于明中后期泉州地方"整体"社会结构"转型"的背景中进行考察，才能发现其内在机制。"取柴卤""补盐课"等盐政运作的名目，成为沿海商人突破海禁政策的制度保障，但也引发了灶户"与贼为市"的种种现象。故而诚如前辈学者所言，海洋贸易的发展与"倭乱"等乱象，都是明中叶以来社会经济转型的一体两面，而本章强调灶户制度的协调与失调亦是其中的重要因素。

民间文献、户籍户役与盐场及滨海社会变迁

古代中国，盐在国计民生中的重要性值得再三强调。它是民众不可或缺的生活物资，更是战时制衡敌对势力的重要战略资源；盐税在国家财政中的占比，少则一两成，多则五六成，尤其在军需孔亟时，更是最为灵活的经费来源。因此，盐法一直是研究者极为重视的研究对象。本书的视角，则注重盐的生产者及其所在地的制度和社会。

明清时期，海盐生产主导了全国的食盐供应，其生产者在明初被赋予"灶"的户籍身份，并被称为"灶户"。灶户或煮或晒，将海水炼化成盐。在此过程中，王朝国家出于利益考量设置了诸多制度，将灶户纳入多种地方行政组织中加以管理；被编入灶户的人群则从自身利益出发，在王朝制度规定中选择有利的路径，结成了多样的社会组织，双方的合力形塑了滨海盐场社会。这就是本书所谓"煮海成聚"。"成聚"的过程，是一个动态的历史过程，复杂、多元且不断变化。

本书的主题就是将煮海成聚置于动态的历史演变中，从环境变迁、王朝制度等要素的约束，以及重大历史事件的影响出发，探讨灶户管理与社会组织的形成及其变迁，展现以灶户为核心的滨海地域社会的建构过程。本书期望从民间文献重新发现盐场社会，并揭示明清盐场社会演化的基本特征及演化逻辑。

一　从民间文献重新发现盐场社会

明清时期官方盐政文献相当丰富，大量档案、政书、盐法志和地方志都有盐法的详细记载。翻开任意一部盐法志或盐场地区的地方志，都可以看到盐场建置、盐课征收等相关制度的记载。其中关于灶户的记载，主要围绕税收及管理展开，因而大多停留在制度规定层面，灶户的实际生活状况常常被遮蔽。既往关于灶户的研究，虽然也努力从官方文献中挖掘盐场制度与灶户生活之间的关系，但大多因为缺乏灶户社会生活的详细史料，而无法对灶户及其社会建构进行深入的分析。因此，本书试图通过发掘灶户民间文献和田野调查，同时结合官方文书，从而超越传统盐场制度研究，展示在环境与盐场、盐场赋役、盐场管理、市场化与盐场经济等多种视角之下，灶户如何在与王朝国家的对话中，逐渐形成结合国家制度与自身需求的社会组织，进而展开社会经济生活，最终总结明清盐场社会演化的基本特征及其运作逻辑，以期丰富学界对明清时期灶户社会生活的认识。

一旦关注民间文献，从民间文献出发，很多在官方文献中固定的概念就会被历史事实所打破，可以重新解读。比如，《大明会典》中"人以籍为定"的军、民、匠、灶户籍体系，并非如制度设计者所描述的那么纯粹和僵硬。在明清福建盐场，人群错杂分布，户籍和职役并非绝对区隔，一籍多役或者一户多籍屡见不鲜。而明中叶以后被称为"灶户"的户籍人群，则未必从事食盐生产。灶户身份也在军、民之间流动，甚至拥有多重的社会经济身份，他们可以是盐场中的生产者，也可以是山海之间的贸易者，还可以是海上武装的组织者。他们结成大规模的家族，从事多种经营，甚至来往闽台，远渡东南亚，开展海上贸易。在广东，道光《两广盐法志》明确记载灶户与食盐生产之间存在必然联系。然而，在两广盐场的实践中，在经历了明末动乱至康熙朝的"发帑收盐"和"盐田改筑"后，灶户逐渐发展成为地方上的大族，参与地域的市场贸易和文化建设，甚至成为盐商，参与食盐的运销，与食盐生产基本无关，真正从事食盐生产的人往往是地方志中记载的民户。

因此，滨海地区盐场和州县对灶户的二元管理体系虽早在明初已基本成型，在制度上，灶户被编佥在盐场中制盐纳课，同时被编入州县里甲，服里甲正役，免除杂泛差役，但是在实际社会中，不同户籍之间并没有无法逾越的鸿沟。在很多盐场，人们利用灶户的身份，规避州县的赋役，造成州县赋役缺额。灶户的身份还使他们可以在州县和盐场之间实现"套利"。这说明，制度所赋予的以籍而定的职役，在社会生活中非常复杂。官方文献中的制度规定，很多时候只是一些没有直接反映社会生活的官场运作、行政管理层面的表达。只有借助民间文献，才能真正厘清盐场社会的实际运作。

这样一个从民间文献出发，并重新解读官方史料而"发现"的盐场，便已经不是那个"以籍定役"的制度设计下的盐场——只有盐官和灶户，灶户只从事食盐生产，产出的食盐只供给开中商人的制度性的"社会"。本书的研究显示，这些"关不进制度笼子"的生活场景和生计模式，才是制约改革方向、形塑盐法的关键力量。

二　明清滨海盐场社会演进的特征与逻辑

正如上文所指出的，明清时期的灶户与盐场制度，是王朝国家出于行政管理和税收考量设置的规定，与灶户从自身利益出发做出的选择，两者合力推动而形成的动态变迁的制度体系。滨海社会与王朝国家一起，集体创造了实际运作且不断演化的灶户制度。滨海盐场社会演化的基本特征与逻辑可以归结为以下几个方面。

（一）自组织基础：盐场自组织的存在并与国家制度的对话与互动，推动滨海盐场社会的建构与演变

东南滨海的大部分地区，在明清时期处于盐场的行政机构管辖之下。与一条鞭法自下而上的制度形成过程不同，灶户和盐场制度更多被视为王朝自上而下推行的制度。明初的盐场建置，便是出于配合明王朝开中法而实施的，此后也一直受到诸如常股、存积盐之类的开中制度调整的影响。甚至召商开中的盐引数，也并非根据盐场产量确定，而是由外在于盐场的户部根据边方需要的军粮数而"肆意"决定的，王朝的制度、政策时常自上而下影响着盐场。不仅如此，中国历史上对食盐生产和供应的控制一直是贡赋经济与国家权力体系的重要一环，国家为控制盐业而设立机构也就常常成为食盐生产地最早纳入国家控制的主要机制。如刘志伟所指出，珠江三角洲早期的历史就是从盐开始的，作为沿海边疆地带，它纳入国家体系的纽带，是同海洋向国家提供的消费物品相联系的。也就是说，滨海社会的历史离不开盐的历史，而这种关系的确立，往往通过灶户或盐场制度建立起来。

然而，这并不意味着盐场就是一个由王朝制度单方面形塑而成的社会。傅衣凌先生曾指出，中国社会存在一个"私"的控制系统，它是一种多层次的、多元的、错综复杂的网络系统，而且具有很强的适应性。滨海社会也是如此。以往对盐场的理解是，在户籍赋役制度下，明初国家通过团总、仓埕甲、栅甲等盐场组织，实现了对灶户人身的管理，令灶户固定在盐场上生产食盐，并控制了灶户所产食盐。实际上，国家并

非凭空设计了灶户行政组织，而是充分考虑并利用了各盐区原有的自组织。两淮的团、灶，福建的仓、埕，广东的栅，正是国家利用盐场的既有组织，并参照州县里甲组织，而分别形成团总、仓埕甲、栅甲等不同盐课催征系统的组织单位。换言之，仓、灶、埕、栅等组织正是各盐区自组织在王朝盐场制度设计上的直接反映。

盐场建置形成以后，各盐区官员在推行国家盐场制度、灶户制度时，不断地与民间自组织进行对话。虽然各盐区内部的民间自组织形式多样，且因时而异，形成过程及与官方灶户组织之间的对话方式也各有不同，但是这些民间自组织与官方灶户组织之间的对话，才是盐场实际运作的内在逻辑。在福建浯州场，明宣德年间仓埕甲组织就与当地的"盐头"组织对话，并倚赖盐头组织实现盐课征收。叶锦花曾指出，宣德年间浯州场晒制食盐所用的盐埕、丘盘遭风雨、洪潦摧毁，这个时候，不是依靠朝廷的官僚机器——盐场出面来解决问题，而是由当地的"盐头"（或称"主头"）出面组织了"有盐之户及当该催课人役"进行晒盐场地整改，并把新砌筑的盐埕租给普通百姓生产食盐。民间自组织成为盐场运作最重要的力量。相反，作为盐场长官的场大使在落实王朝制度、征收盐课时，不得不寻求盐头的合作，甚至帮盐头收租，与盐头瓜分租金。盐头则通过控制盐场地的出租和用途掌控浯州场的食盐生产与供应。

明中叶以降，宗族成为福建、广东盐场地区最主要的自组织，也是盐场人群与国家制度对话的最主要的组织，虽然宗族自身也是民间社会与国家意识形态和制度对话的结果。伴随着灶课折银，盐场管理者——场大使不再需要控制灶户人身，福建和广东灶户往往在埕甲、栅甲等官方组织之外，以重塑"祖先故事"的方式构建宗族，形成民间的自组织。灶户甚至与军户、民户共建宗族，以提高自身的地方威望，发展经济，以宗族的形式与盐场、州县互动。宗族成为户籍管理的终端，将属于盐场系统的官方的埕甲制、属于州县系统的官府的里甲制等制度都纳入自身管理逻辑中运行。地方强宗大族得以与国家进行"讨价还价"。清初朝廷推行"迁界令"，在福建、广东盐场地区，迁界线就是由地方大族参与"界定"的。不仅如此，民间对盐业生产的记忆、对地方经济资源的管控、对盐场地方资源利用秩序的重新定位，都用"祖先故事"的逻辑来表达。在 19 世纪的广东香山盐场地区，尽管作为行政机构的盐场已经裁革，但作为"灶户"的身份却被地方广泛强调，以"十排"组织的名义联合宗族，实现对沿海经济资源的控制。可见，福建、广东盐场地区宗族在明中叶以后不断与国家制度对话与互动，并深刻影响了地方社会的演变进程。

与明中叶以降宗族成为福建、广东灶户与国家制度对话的最主要的自组织不同，两淮地区则因盐利凸显，越来越多的盐商将资本注入盐场（这些人被称为"场商"），参与到食盐生产中，而成为盐场社会的主导力量。明后期以降，随着余盐开禁等政策的实行，场商在盐场的合法地位得到认可，进而成为盐场食盐生产的实际管理者。场大使的职能简化为征收课税、登记锅鐅、分配草荡，且职责的完成往往依赖场商，甚至依靠场商组织食盐生产的单位——盐灶——征收课税。盐灶从食盐生产组织，逐渐发展为灶课登记、完纳、荡地分配等的基本单位，成为两淮盐场地区最为基本的社会组织。

上述事实表明，无论是盐头、宗族，还是十排、盐灶，在国家话语和自身演变逻辑的不断对话进程中，逐渐成为滨海盐场社会的一种符合国家意识形态、被官方认可的民间自组织，它在一定程度上改造了国家设置的灶户组织，重构了盐场社会，并引导其演化。因此，本书强调，传统中国的滨海地区存在一套活跃的地方组织原则，也存在着多种多样的自组织形态。正是盐头、宗族、十排和盐灶这类民间自组织与王朝国家不断地对话与互动，形塑了盐场社会，并决定了盐场社会的演化。

（二）课入动力：王朝的课入追求是盐场社会组织与结构演变的内在动力

课入追求始终是明清王朝控制食盐生产与流通的直接目的。不同时期，王朝控制食盐生产的方式有所变化，但根本目的都在于从食盐产运销中获取财政收入，政府也一直围绕着这个目的设计和调整盐业政策。因此，滨海盐场社会与朝廷最直接、最重要的联系就是因应朝廷课入追求的同时，从自身利益出发建立起组织与制度。课入追求及其具体的制度形态，直接成为民间自组织与国家制度对话的核心议题，也是推动盐场社会组织与结构演变的内在动力。

明初，王朝通过"以籍定役"的方式确立一套实物财政的运作体制，盐场成为"灶户"的管理机构，灶户以缴纳本色盐的方式完成户役责任。在盐场中，朝廷给灶户提供部分食盐生产资料，给予工本米（或钞）补贴，组织灶户生产食盐，设立盐仓收盐。为了有效征收盐课，盐场还组织了团总、仓埕甲、栅甲等一系列盐课督征系统，直接控制灶户人身，令其将盐产品作为盐课纳入官仓。

到明中叶，王朝赋役政策调整，朝廷的课入追求从收到实物盐以供给盐商，转向在食盐经营的各环节获取其他形态的课入。一方面，在盐场征收的盐课从本色盐转向折米，最终实现折银，盐课与食盐生产活动脱离直接关系；另一方面，通过监督和保障食盐的流通和交易，获取货币形态的盐税。这一转变促使盐场管理模式发生转变，盐场不再需要控制食盐生产及其生产者，灶户人身束缚被解除，摊入灶丁、土地征收的盐场盐课也逐渐合并到州县征收。这样一来，明初形成的户部—盐运司

（盐区）—盐课司（盐场）—灶户的垂直管理系统，就逐步转变为盐课司仅负责监督食盐生产和归仓，州县则负责盐课征收和灶户管理的属地管理系统。

王朝的课入追求使他们需要寻求与地方自组织的更多合作，这就给予了盐场人群社会经济活动更多的选择空间。不同盐区、不同盐场，在应对盐场对盐业生产的管理政策上，都伴随着地方人群的自组织，逐渐形成新的地方性组织。为了因应盐场课入追求从食盐改为白银的变化，明中后期福建盐场人群从地方内在秩序出发，与军户、民户一起，结成宗族，承应盐场课入需求，管理灶户户籍，甚至把属于官方的埕甲制等制度纳入宗族体系的管理逻辑中运行，促使盐场社会基层结构转变。宗族既是国家征调赋役的组织基础，也是盐场运作中国家行政系统之外的最重要力量。

在两淮，盐场社会变化的推动力也始于课入方式的改变。明王朝为了增加收入，在开中商人转向在司纳银之后，盐商也可以通过纳银后入场买补余盐，与灶户建立直接的收买关系。一方面，盐课司对于生产组织的控制力减弱，灶户盗卖和州县的军户、民户占耕滩涂，致使荡草紧张，影响灶课征收，这成为盐课司不得不设法解决的问题；另一方面，灶户利用自己不应杂泛差役的特权到州县占买民田，继而导致州县里甲逃亡，民差课税客体减少，故而州县与盐课司基于税课负担压力的考虑，不断斗争，承认民灶不分的社会现实并发明"灶里"、限制灶户免役权等"区分民灶"的制度。万历后期，两淮在灶课折银征收、盐课形态转变之后，盐场不再直接控制食盐生产，也就无须再区分民灶，场商得以取代盐场大使成为食盐生产的组织者和管理者。清代，场大使彻底将承税对象转移到掌握着荡地的场商，由他们缴纳已经摊入荡地的灶课，负责生产并供应食盐。整个盐场转而以场商为核心来实现朝廷课入，场商管理食盐生产的"盐灶",逐渐发展成为课税单位及基本社会组织。

可见,尽管民间自组织与王朝盐场制度的对话与互动是盐场社会组织演变的关键,但这一对话的核心议题是朝廷的课入追求。盐课形态从实物盐到折色银、米的转变,是朝廷课入追求转变的直接体现。当朝廷在盐场的课入追求体现在实物盐时,王朝国家就会将管理盐场的核心制度设定为控制灶户个体的团总、垾甲、栅甲等编户制度,利用这些制度直接控制灶户人身,令其制盐纳课,同时与民间自组织的盐头等展开协商与重组,形塑出当时的盐场社会结构与组织。当朝廷不再追求实物盐,而转向追求在食盐产运销各环节征收白银时,则放松对盐场生产及其生产者的直接控制,转而更注重将整个盐场视为一个管控区域,民间社会便可以因应朝廷的需求,发展出诸如宗族、盐灶等自组织,从而改变地方社会的组织面貌。

(三)环境力量:生态环境是盐场社会组织与结构演变的重要影响因素

众所周知,食盐生产受滨海环境的影响甚大。海岸线的迁移、海水浓度的变化、沿海气候乃至滨海地区的风沙等,都使海边食盐生产存在不稳定性。然而,王朝国家对盐场制度的调整却常常滞后于环境变迁,无法时刻恰当管控盐业生产。因此,灶户不得不根据当时的滨海条件和自身利益,选择具体的盐业经营策略,并在此过程中不断地与国家制度对话,形成不同于典章制度所规定的生产和生活组织。

在两淮,明代盐产的基层管理机构——盐场,以及管理盐场的官员——场大使,也包括灶户的生活基地,均在范公堤一带,然而海岸线不断东移,二者之间的距离有数十里到百余里之远。因此,虽然明初在国家的强力约束下,两淮灶户形成了名为"团总"的生产组织,"聚团公煎"，但随着海岸线的东移，灶户不得不"移亭就卤"，"聚团公煎"难以为继。最终，从明到清，两淮自西向东形成了商业区、荡草区和盐灶区三个生产区域，对应团、总、灶三层不同的社会组织。

在广东，环境变迁所带来的影响是明中叶以后盐区盐场的中心从珠江口转向粤东地区。珠三角沙田的开发引起珠江口附近咸淡水交界线外移，导致盐场附近海水含盐度下降，产盐地日少，盐产量日减；而盐场附近树木砍伐、山林开发则进一步增加了食盐生产成本。这些都使珠江口的盐场陷入困境，制盐业衰落，甚至不再产盐，灶户不得不赴外地盐场买盐回来交纳盐课。与此同时，盐田改作稻田，或发展其他相应的海洋养殖，或海上贸易，成为当地生计模式转变的趋势。然而，珠江口的盐场建置却一直维持到乾隆末年才被裁撤。明清的福建和两浙盐场也是如此，海水浓度变化、海岸滩涂淤积等问题，都深刻影响着当地盐场制度与地方社会的互动。

简言之，盐场与灶户制度只有在盐场环境、盐场建置与盐业生产三者互相吻合的情况下才能有序运作，否则便只能在灶户与王朝国家各自的利益选择与环境变迁等力量的博弈之下逐渐改变。因此，灶户与盐场制度在环境因素变动较为剧烈的时期常常发生变革，在盐作生态稳定的时候则相对稳定。由于东南沿海地区各地包括海岸线变迁、海水浓度变化在内的滨海条件及其演变历程不一，盐作生态在不同盐场的稳定期并不同步，因此各盐场的制度变革步伐也不完全统一。

（四）商业化：盐法变迁促进滨海商业发展，与明中叶以后的商业化浪潮一起，推动了滨海灶户的经济转型

与农耕产品可以直接满足农民的粮食需求不同，盐需要投入市场进行交换，才能够满足盐民的整体生活需要。因此，盐产天然和市场联系

起来。在明初洪武体制和海禁政策下，盐的开中流通体系成为为数不多的可以带动人群和物资长距离流动的重要机制。

明初开中法的有效运作以盐的顺利流通为前提，而产盐地地处滨海，食盐销售终端常常位于江河的上游地区，故而盐商运盐往往需要通过海运抵达江口，再通过河运至上游。盐商成为少数可以出海的人群，他们借机以运盐名义下海，再参与其他商品的海上贸易。以福建为例，正统年间，泉州盐课折米之后，灶户买米纳课，扩大了泉州沿海地区与江浙、潮粤等地之间的商品交易网络；改折后食盐自由流通，带动了沿海食盐和福建乃至江西山区特产之间的贸易模式形成。随着商业活动的频繁，滨海人群普遍经商，追逐财富深入人心。盐政变革带动下的漳泉商业繁荣，最终在 16 世纪全球贸易圈形成之后，为漳泉地区迅速融入更为广阔的海外贸易市场提供了重要基础。

另一方面，明中叶全球贸易的兴起，大量美洲白银涌入中国，促使商业化浪潮席卷全国，为明王朝的一条鞭法改革提供了货币支持，并形成庞大的海上贸易网，中国融入当时的全球贸易体系中。滨海地区商业发展，美洲白银涌入，反过来推动盐场地区的制度与社会经济变迁。

首先，伴随着明中叶以来的商业化浪潮，明清食盐经历了"官收官运"到"商收商运"的制度转变，在这一转变背后，不管是由本地大户演变出来的商人，还是外地进入的商人，都开始投入食盐贸易中。盐货的买卖带动了盐米贸易、渔盐的交易，甚至带动了近海海洋贸易，在各个盐场都能看到从事海上贸易的集团。

其次，贸易所带来的利润，远比生产食盐要高，因此引起了一个重要变化，就是盐在滨海地区的经济生活中地位逐渐下降。福建的灶户在清代成为经营台海贸易的主力，盐业生产不再是盐场地区单一的产业，商业、渔业、稻作农业、经济作物种植、近海养殖业等在广东和福建盐场地区也获得长足发展。盐场的银米需求扩大了沿海地区的米粮贸易规模；盐场地区鱼盐与山区特产之间的贸易，促进了区域商品经济发展及区域间的经济关联。清代盐场地区的经济转型，正是灶户对区域资源充分利用的结果。

再次，在这一商业化浪潮中，盐场制度成为沿海居民突破海禁的策略，他们以为国家提供更多盐税为理由，促成近海食盐专卖区的建立，并利用划界行盐的规定控制海域，利用"取柴薪""补盐课"等名目，造出超过海禁政策规定的船只，进行远洋贸易。这是明中叶中国东南沿海人群参与世界贸易的不可忽视的重要机制。

总之，本书试图通过对灶户民间文献的发掘，结合官方文书和田野调查，努力超越传统的盐场制度研究，重新发现盐场社会，并揭示明清滨海盐场社会演变的特征和逻辑。本书想要强调的是，传统中国的滨海地区，有一套在进入明清之前即活跃着的地方自组织原则，正是它与明清盐场制度之间围绕着朝廷课入等核心问题的对话、互动形塑了明清滨海盐场社会，而与灶户人身自由相关的赋役制度的转变，以及环境的变迁，共同构成了明清盐场社会变迁的内在逻辑机制。明中叶的商业化浪潮，则与上述几个要点一起，使滨海人群所构建的社会秩序得以参与到滨海地区的丰富的经济生活中，最终构建了整个东南沿海地区经济社会变迁的完整图景。东南沿海地区"煮海成聚"的过程，正是沿着这一逻辑而展开。

后　记

人生总有很多奇遇。2007 年，我获得博士生导师资格。本以为初次招生，生源可能不理想，没想到现实给了我很大惊喜。2008~2009 年，三名本系或直博或硕博连读的本科优秀毕业生，均报读了我的研究生。正如读者所料，他们就是本书的其他几位作者叶锦花、李晓龙和徐靖捷。他们现在分别是北京师范大学史学研究中心教授、中山大学历史学系（珠海）副教授、广东财经大学公共管理学院讲师。

那时，教育部人文社会科学重点研究基地中山大学历史人类学研究中心虽成立仅数年，但历史人类学的研究取向已经在乡村社会史、西南民族史等领域取得了一些突破性进展。我从硕士学位论文选题开始，就在中心开创者陈春声教授的引导下，从事清代广东食盐贸易的研究，博士学位论文则在陈春声、刘志伟教授的直接指导下，探讨了清代食盐贸易制度的实际运作及其与区域边界的关系。我虽未曾涉足盐场研究，但已经意识到将历史人类学的研究方法推广到盐场研究中的必要性，且形成了相关研究计划。2010 年，我申请了教育部人文社会科学重点研究基地重大项目"明清东南沿海盐场社会变迁的历史人类学考察"。再次出乎意料，锦花、晓龙、靖捷三位，没有丝毫犹豫就加入了课题组，并将历史人类学取向的盐场研究，当作他们博士学位论文的选题。锦花研究福建盐场，晓龙研究广东盐场，靖捷研究两淮盐场。之所以这样安排，是因为他们的老家就在这三个盐场所在的区域。从此，他们在广州、北京、上海、南京、福州、泉州、石狮、厦门、东莞、潮州、盐城、南通等地长时间蹲图书馆、档案馆和博物馆；他们还跋山涉水，走村串户，被烈日暴晒过，被冷雨浇透过，被野狗咬伤过，在爷孙相依为命的乡村小学校长家里住宿过。当时要是知道这些细节，我肯定会吓个半死！好在总算有惊无险，他们均在预期时间内，凭着自己的坚韧和聪慧，尤其是对历史文献和田野调查的极佳敏感度，完成了高质量的博士学位论文，获得了学术界的广泛好评。不少朋友认为他们的研究，将学界对盐场历史的理解大大加深了一步。

现在呈现在大家面前的这本小书，大部分内容就是他们当年研究的成果。读者恐怕已经感到，本书中福建盐场的相关内容为叶锦花所撰写，广东盐场的相关内容为李晓龙所撰写，两淮盐场的相关内容则为徐靖捷所撰写。我的贡献最少，只撰写了绪论和结论部分，并整合了全书。从人文学科的学科属性和知识产权的规范要求来说，他们三位推我为第一作者，其实并不妥当。因此，为了做好第一作者的分内工作，后记只好由我来撰写了。

忝列第一作者，我必须感谢一大批人。首先要感谢的就是锦花、晓龙和靖捷一直以来对我的信任和支持，没有他们，本书的完成是根本不可能的。更重要的是，因为他们的带动，后续才有一批优秀青年学子的加入，我们才有可能建立起一个小小的盐史研究团队。在大家的努力之下，我们这个小小的研究团队，从盐的生产到盐的流通，从盐场社会到贸易组织，从实体经济到虚拟经济，从历史实证维度到理论经济学维度，正在努力推进明清盐史的研究。

我要感谢陈海立和任建敏，他们对本书的写作有直接的贡献。海立跟我讨论过全书框架思路，并进行过初步整合，建敏提供了本书宋代广东盐场的部分文字和图表。

我要感谢社会科学文献出版社历史学分社郑庆寰社长和陈肖寒老师。一个偶然的机会，郑社长诚恳地邀请我将此书交由社科文献出版社出版，而且效率奇高，3月底他见到书稿，6月初即已签约。如果没有郑社长的大力支持，本书一定还是存在电脑中的书稿而已。陈肖寒老师认真细致，核对了书稿中引用的史料出处，还处理了很多令我们意想不到的问题。陈老师的效率同样奇高，签约后不久的8月底，我们就拿到了书稿的一校样。我们曾计划对书稿做一些修订再交稿，但由于我们速度太慢，竟未能来得及赶上出清校的速度。

我还要感谢参与过本书写作与出版的所有好朋友，以及在艰苦的田野岁月中帮助过我们的朋友。他们包括但不限于温春来、陈春声、刘志伟、常建华、张侃、吴滔、杨培娜、申斌、李义琼、段雪玉、黄凯凯、韩燕仪、杜丽红、卜永坚、邹迎曦、程可石、张荣生、于海根等。

最后，我要感谢国家哲学社会科学基金的支持，也要感谢结项成果评审专家的鼓励。本书是基金项目"明清东南沿海灶户民间文献的收集、整理与研究"（12BZS083）的结项成果之一（成果的另外部分为《明清东南沿海灶户民间文献提要》和《明清东南沿海灶户资料选编》）。成果提交后，得到了五位匿名评审专家的肯定，一致给我们打了优秀，可惜我们至今都不知道他们是谁而无法当面请益，殊为遗憾。

黄国信

2022年11月30日

图书在版编目（CIP）数据

煮海成聚：明清灶户与滨海社会建构 / 黄国信等著
. -- 北京：社会科学文献出版社，2023.6
（鸣沙）
ISBN 978-7-5228-0595-5

Ⅰ.①煮…　Ⅱ.①黄…　Ⅲ.①沿海－社会结构－研究
－中国－明清时代　Ⅳ.①D691.7

中国版本图书馆CIP数据核字（2022）第159546号

·鸣沙·

煮海成聚：明清灶户与滨海社会建构

著　　者 / 黄国信　叶锦花　李晓龙　徐靖捷

出 版 人 / 王利民
责任编辑 / 陈肖寒
责任印制 / 王京美

出　　版 / 社会科学文献出版社·历史学分社（010）59367256
　　　　　 地址：北京市北三环中路甲29号院华龙大厦　邮编：100029
　　　　　 网址：www.ssap.com.cn
发　　行 / 社会科学文献出版社（010）59367028
印　　装 / 南京爱德印刷有限公司

规　　格 / 开　本：787mm×1092mm 1/16
　　　　　 印　张：22　字　数：274千字
版　　次 / 2023年6月第1版　2023年6月第1次印刷
书　　号 / ISBN 978-7-5228-0595-5
定　　价 / 89.00元

读者服务电话：4008918866